지은이 ¦ 니클라스 루만 Niklas Luhmann

체계이론을 정립한 독일의 사회학자. 1927년 독일 북부 뤼[illegible] 1943년 징집돼 독일군에 복무했고 전후 한때 포로수용소에서 생활했다.

1946년 프라이부르크대학에 들어가 법학을 공부한 뒤, 뤼네부르크와 첼레의 행정법원에서 법률시보로 일했고, 뤼네부르크 고등행정법원 행정공무원과 니더작센주 문화교육부의 고등사무관으로 재직했다. 1951년부터 철학, 문학, 사회학, 문화인류학과 민속학 문헌에 관한 메모카드를 작성하기 시작했다.

1955년부터 1962년까지 니더작센주 문화교육부 주의회 담당자로 재직했고, 이 시기 첫 논문 「행정학에서의 기능개념」(1958)을 발표했다. 1960년에는 1년간 연구휴가를 떠나 하버드대학 사회학과에서 탤컷 파슨스와 깊은 이론적 교류를 한다. 이때 조직이론 연구를 계속하면서 체계이론에 대한 관심을 심화하고 사회학 연구를 자신의 진로로 결정한다.

1964년, 첫 저서 『공식조직의 기능들과 후속 결과들』을 출간했고, 이는 이후 교수자격논문으로 인정받았다. 1965년부터 헬무트 셸스키가 이끌던 도르트문트 사회연구소 부소장으로 재직했고, 1966년 박사논문으로 인정받은 『공공행정에서의 법과 자동화』를 출간하고, 같은 해에 박사학위와 교수자격을 취득했다. 1968년 셸스키의 제안을 받아들여 새로 설립된 빌레펠트대학의 사회학과 교수로 부임했다. 이때 연구계획 '대상: 사회이론, 기간: 30년, 비용: 없음'을 제출한다. 빌레펠트대학에서 1993년까지 재직했으며, 1998년 11월 6일 빌레펠트 근교 외를링하우젠에서 타계했다.

루만은 많은 저서를 남겼는데, 주요 저서로는 1970년부터 1995년까지 주제별로 자신의 논문 90편을 편집해 수록한 『사회학적 계몽』(전 6권), 『사회구조와 의미론』(전 4권), 체계이론을 집대성해 사회이론의 패러다임을 바꾼 『사회적 체계들』(1984), 근대사회의 복잡성을 사유한 『근대의 관찰들』(1992), 타계하기 1년 전에 출간한 최후의 역작 『사회의 사회』(1997)를 비롯해, 하버마스와의 논쟁을 편집한 『사회이론인가 사회공학인가?』(1971), 『제도로서의 기본권』(1965), 『목적개념과 체계합리성』(1968), 『법사회학』(1972), 『종교의 기능』(1977), 『복지국가의 정치이론』(1981), 『열정으로서의 사랑』(1982), 『아르키데메스와 우리』(1987), 『사회의 경제』(1988), 『사회의 학문』(1990), 『사회의 법』(1993), 『사회의 예술』(1995) 등이 있다. 그 밖에 그의 사후 여러 저작들이 계속 출간중이다.

옮긴이 ¦ 김건우

서울대학교 사회학과를 졸업하고 같은 과에서 석사학위를 취득했다. 독일 빌레펠트 대학에서 루만의 사회학 이론과 국가사회학을 공부하면서 박사논문을 쓰고 있다. 사회학 이론을 주제로 몇 편의 논문과 서평을 쓰고, 퇴니스와 루만의 논문을 번역했다. 『교수신문』과 『대학지성』 독일 통신원으로 있었다.

근대의 관찰들

Translation from German language edition: *Beobachtungen der Moderne* by Niklas Luhmann

The Korean Language edition published by arrangement with Springer Science+Business Media BV through MOMO Agency, Seoul.

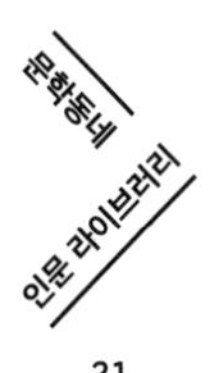

21

근대의 관찰들

니클라스 루만 | 지음 | 김건우 | 옮김

문학동네

일러두기

1 이 책은 Niklas Luhmann, *Beobachtungen der Moderne*(VS Verlag für Sozialwissenschaften, 2006)을 번역한 것이다.
2 원서의 각주는 미주로 옮겨 실었으며, 옮긴이 주는 본문 아래에 실었다. 원주 안에서 옮긴이가 보충할 경우 [ ]로 표기했다.
3 원서에서 이탤릭으로 강조한 부분은 고딕으로 표기했다.
4 단행본이나 정기간행물은 『 』로, 논문 등은 「 」로 표기했다.

서문

'포스트모던' 선언은 적어도 하나의 기여를 했다. 자기기술自己記述이 옳다는 확신을 상실했다는 것을 근대사회 자신이 알게 된 것이다. 근대사회의 자기기술은 매번 다르게도 가능하다. 즉, 그것은 우연한 자기기술이다. 위험 가득한 세계인 뉴욕 지하철 노선처럼 포스트모던에 대해 말하고자 하는 이들이 밝은 조명 아래 그리고 계속 돌아가는 텔레비전 카메라 앞의 특정한 장소에 몰려든다. 이는 지적인 생존의 문제처럼 보인다. 그러나 그렇다는 것만이 분명하다. 그러는 동안 일어난 일은 일어났고, 사회는 도달한 곳에서 출발하여 미지의 미래로 진화한다.

포스트모던이라는 표어는 분명 그 자신의 통일성을 메타서사métarécit의 불가능성이라고 부정적으로만 표상할 수 있는 근대에 대한 다르고, 변이가 더 많은 기술만 기약하고자 했다. 그러나 최근에 눈에 띄는 절박한 문제들이 무수히 많다는 점을 고려하면, 아마도 그 표어는 너무 많은 것을 허용할 것이다. 우리는 사회 안에는 사회에 대한 구속력 있는 어떠한 재현도 없다는 것을 기꺼이 인정하고자 한다. 그러나 그것은 체계가 다시 관찰되고 기술되는 과정에서 체계 자신 안에서 제시되고 관철되어야 하는 체계의 자기관찰과 자기기술 형식의 성찰의 끝이 아니라 시작이 될 것이다.

이 책에 수록된 텍스트들은 그에 관해 진술될 수 있다는, 즉 근대의 관찰들이라는 주제로 인도되어야 할 이론의 질료들이 유효하다는 확신에 기반한다. 근대사회를 통해서 근대사회를 관찰하는 것이 문제가 되기 때문에, 근대의 관찰들이라는 제목은 애매하게 의도되었다. 어떠한 외부 관찰자도 없기 때문에 어떠한 메타서사도 없다. 어떻게든 커뮤니케이션할 때면 언제나 이미 사회 안에서 작동한다. 이는 곧 해명되어야 하는 독특한 구조와 결과를 갖는다. 이런 의도하에 다음의 논의들을 전개할 것이다.

이 책의 텍스트들은 처음에는 글로 작성된 텍스트 없이 진행했던 여러 강연들을 후에 글로 완성한 것이다. '근대사회의 근대적인 것'에 대해서 나는 1990년 프랑크푸르트 사회학대회에서 강연했다. 여기 수록된 논고는 사회학대회의 논문과는 조금 다른 수정본이다. '유럽적 합리성'은 1991년 8월 멜버른에서 잡지 『테시스 일레븐*Thesis Eleven*』이 주관한 '이성과 상상력' 회의—추측했던 것처럼 세계를 바꾸려는 의도는 없었던—의 기고문의 주제였다. 그와 동시에 호주의 모내시대학Monash University이 주관하는 강연에 아그네스 헬러와 함께 초대되었다. 나의 기고문(「근대사회의 고유가치로서의 우연성」)은 '우연성과 근대'라는 이 행사의 제목에 부합하는 것이었다. 이탈리아 남부의 복잡한 문제들과 관계해야 하는 레체Lecce에서 1991년 2월에 연구기관의 설립을 기념한 '미래의 기술' 강연 기회가 있었다. 마지막 논문인 「무지의 생태학」은 아직 특정되지 않은 투자자에게 연구 관점을 제공하기 위한 스케치이다.

이 논문들에 포함된 내용상의 중복은 그대로 남겨두었다. 이러한 중복은 위계적이거나 선형적인 서술에 적합하지 않은 연관을 명료하게 하는 데 기여할 수 있을 것이다.

빌레펠트, 1991년 11월

니클라스 루만

차례

1 근대사회의 근대적인 것

I

사회구조와 의미론의 구별과 함께 근대사회의 근대성에 관한 확장된 분석을 시작하고자 한다. 처음부터 바로 정당화될 수 없는 이러한 시작을 선호하는 이유는 자기 자신을 포함한다는 구별의 혼란스러운 특징과 관련이 있다. 구별 자체가 하나의 의미론적인 구별이다. 그래서 그것에서 유래하는 작동과 관찰의 구별 역시 그 자체로 관찰자의 구별이다. 이에 더해서, 그 논리적 형식이 이와 관련된 역설을 전개하는 풍요로운 분석의 토대라고 주장하고자 한다.[1] 이러한 출발은 그 핵심에서 이미 근대적인 것에 대한 전체 이론을 포함하고 있다. 왜냐하면 그 분석은 입증된 자연법칙을 상기하거나 이성원칙 또는 이미 입증되었거나 논쟁 불가능한 사태에서 시작하지 않기 때문이다. 분석은 무한한 정보부담을 유한한 정보부담으로 감소시키고자 할 때, 어떤 식으로든 해소할 수 있는 역설에서 시작한다. 이에 따라 분석은 그 대상의 특징인 근대성을 자신에게도 요구한다.

사회구조와 의미론의 구별에서 시작할 때, 근대에 관한 담론은 사회학자들에게 의미론적 층위에서 포괄적으로 탐색되었다는 점이 눈에 띈다.[2] 그후로 '자본주의 사회'에 대한 주장은 해석이 요구되었으며, 지나치게 일반적으로 시도된 '분화'에 대한 논의가 정체되었기 때문에 근대성의 특징들에 대한 적절한 구조적 기술이 부족하다. 그러한 기술은 그 강조점이 경제에서 자기해명이 필요한 문화로 이동했기 때문에 근대 개념을 곡해하고 있는 상황이다. 그래서 사회의 자기기술에서 유래하는 특징은 근대를 규정하는 시도로 명명된다. 예를 들면, 근대 개념과 이성적인 계몽이라는 표상세계와의 연관이 그러하다. 또한 사회의 근대성을 자기 자신을 규정하는 개인에게 할당한다는 의미로 규정할 때 역시 마찬가지다. 오늘날 이 두 관점에서 오랜 환멸의 목록이 따라 나온다. 자크 데리다는 최근에 이와 같은 '근대성에 대한 전통적인 담론discours traditionel de la modernité'의 '죽음은 아닐지라도 종말에 대한 취향gout de fin sinon de mort'에 대해 말한 바 있다.[3] 마찬가지로 모던에서 포스트모던으로 기술을 전환하는 것 역시 경솔하다. 이와 더불어 미래상이 변화한다. 그 변화에 대해 우리는 다음처럼 말할 수 있다. 고전적인 근대는 기대의 충족을 미래로 투사하고, 그에 따라 미래의 '아직 아닌noch nicht'을 통해 사회의 자기관찰과 자기기술의 모든 문제들을 거부하는 반면, 포스트모던의 담론은 미래 없는 담론이다. 그리고 여기서 체계 내 체계의 기술이라는 역설의 문제가 다른 식으로 해결되어야 한다. '모든 것이 다 된다 anything goes'가 아니라면 이것은 우리가 볼 것처럼, 다원론의 형식으로 나타난다.*

* 이와 관련하여 다음을 참고할 수 있다. "진리 자체는 '상대적'이지 않다. 우리는 진리가 배타적으로 자기지시적으로만 사용되거나 사용되어야 한다고 주장한다. 진리는 결코 타자지시를 포함하고 있지 않다. 왜냐하면 진리 외부에는 진리가 없기 때문이다. 하지만, 일반적인 견해와 달리 타자지시를 잘라내고, 모든 종류의 진리의 적합성이론Adäquationstheorie이나 대응이론 Korrespondenztheorie을 포기한다고 해서 결코 상대주의로 나아가거나 '모든 것이 다 된다'로 귀결되지 않는다. 그 반대가 옳다. 진리는 경험적으로 관찰 가능한 과정에서 사용되는 상징으로서 기능한다. 되는 것만 된다. 그러면 관찰자는 왜 그것이 되고 어떻게 그것이 되는지를 질문할 수 있다. 관찰자는 자신이 선택한 관점에 따라 다르게도 가능하다고 생각할 수 있다. 관찰자는 진리를 우연적인 것으로 볼 수 있다." 니클라스 루만, 『사회의 학문』, 이철 옮김, 이론출판, 2019, 215쪽.

순수한 개념사적 분석이 개개의 경우에 교육적이더라도, 그것만으로는 이러한 사태를 본질적으로 감당할 수 없다. 이는 퀜틴 스키너를 따라 혁신적인 개념물로 대응해야 하는 사회적이고 정치적인 상황을 지시할 때에도 마찬가지이다.[4] 그리고 오토 브루너, 요아힘 리터 또는 라인하르트 코젤렉과 더불어 개념사용의 변화나 사회사적인 변혁에 따른 새로운 개념의 창출을 해석하고자 할 때에도 마찬가지이다.[5] 사회학자가 보기에, 이런 작업들은 너무 점묘법적이거나(스키너의 경우),* 너무 개괄적(브루너, 리터 그리고 코젤렉의 경우)인 사회에 대한 표상에 기반하고 있다.

'modernus'의 개념사와 관련하여, 고대와 중세의 수사적인 사용을 매우 분명하게 인식할 수 있다. 여기서 antiqui/moderni 구별은 찬양과 비난의 분배로 취급될 뿐이며, 저자와 그 수사적인 목적에 따라 유포되었다. 이는 책 인쇄와 17세기 후반 사회의 변화를 명확히 인지하면서 변화되었고, 그 이래로 그 구별이 사회 또는 그 중요한 부분 영역, 특히 학문과 예술에 적용된다는 것이 알려졌다. 그러나 이런 인식은 스스로를 'modern'이라고 지칭하는 사회가 자기기술의 문제를 시간도식을 통해서 해결하고자 한다는 것 이상을 말하는가? 그 사회는 자기 자신을 충분히 개념화할 수 없으며, 또한 낡은 것이라는 낙인을 통해서 자신의 새로움

* 부르디외 역시 퀜틴 스키너로 대표되는 이른바 '케임브리지 학파'의 작업이 "가장 훌륭한 역사적 업적들"이긴 하지만, 국가에 대한 특정한 비전의 강제를 목표로 하는 정치적 행위의 프로그램의 경우, "이 특별한 비전은 일정한 이익들 및 가치들과 일치하는데, 이것들은 구축되고 있는 중인 관료 세계에서 그것들을 생산하는 사람들이 점유하는 위치와 관련"되어 있다는 점을 보지 못한다고 지적한다. 즉, 근대국가가 형성되기 시작한 16, 17세기에 국가에 관한 이론들과 논쟁들, 법적이고 정치적인 정당화는 국가에 대한 담론과 이념에 국한되는 것이 아니라, 그 자체로 국가를 구축하고 강화한다는 것이다. 피에르 부르디외, 『실천이성』, 김웅권 옮김, 동문선, 2005, 116쪽. 포콕, 스키너, 던, 혼트, 윈치, 턱 등이 중심이 된 '케임브리지 학파' 지성사가들의 작업에 대해서는 다음을 참고. 리처드 왓모어, 『지성사란 무엇인가?』, 이우창 옮김, 오월의봄, 2020.

을 표시하며 그에 따라 실제 벌어지고 있는 것을 알지 못한다는 당혹감을 은폐한다.

자기 자신을 'modern'으로 명명하고자 할 때, 과거와 차이가 있는 관계 때문에 근대사회는 자기 자신을 동일시할 수 있다. 근대사회는 자신을 시간차원에서 동일시한다. 우선 이는 전혀 특별한 것이 아니다. 예를 들면, 개별 의식을 갖는 모든 자기생산 체계는 고유한 과거를 지속적으로 재수용하는 것으로만 고유한 동일성을 구축할 수 있다. 즉, 자기지시와 타자지시의 구별이 그것이다.[6] 이러한 재수용은 동일시가 아니라 탈동일시, 차이를 통해서 발생한다. 의도하든 그렇지 않든 간에, 우리는 더이상 과거의 우리가 아니며, 미래에는 더이상 현재의 우리가 아닐 것이다. 이것은 근대성의 모든 특징들을 붕괴시킬 것이고, 오늘의 근대성의 특징은 어제의 것도 내일의 것도 아니며, 바로 그것에 그 근대성이 있다는 것 역시 타당하다.[7] 근대사회의 문제는 교육이나 다른 어떤 것에 있어서도 기원의 보존으로 규정될 수 없다. 지속적으로 다른 존재로 되는 것이 더욱 중요하다. 오히려 이처럼 비동일성을 통해서 아직 규정되지 않은 다른 존재가 기준이 된다. 그렇게 동일하지 않은 것의 보다 높은 수준에서의 동일성이 필요하다. 지금까지처럼 인간성이나 이성을 소환할 수 있지만, 더이상 인간을 원숭이나 뱀과 구별하는 전통에 대한 자연적인 이해에서가 아니라, 다른 방식의 것들을 비난할 수 있는 약화된 의미의 가치 개념성에서 그러하다.

그러한 표상들을 사용할 때 근대사회에 대해 판단을 내리거나 근대사회를 복잡성에 부합하게 기술하는 것이 얼마나 적합하지 않은지 쉽게 알 수 있다. 구유럽이라는 의미론적 장치는 자명한 교양자산으로서 더이상 지배적이지 않음에도, 그에 대한 작별은 완강하게 거부된다. 전통과의 시간거리는 반박할 수 없으며, 받아들일 수도 없다. 선행하는 것에서 근대사회가 구조적이고 의미론적으로 어디서 구별되는지 지정할 수 있어야 한다. 그러나 이를 위해서는 이러한 역사적인 차이가 특정한 관점에서는 유사하거나 심지어는 동일한 체계를 어떤 의미에서 구별하는지 제시할 수 있는 사회이론, 곧 사회체계에 대한 이론이 필요하다.

사회학적인 에세이를 쓰는 저자들을 제외하면, 사회학은 근대성의 척도에 대한 논의에 기여한 바가 많지 않다. 이는 문학과 조형예술의 경우와 비교된다. 거기서 근대성은 개인성의 해방으로, 또 이런 기반에서 가능한 진정성에 대한 갈망(또는 그에 대한 절망)으로 이해된다. 그에 따라 근대성 충동은 너무 깊어서, 예술생산과 예술이론 간의 상호작용은 오늘날 전형적인 형식에서는 그 충동 없이는 생각할 수 없다.[8]

희망과 필요, 아방가르드주의와 시대에 뒤처진 것들이 체험되고 표현되는 강도와 근대사회가 이 영역에서 자기 자신을 기술하는 방식을 비교해보면, 사회학이 한 것은 그리 많지 않다. 사회학이 작업했지만 개념은 아닌 표어들은 모든 점에서 일면성을 강제한다. '위험사회'나 '정보사회' 같은 표어를 생각할 수 있다. 분화와 복잡성 같은 오래된 주제들을 간과하게 되면, 이전의 사회구성체에 비해 현재뿐 아니라 오랜 기간 동안 도드라진 근대사회의 구조적인 특징들을 설명할 수 없다.

그러나 풍부한 지식사회학적인 전통을 고려하면 사회학은 사회적인 구조와 의미론의 연관에 대한 분석을 포기할 수 없다. 사회구조적인 발전(화폐경제, 국가적으로 조직된 정치, 지식의 변화를 목표로 하는 연구, 대중매체, 오직 실정법으로서의 법, 전체 인구에 대한 학교교육 등과 같은 것은 모두 특별히 근대적인 현상들이다) 차원의 연속성은 명백하며, 그런 발전이 제공하는 기회들의 활용과 그 파생 문제들에 대한 인식이 강화된다. 불연속성은 이 현상들 및 그 현상들에 놓여 있는 열망과 위험에 대해 기술할 때에만 있을 수 있다. 연속적인 사회구조적인 진화와 더불어 불연속성, 말하자면 놀랄 정도의 의미론의 불연속성이 있다. 그러나 그러한 사태에 대한 풍부한 이론, 구조와 의미론의 연관이라는 의미론, 구조를 통해 스스로 재생산하는 사회를 자기기술하는 이론은 없다.[9] 아마도 이에 대한 가장 흥미로운 제안은 앤서니 기든스의 최신 저작(사회학대회가 열린 1990년 현재)일지도 모른다.[10] 기든스는 근대의 특징이 '시간-공간-거리화'에 있다고 본다.* 공간과 시간 상호 간의 구속이 끊어지고 우연해지면서, 분리에 의존하는 것이다. 이는 '행위의 재귀적인 모니터링', 즉 이런 변화가 행위의 전체 영역에서 '지구화하면서' 그 조건과 그 결과에 영향을 끼치는 다른 행위나 행위 가능성에서 행위규정의 재귀적인 네트워크를 통해서 가능하다. 지역의 상황은 점점 더 삶의 영위를 적게 규정한다. 그 결과는 구조와 의미론에 영향을 끼친다. 그러나 어떤 요소들이 공간과 시간의 이러한 분할을 야기하는지는 불확실하다.[11] 또한 그에 적합한 사회이론이 필요한데, 이 이론은 어제가 이미 내일이 될 것이라는 의미에서 근대적이어서는 안 된다.

이러한 결점은 무엇보다도 방법론적인 근거를 갖는다. 즉, 사회학은 다른 무엇보다도 자신을 경험 과학으로 이해하고, '경험적'이라는 개념을 자료의 검증과 평가로서, 또 자기창출되는 현실에 대한 해석으로서 매우 제한적으로 이해한다. 다양한 이론개념과 다른 구별로 이론의 여지가 없는 사태를 다르게 기술할 수 있는 가능성이 고려되지 않는 것이다. 그러나 상당한 정도의 이론기

* 기든스의 '시간-공간-거리화time-space-distantiation' 테마는 루만에게 통제 불가능하게 발생하는 것들, 즉 동시에 실재하는 다른 원인들과 결과들, 다른 정보 원천들의 정글인 세계에서 체계를 형성하는 것의 문제로 제기된다. "동시성이란 카오스이다. 그래서 이 카오스를 떨치려면 항상 시간적, 공간적으로 거리를 띄어야 한다"는 것이고, 이는 환경이 되는 그런 현실과 거리를 취하는 체계 형성의 문제가 된다. 니클라스 루만, 『사회의 사회』 1, 장춘익 옮김, 새물결, 2014, 613~614쪽.

술技術적인 지식을 전제하는 바로 이 방법이 우리의 주제에 있어서 생산적일 수 있다.

이론변이의 이러한 방법을 사례에 적용해볼 것을 제안한다.

II

사회학의 근대사회 기술에서 마르크스에 의해 수행된 자본주의 경제체계 비판은 탁월한 지위를 차지한다. 이는 무수한 시대착오를 고려할 때 놀라운 일이고, 유령을 불러내는 것으로 작용하지만, 유물론이라는 근육질의 형이상학을 부활시키는 것은 고려 사항이 아니다. 또한 경험적인 준거로서는 여전히 사회정치적인 주도이념일 수 있지만, 마르크스적인 개념의 인간주의적인 변형은 오늘날 문제적인 것으로 보인다. 그 예로 '소외'를 들 수 있다. 인류학적이 아닌 사회학적으로 보고자 한다면, 정치경제학처럼 경영상의 화폐테크닉*이 중요하다. 다시 말해서 재료비용, 신용비용 그리고 노동비용을 계산하고, 이러한 기반에서 국가에서와 마

* Geldtechnik. 루만은 자연과 기술을 대비하거나, 인간성과 기술을 대조하는 전통적인 구별을 비판한다. 더구나 오늘날 '안전' 문제를 합리적으로 처리하고자 할 때, 기술 또는 테크닉 없이 인간성이나 자연에 대한 가치신앙을 고백하는 것으로는 어떤 문제도 해결할 수 없다. 이번처럼 '경영상의 테크닉'인 경우, 기계적인 합리성에 따른 인과성과 조직 내에서의 목적달성을 강조한다는 점에서 '기술' 대신 음차해서 '테크닉'이라 옮기지만, '기술화Technisierung'과 같은 경우 '테크닉화'라는 역어가 어색하다는 점, 그리고 루만에게 기술技術은 테크닉적인 사용으로 한정되는 것이 아니라 '기능하는 단순화'라는 측면에서 보다 포괄적으로 개념화되기 때문에, 사회공학적인 '테크닉'보다는 '기술'을 역어로 선택했다. 하지만 Technik의 '기술技術'은 Beschreibung의 '기술記述'과 구별할 필요가 있기 때문에, 전자의 경우 한자표기를 병행하고, 자기기술의 맥락에서 훨씬 더 많이 쓰이는 후자의 경우 한자표기를 하지 않는다. '기능하는 단순화'로서의 기술 개념에 대해서는 루만의 아래 설명 참고.

찬가지로 경영상의 회계를 통해 어떤 기업이 수익성이 좋고 어떤 기업이 그렇지 않은지를 찾아낼 수 있는 가능성이 중요한 것이다.

분명히 여기서는 물질과 인간이 완전히 다른 의미에서 '노동하고' 있다는 것을 시선에서 거두게 된다. 노동자 자신에게 노동이 무엇을 의미하는지 고려되지 않는다는 것 역시 분명하다. 마지막으로, 화폐나 다른 경제적인 중요성을 갖는 보조금으로 노동에 대한 보수가 지급된다면, 다른 식으로는 전혀 경제계산을 할 수 없다는 것 역시 분명하다. 무엇보다도 노동자들이 경제의 비용으로 삶을 영위할 때 그러하다.

기능적으로 필연적인 '시선에서 거두기' 역시 마찬가지이다! 후설의 '갈릴레이식' 학문양식에 대한 비판은 이와 같은 의미로 이해되어야 한다.[12] 또한 의식을 통해 의미를 수립하는 구체적으로 고유한 주체를 시선에서 거두는 것 역시 중요하다. 여기서도 기술과 인간적인 개인성 간의 관점의 불일치가 문제가 된다.

기술技術에 대한 추상적인 개념의 토대를 정초할 때, 마르크스/후설 간의 유사점이 획득된다. 당연히 기계적이거나 전기적인 작업방식을 갖는 기계를 문제삼는 것이 아니다. 또한 순수하게 의도된 효과를 산출하는 것 역시 문제가 아니다. 이미 슈타른베르크에서 제기된 최종논쟁에서처럼, 그와 같은 인과기술技術적인 생각은 목적에 대한 비판과 이를 다른 목적으로 대체하고자 하는 요구로부터 더이상 진전하지 못하고 있다. 무엇보다도 이런 의미에서 사회에 대한 정치적인 입장에 따른 비판 역시 문제가 아니다. 포괄적인 의미에서 기술技術은 기능하는 단순화funktionierende Simplifikation이며, 비록 우리가 그것이 발생하는 세계와 사회를 알지 못한다 하더라도 스스로를 구성하고 현실화하는 복잡성 환원의 한 형식이다. 기술技術은 자기 자신을 시험한다. 개인의 해방은—비이성적인 개인 또한 그렇다는 것에 주의하라—이러한 기술화의 불가피한 부수효과다.

그렇게 넓게 파악된 기술技術 개념만이 근대사회의 자기기술에 기여하라는 요구를 충족시킬 수 있다. 이 개념은 의도와 동기의 무시를 설명해준다. 같은 정도로 그 개념은 개인의 심리적이고 생태학적인 영향을 시선에서 거두는 것이기도 하다. 그 개념은 특히 학적인 인식을 생산과정에 적용하는 것으로부터 완전히 독립적인 학문의 기술技術적인 측면을 명확히 한다.[13] 이는 근대사회는 인간적이고 생태학적인 자기비판의 경향이 있다는 것뿐 아니라 예를 들어 인간적인 관심의 결핍과 생태학적인 문제를 재정문제로 파악하는 경우에, 그에 대한 반작용으로 기술技術을 투입할 수 있다는 점 역시 설명한다.

그에 따라 개인에 대한 사회의 명령이 변화한다. 더이상 "인간은 무엇이 되어야 하는가"가 아니라, "인간은 어떻게 되어야 하는가"가 문제가 되는 것이다. 만약 개인이 기술技術을 통해서 그와 같은 방식으로 주변화된다면, 자신의 고유한 관찰을 관찰할 수 있는 거리를 확보하게 된다. 더이상 자기 자신에 대해서만 아는 것이 아니다. 더이상 이름, 신체 그리고 사회적인 위치로만 나타나는 것도 아니다. 그 모든 경우에 개인은 불안정해진다. 그 대신에 이차 등급 관찰의 가능성을 획득한다. 근대적인 의미에서 개인은 자신의 고유한 관찰을 관찰할 수 있는 자이다. 그래서 이 점에 대해서 그렇다고 생각하지 않거나 심리 치료사에 의해 이를 알지 못하게 된 사람은 소설을 읽고 자기 자신을 '한 명, 아무도 아닌, 그리고 십만 명인 어떤 사람uno, nessuno e centomila'[14]으로 투영할 수 있는 가능성을 갖는다.

이러한 진단을 성급하게 비관적으로 속단해서는 안 된다. 오히려 이는 언제나 새로운 조합과 언제나 새로운 구별에 대한 시도의 가능성에 대한 암시로 이해할 수 있으며, 이를 위해서는 기능하는 단순화가 필수적인 전제조건을 형성한다.

III

미래라는 안개 속을 나아갈 기술技術과 개인성이라는 두 용어에 대한 강조가 근대에 대한 유일한 기술로 남아서는 안 된다. 이러한 단순화는 어떤 경우에도 피해야 한다. 충분히 일관적인 이론 구상에 주목한다면 다른 특징들을 발견할 수 있으며, 이와 관련하여 비마르크스주의적으로 마르크스를 이해하는 것을 출발점으로 할 수도 있다.

그 시대의 정치경제학에 대한 마르크스의 비판에서 주목할 가치가 있는 것은 그 이전에 자연과 연관되어 정당화되었던 지식을 사회적 맥락으로 변환시켰다는 점이다. 마르크스에 따르면 자본주의의 경제질서는 개인적이고 집합적인 합리성의 경향을 갖는 경제적 행위의 본성을 따르지 않는다. 오히려 그 질서는 사회적 구성이다. 자연에 대한 지시는 '물화Reifikation'로 제시되면서, 사회적 구성의 계기로 분석되었다. 경제이론은 초-사회적인 객관성을 대표하는 요구를 따르지 않았던 것이다. 그 이론은 오직 사회적 구성물의 논리만을 성찰한다.

다른 모든 것을 포기하더라도 이것만은 고수하면서 마르크스를 따라야 한다. 특수한 경제적 현상 또는 이해에 기반하고 있는 '이데올로기적인' 현상이라고만 할 수 없을 만큼, 20세기 중반의 경험적 인지과학에서 이는 너무 일반적인 주제가 되었다. 모든 인지는 구성, 다시 말해 인지로서의 구성이다. 경제이론이 사회 계급으로 개념화된 자본가의 '이해관계'에 복무하는지 의심해볼 수 있다. 마찬가지로, 경제이론의 유사객관성이 국가와 법을 통해 매개되는 진정한 권력관계를 은폐하는 데 복무한다는 새로 강조된 견해 역시 의심해볼 수 있다. 기본개념과 미래전망이 이처럼 불명확할 때, 이 층위에서 논의는 어떤 이해관계에 복무하는가라는 질문에 답해야 한다. 그러한 논쟁을 계속 진행할 수도, 그만둘 수도 있다. 그러나 자본주의 경제는 초사회적인 객관성이 아니라 자기 자신에 기반하며 이해관계, 필요, 사물의 강제 또는 합리성 장점에 대한 모든 지시가 외부의 사태에 대한 내부의 지시라는 기본적인 관점이 포기되어서는 안 된다. 그것은 화폐경제의 논리에 의존하며 그 의존은 지속한다.

이는 코스에 의해[15] 새롭게 제기된 거래비용과 그 최소화에 관한 논의뿐 아니라 수익성계산의 조건으로서 비용의 외부화 문제, 그리고 위험계산의 맥락에서[16] 기회비용에 대한 정확하지 않은 개념의 사용 및 그와 유사한 많은 점들에 있어서 명백히 타당하다. 같은 관점이 다른 기능체계들과 관련해서도 정식화될 수 있다. 그래서 스티브 풀러는 학문체계에 대해 다음과 같이 말한다. "지시의 고정은 계약이나 약속의 경우처럼 사회적 사실이다."[17]

오늘날에는 사람들이 자본주의 경제의 본질이 아니라 그 성공을 정당화하는 것에 만족한다 할지라도, 마르크스의 분석이 통상적인 경제이론과 구별되면서 최종적으로 담당할 수 있는 것이 여전히 있다. 경제 자신이 자기기술을 하며, 자신의 이론 안에서 자신을 서술하고 그렇게 내부 지시와 외부 지시를 조정한다는 관점이 그것이다. 사회주의적인 계획경제의 재앙으로 그에 대해서는 어떠한 예외도 없다는 것을 배웠다. 마르크스가 이를테면 유물론적으로 기초된 헤겔의 정신과 유사한 활동으로서 법칙적이든, 변증법적이든, 의식적인 엘리트의 활동 여부와 상관없이 도래할 것이라고 보았던 프롤레타리아 혁명은 값비싼 거대한 실험의 방식으로는 더 인간적인 관계로 되돌아갈 수 있는 어떠한 길도 없다는 것을 보여주었다. 경제적인 것은 오직 경제 안에서만 밝혀질 수 있다. 정치가 경제에 대해 정보를 얻고자 하면, 정치는 경제가 경제적으로 운용되게 두어야 한다. 그렇지 않으면 정치는 자신의 경제계획이 성취되었는지 아닌지를 마치 거울을 보는 것처럼 경험하고, 그 원인과 비난의 소재지를 찾을 수 있을 뿐이기 때문이다.

20

IV

마르크스주의 사회이론에 대한 가장 중요한 문제 제기는 다음과 같다. 그 이론은 경제를 과대평가했고, 그 때문에 오늘날 볼 수 있는 것처럼 경제를 과소평가했다는 점이다.* 그런 점에서는 그람시나 알튀세르의 완화된 유형의 마르크스주의조차 아무것도 변화시키지 못했다. 전체 사회를 경제를 통해 개념화하는 것은 다른 기능영역들과 사회 진화의 생태학적인 조건에 작용하는 경제 고유의 다이나믹에 대한 충분한 이해가 부족하다. 그러나 무엇보다도 다른 기능영역들에서의 유사한 현상들에 대한 충분한 이해와 그에 따라 체계를 비교하고 어느 정도 모든 기능체계에서 발견

* "마르크스는 말할 것도 없이 이른바 초기 사회주의자들은 이미 그들의 상황에서 꽤나 많은 이론을 제공해야 했다. 게다가 그들은 사회를 경제로 극단적으로 축소함으로써 한층 단순한(그리하여 이론적으로 관철할 수 없는) 출발 토대를 만들었다. 따라서 이것과 비교해 오늘날을 위한 척도를 설정하는 것은 부적절할 것이다. 그럼에도 불구하고 사람들은—다시금 이차 관찰의 입장에서—이런 방식의 사회적 자기관찰이 불충분한 의미론으로 작동하고 있다는 사실로부터 비롯된 결과를 기록할 것이다." 니클라스 루만, 『생태적 커뮤니케이션』, 서영조 옮김, 에코리브르, 2014, 185~186쪽. 이에 대해서는 푸코의 다음의 논의 역시 참고할 수 있다. "19세기의 사유에서 마르크스주의는 물속의 물고기와 같다. 다시 말해 다른 곳이라면 어디에서건 마르크스주의는 숨을 쉴 수가 없다. 마르크스주의가 '부르주아' 경제학 이론과 대립한다 해도, 또한 이 대립 속에서 마르크스주의가 역사의 철저한 반전을 기도한다 해도…… 19세기의 부르주아 경제학과 19세기의 혁명적 경제학을 동일한 방식에 따라 규정한 사건이다." 미셸 푸코, 『말과 사물』, 이규현 옮김, 민음사, 2012, 364~365쪽. 더불어 칼 폴라니는 마르크스주의는 19세기 사회가 본질적으로 경제적인 사회였다는 인식을 반영하는 것이라고 본다. 루만과 마찬가지로 폴라니에게도 중요한 것은 마르크스주의를 추수하거나 비판하는 것이 아니라, 경제가 사회를 초과하지 못하게 하면서 사회 '안에서' 과대평가하지도, 과소평가하지도 않는 경제의 자리를 역사화하고 이론화하는 데 있다. 이는 19세기와 다른 제도적 변화가 필요한 상황에서 더 많은 개인의 자유를 사회적인 차원에서 보장하기 위한 것이다. 칼 폴라니, 『칼 폴라니, 새로운 문명을 말하다』, 홍기빈 옮김, 착한책가게, 2015, 234쪽 이하 참고.

되는 근대성의 보다 더 추상적인 특징을 추출할 수 있는 토대가 부족하다. 나는 이를 구조적 조건과 의미론적 결과가 결합한 심층에 있는 문제로 제시하고 싶다.

사회학적 전통에 상응하는 방식으로 근대사회를 구조적이고 기능적으로 분화된 체계로 기술할 때, 독립분화되고 자율적으로 형성된 기능체계들은 그 (사회내부적인 및 사회외부적인) 환경으로부터 자기 자신을 구별한다는 결론에 이른다. 고유한 작동들이 계속 진행하면서 그러한 차이들이 작동상 산출된다. 그러나 이러한 작동들은 체계가—매번 다른 방식으로—자기지시와 타자지시 간의 구별을 처리할 때 체계 내부에서만 통제되고 체계 내부로만 귀속되며 체계 내부에서만 관찰된다. 다른 식으로는 '자기'와 '타자'에 대한 지칭이 그 의미를 상실하기 때문에, 체계에 고유한 구별이라는 형식 안에서만 가능한 것이다. 그 구별은 체계가 자기 자신과 환경을 연속해서 혼동하는 것을 막는다. 그 구별은 또한 체계가 자신의 고유한 지도를 그 영토로 혼동하는 것을 막고, 보르헤스가 검토한 것처럼 지도가 영토와 일대일 대응이 되도록 복잡하게 제작하려는 시도를 막는다. 그러나 구별이 이런 시도를 막는다면, 자기지시와 타자지시의 이러한 구별의 통일성을 어떻게 생각할 수 있는가? 이는 통일성으로서 관찰할 수 없고, 통일성으로서 작동상 사용된다. 체계는 자기지시와 타자지시 사이에서 진동하며 동시에 그때마다 그 구별의 다른 면으로 들어갈 수 있다. 그러나 구별의 통일성은 동시에 그 구별의 조합가능성이라는 상상 공간의 통일성으로 전제된다.[18] 통일성은 그 자체로 지칭되지 않는다. 그 덕분에 통일성은 무엇인가를 관찰하고 지칭할 수 있는 가능성의 조건으로서 '눈에 안 보이게' 사용된다.[19] 다르게 말하면, 자기지시와 타자지시 간의 근본적인 구별에 의존하지 않고 해결할 수 있는 지시의 문제는 없다. 또 다르게 정식화하면, 존재하는 어떠한 세계에 대한 공통의 (올바르거나 객관적으로 상응하는) 입장은 없다.

작동적인 차원에서 내부와 외부의 분화가 불가피하더라도, 이론은 (이론을 위해서는 이 역시 불가피하다) 두 경우에 지시 및 관찰이 문제가 된다는 것을 나타낼 수 있어야 한다. 이를 이차 등급 관찰의 층위에서 작동해야 한다고 말할 수 있다(작동한다를 강조한다!). 그것은 오늘날 이차 등급 사이버네틱스에서 논의되고 있는 것처럼 특별한 논리적 대책을 요구한다.[20] 따라서 자기지시와 타자지시의 구별의 통일성은 이차 등급 관찰의 가능성 조건들의 특정화에 있다.

관찰된 체계의 작동이 지속적으로 내부와 외부라는 상이한 정보의 두 원천에 맡겨져 있다는 것에 기인하는 결합의 이득이 있다.[21] 보다 높은 교란가능성이 내부적으로 처리될 수 있는 것이다. 예를 들자면, 다시 다루게 될 지급과 현물급여와 연계된 경제체계의 작동에 대해 생각할 수 있다.

이 모든 작동에서 구별할 때, 구별의 두 면을 갖는 형식Zwei-Seiten-Form의 통일성을 주제화하는 것은 불가능하다. 통일성은 구별을 통해 배제된 삼자로 남는다. 그럼에도 불구하고 구별들을 구별할 수 있다. 근대사회의 기능체계들에서는 사회나 세계 같은 최후의 통일성으로의 불가능한 개입이 자기지시와 타자지시의 구별의 의미를 갖는 지시와 긍정적인 코드가치와 부정적인 코드가치의 구별의 의미를 갖는 코드화의 구별로 대체된다. 지시와 코드의 구별은 상호 간에 논리적으로 독립적이다. 또한 그 구별들은 '직각으로' 마주하고 있다고 말할 수 있다. 지시구별의 두 면은 두 개의 코드가치에 접근 가능한 것이다. 즉, 코드가치는 기능체계를 동일화하는 데 기여함과 동시에 자기지시적일 뿐 아니라 타자지시적으로, 체계와 마찬가지로 그 환경에도 적용할 수 있는 보편적이면서도 특수한 이원적인 도식이 된다. 이 경우에도 코드의 통일성은 작동능력이 없는 상상력으로 남아 있다. 코드를 자기자신에게 적용하는 것은 역설을 야기한다. 언제나 코드에 기인하는 세계는 역설적으로만 동일화될 수 있다. 즉, 논리적으로 무한한 정보부담으로서 그럴 수 있다.[22] 그럼에도 불구하고 구별들의 구별, 즉, 코드화와 지시의 구별이 가능하다는 것은 여전히 타당하다. 근대사회는 이러한 가능성과 그 가능성을 통해 펼쳐지는 결합공간에 만족해야 한다. 근대사회는 최종적인 사고, 지시능력이 있는 통일성, 그 형식과 척도를 지정하는 메타서사(리오타르)에 더이상 관련되지 않는다. 바로 이런 의미에서 근대에 관한 고전적인 의미론은 실패했다.

이는 사회학에 통상적이지 않은 추상상황을 고려하면 대담한 주장이지만, 곧바로 알 수 있는 주장은 아니다. 이 주장의 타당성을 어떻게 확인할 수 있는가? 이런 주장이 우리 시대 사회체계의 근대성을 적합하게 기술한다는 근거를 어떻게 마련할 수 있는가?

그러한 기술은 기능적 분화라는 체계의 논리에 상응한다는 점에 주목한다. 이 점에 있어서 기능적으로 특화된 부분체계들 내부에서 사용되는 모든 구별의 기초가 되는 자율성 개념의 섬세한 정식화가 문제가 된다. 따라서 기능적 분화를 그 풍부한 이점을 제한하는 노동분업으로 이해하는 오랜 방식 대신에, 실제로 자율적이고 작동상 폐쇄된 부분체계들의 성립으로 이해할 수 있는가라는 논쟁적인 물음으로 입증책임이 전환된다. 분과학문들 도식에 기반하고 그 학문들이 귀속되는 기능체계들의 구별에 기반해서 서로 공존하고 있는 현재의 이론논의에서는 이러한 지시와 코드화의 구별의 중요성을 검토할 것을 제안하고자 한다. 이 방식에 따를 때 금방 파악할 수 있다.

일반적으로는 인식에 대해서 특수하게는 학문체계와 연관된 오늘날 논의의 중심에는 지시의 문제가 있다. 기호와 지시체 사이의 견고하고 시간적이며 상호주관적으로 고정적인 관계를 더이상 전제하지 않는다는 의미에서 '기호학'에 대해 말하기 시작한 것이다.[23] 그에 따라 대응이론에서 구성주의적인 이론으로 출발점이 옮겨가는 경향이 나타난다. 콰인의 효과적인 비판은 논리실증주의에 타당한 (타자)지시, 의미 그리고 진리 간의 정의연관에 충격을 주었다.[24] 모든 것에서 의미와 존재를 일치시키려는 (지속적인) 최후의 시도는 실패했다. 그 결과는 무엇보다도 '실재론적인 이론'과 '구성주의적인 이론' 간의 이론적으로 무의미한 논쟁으로의 함몰이다. 잘못 설정된 문제에 대해 대체로 무난한 답은 구성주의는 실재론과 조금이라도 섞이지 않으면 성공하지 못한다는 것이다. 이 논쟁은 이미 실패했다. 어떤 구성주의자도—에든버러의 스트롱 프로그램의 대변자도 아니고 피아제 또는 글라저스펠트도 아니며,* 생물학적이거나 비생물학적인 진화론적 인식이론도 아니고 하인츠 폰 푀어스터의 이차 등급 사이버네틱스도 아닌—구성은 환경에 민감한 실재작동을 통해서 구축되어야 한다는 것을 논박할 수 없기 때문이다. 학문체계에서는 무엇보다도 출판이 이러한 작동에 속한다. 그런 출판의 형성에 대해서는 보다 더 정확하게 연구되었고, '지시하기'로 지칭된다.[25]

지시문제와 코드문제를 구별하자마자, 그 관계는 새로운 질서를 갖추게 된다. 이미 콰인이 제안한 것처럼, 분석적인 진리와 종합적인 진리의 구별은 폐기되었다.[26] 그 관계는 자기지시(분석적)와 타자지시(종합적)의 구별로 쉽게 대체될 수 있다. 그러면 지시와 코드화의 구별이 효과적으로 작용하고, 참/거짓 코드의 긍정적/부정적 가치가 타자지시적으로 파악된 사태뿐 아니라 자기지시적으로 파악된 사태에도 적용될 수 있다. 분석적인 의미만

* '스트롱 프로그램strong programm'은 70년대 중반 영국의 에든버러대학의 블루어Bloor, 반스 Barnes 등이 주장한 과학지식사회학으로서 지식사회학의 한 분야이다. 이 주제와 관련해서 루만은 다음과 같은 비판적인 진술을 남긴 바 있다. "그리고 (블루어와 반스 등) 영국의 지식사회학은 심지어 올바른 이론을 위한 싸움의 이면에는 자신의 이론을 주장하려는 관심이 숨어 있다는 평범한 주장까지 감행했습니다." 니클라스 루만, 「'무슨 일이 일어났는가?' 그리고 '무엇이 그 뒤에 있는가'」, 『사회이론 입문』, 이철 옮김, 이론출판, 2015, 469쪽.

을 갖는 진리는 도구적인 지향의 결과만도 아니며 현실적인, 즉 경험적인 연구 이전의 시험해보는 방식이나 모델형성 등도 아니다. 차라리 그것은 체계의 자기반성이 그 역설적인 기반을 인식하고 체계와 환경의 비대칭성의 도움으로 자기지시/타자지시라는 의미에서 자기반성을 전개할 수 있는 영역이다. 자기지시와 타자지시의 구별이 독립분화와 체계의 작동적 폐쇄의 결과라고 할 수 있는 체계 고유의 구별이라는 것은 자기지시의 맥락에서 성찰될 수 있다. 논리적으로는 괴델 이후 알려진 무모순적인 자기보장의 불가능성의 문제설정으로 볼 수도 있다. 체계이론적으로는 자기조직은 환경 없이는 불가능하다는 애슈비의 증명에 따른다고도 할 수 있다.[27] 모든 수학적인 형식들은 자기지시와 구별의 본원적인 통일성(또는 관찰 가능성의 조건)과 연관된다는 수학에서의 숙고 역시 같은 맥락이다.[28] 그러나 이런 논의가 아니더라도 그것과 구별될 수 있는 다른 어떤 것, 즉 타자지시가 있을 때에만 형식으로서 자기지시가 가능하다는 것은 명백하다.

자연을 수용하든, 인간의 본성(이념)을 수용하든, 그러한 수용의 언어적, 합리주의적 또는 합의지향적인 후계이론이든 간에,[29] 이러한 고려는 구성주의 이전의 확실성에 대한 긴박으로부터 진리의 이원적 코드를 분리한다. 이제 진리는 그 부정적 가치(성찰가치)가 비진리인 하나의 코드의 긍정적 가치, 지시가치에 다름아니다.* 이제 학적인 인식의 고유성은 이러한 이원적인 코

* "긍정적 가치는 항상 매체에 특수한 작동들의 '연결 가능성'을 상징하고, 이에 반해 부정적 가치는 연결 가능성 '조건들의 우연성'을 상징할 따름이다. 그래서 우리는 귄터를 따라 매체의 선호코드가 지시가치Designationswert와 성찰가치Reflexionswert로 이루어지고 '제3의 가능성들은 배제된다'고 말할 수도 있을 것이다. 진리, 사랑, 소유, 권력으로 사람들은 어떤 것을 시작할 수 있다. 그에 상응하는 부정적 가치는 통제를 위해서만 사용될 수 있는 것으로, 긍정 면에서 행해지는 연결이 합리적 선택이 될 수 있게 하는 맥락을 산출한다." 니클라스 루만, 『사회의 사회』 1, 427~428쪽.

드의 도움으로 지식 전달을 요구하는 모든 관찰이 이차관찰을 따르게 하는 데 있으며, 그 결과는 가능한 한 체계 안으로 통합된다(이는 상호 간의 제약을 따른다는 것을 말한다). 따라서 참이고 거짓일 수 있는 모든 것은 관찰의 관찰 층위로 전환되고, 그 층위에서 재정식화된다. 이에 대한 더이상의 보장이 필요하지 않다. 이는 경제가 화폐 가치를 더이상 외부를 지시하면서 안정화하지 않고, (통화에 따라 화폐가격과 연관되어 있는) 중앙은행의 화폐량 통제로 안정화한다는 것을 알고 있는 것과 같다.

다른 기능체계들을 보더라도, 완전히 그와 유사한 문제상황이 두드러진다. 세기의 전환기 이래로 법체계에서 법이론이 그 두 버전 중에서 택일해야 하는 것처럼, 개념법학과 이익법학의 대립에 대해 논의해왔다. 그사이에 이 구도는 여러 차례 교정되었다. 이런 대립화와 역사적인 변동이라는 주제는 개념법학자들을 비판하는 데 적합하지 않다.[30] 법적인 실천에서 법에 특수한 개념성은 추상, 사건들의 비교가능성, 규칙과 법률적으로 중요한 구별들을 획득하기 위해서 필수불가결하기 때문이다. 마찬가지로 자기 자신에게 정향된 이익법학도 결코 모든 이익들을 동등하게 보호하지 않고, 오직 보호할 가치가 있는 이익만을 보호한다는 것 역시 오늘날 자명하다. 이익에 일면적으로 지향된 실천은 그렇게 법적으로 보호할 만한 가치가 있는 이익만이 법의 보호를 향유할 수 있다는 동어반복이 된다.[31] 그에 상응해서 이익을 검토하는 통상의 정식은 법적으로 판단할 수 있는 프로그램이 없다.

이제 자기지시와 타자지시의 구별을 법체계에 특화하여 파악하기가 쉬워진다.[32] 개념을 지향하는 것은 자기지시를 재현하며, 법개념의 효과를 지향하는 것, 즉 법률적인 구성과 이해관계가 얽힌 경우에 대한 결정은 체계의 타자지시를 재현한다. 분석적인 진리이해와 종합적인 진리이해의 구별에서처럼 그러한 분리는 한 면과 다른 한 면 사이에서 선택할 수 있는 것이 아니다. 오히려 두 면은 언제나 경합중이며, 그에 따라 법/불법의 코드는 자기지시적인 맥락에서와 마찬가지로 타자지시적인 맥락에도 적용할 수 있다.

합법적인 이해관계와 위법적인 이해관계가 있다는 것은 이미 본 바 있다. 체계의 자기지시라는 맥락에서 그 관계는 더욱 복잡해진다. 합법적이면서 법에 위반되는 개념을 말하는 것은 이례적이다. 그 이유는 법개념이 법과 불법에 관한 합법적인 근거를 마련해야 한다는 데 있다. 법개념은 법코드를 최종적으로 자기 자신에게 적용하는 역설적인 작동을 한다. 체계는 법과 불법에 관해 결정할 수 있는 것을 법(불법이 아니라)이라고 간주하기 때문이다. 역설을 비가시화하고 실정법을 형성해야 하는 바로 이러한 필연성 때문에 법개념의 법적 지위는 불분명하다.[33] 그럼에도 불구하고 결정의 일관성과 그로 말미암은 법과 불법 간의 구별의 합법성을 조직화하는 것과 관련하여 법개념은 의심할 여지 없이 필수불가결한 도구이다. 그 기능은 다양한 경우에 법과 불법의 구별을 다루는 일관성을 보장하는 데 있는 것이다.

지시와 코드화를 일관되게 구별하고자 할 때에도, 법체계와 법이론에 큰 파급 효과를 초래한다. 과학이론에서처럼 기본적인 역설을 전개하는 자기지시적인 질서의 복잡한 구축이 더욱 타당성을 얻게 될 것이며, 그로부터 외부와 접촉하면서 합법적인 이해관계와 위법적인 이해관계를 구별하기 위해서 체계가 어떠한 내적인 선행조건과 자기생산된 제약의 토대 위에 있는지 더 잘 이해하게 된다.

마지막 예로 경제체계를 언급할 수 있다. 여기서는 거래 개념에 따라 새로운 논의가 전개된다.[34] 경제체계의 더이상 분해될 수 없는 단위를 거래로 보는 것은 이 논의와 밀접한 관련이 있다.[35] 그러나 거래 개념은 그 나름대로 복잡한 개념이며, 보다 더 정확하게는 지시와 코드화의 분리를 전제한다고 볼 수 있다.

언제나 그렇듯이 지시는 자기지시와 타자지시에 따라 구별된다. 자기지시는 화폐지불을 통해서 재생산된다. 지불과정은 체계의 지불능력과 지불무능력을 전달한다. 이는 매번 다른 측에서 맡는다고 하더라도 다음 순간에 다시 지불능력과 화폐를 필요로 한다는 것을 보장한다. 지불은 그 점에서 체계의 자기생산, 즉 같은 체계에서 다음 작동들의 무한한 가능성을 수행하는 것이다.[36] 체계는 화폐라는 매체와 그 안에서 형성된 형식(가격)을 통해서 자기 자신을 지시한다. 거래의 다른 면은 사물수행 또는 서비스수행을 자극한다. 여기서는 필요의 충족, 즉 타자지시가 문제가 된다. 예를 들어 산업의 구축을 위한 투자처럼 경제 스스로 자신의 고유한 필요를 지속적으로 산출한다 하더라도, 필요는 경제체계 외부에서 확정되어야 한다. 거래는 언제나 그 양 면에 있어서 전적으로 경제 내부적인 과정이지, 반은 내부에서 반은 외부에서 완수될 수 있는 어떤 것이 아니다. 그러나 환경을 구성하지 않거나 환경을 지시하지 않는다면 거래는 (자기지시적으로 폐쇄된 체계의 모든 작동이 그런 것처럼) 불가능하다. 다른 경우와 마찬가지로 체계 내부적으로 입증되거나 그렇지 않은 구성이 문제가 된다. 경제 내부적인 회계가 진행되면서, 필요가 적절하게 평가되는가 여부는 경영의 차원이나 국내 그리고 국제적인 차원을 지시한다. 그러나 자신의 결과에 의해서 자신의 평가를 통제한다. 체계는 필요가 '실제로 무엇인지' 결코 경험하지 못한다.

내부 지시와 외부 지시의 이러한 결합은 오직 체계가 하나의 이중 코드를 처리할 수 있기 때문에 기능한다. 그것은 오늘날 종종 '소유권'이라는 관점에서 논의된다. 단순히 말해서 어떤 것(화폐나 상품)은 가지고 있고 다른 무엇(상품이나 화폐)은 가지고 있지 않을 때, 거래에 참여할 수 있을 뿐이다. 소유/비소유의 이러한 코드는 지시의 구별과 직각을 이룬다. 피상적으로 보는 것처럼 소유를 자기 자신에게, 비소유를 환경에 귀속한다면 체계는 기능할 수 없다. 지금까지 논의한 경우와 마찬가지로 체계의 질서수행은 두 구별의 차이에 기반한다. 그러한 차이를 통해서만 그 안에서 체계가 진화하고 복잡한 질서를 구축하거나 분해할 수 있는 결합의 활동공간이 획득된다. 그리고 다른 경우와 마찬가지로 그에 따른 합리성, 진보성에 대한 어떠한 보장도 없으며, 득실을 따졌을 때 사회의 복지에 전체적으로 이득이 되는 결산에 대한 보장 역시 없다.

이런 분석은 근대사회에서 합리성으로 간주될 수 있는 것에 대해서 결정적인 결과를 갖는다. 합리성에 대한 전통적인 개념은 자연법칙의 복제에 기반한 것이든, 주어진 목적이나 목적들의 선택에 있어서 주어진 판단근거들에 기반한 것이든 간에 의미기준을 외부에 두었다. 종교적인 세계정립의 세속화와 유일하게 올바른 출발점이라는 재현의 상실과 더불어 그러한 기준은 그 근거가능성을 상실했다. 그에 따라 합리성에 대한 판단은 외부의 의미기준과 분리되고, 언제나 체계내적으로 형성할 수 있는 자기지시와 타자지시의 통일성으로 전환되어야 한다. 최근에 불행하게도 '포스트모던'이라는 거짓이름하에 제시된 분석과의 연관이 적어도 여기서 분명해진다. 가볍기만 한 논쟁으로 생명력을 갖게 된, 결국 자의성으로 귀결되는 잘못된 판단을 반복해서 계속 듣게 된다. 그러나 이를 반박하기 위해서는 개별 기능체계를 예로 드는 것만으로도 충분할 것이다.[37] 그리고 현실에서 자의성은 있을 수 없다는 것을 사회학적인 분석이 보여주는 것은 어렵지 않다.

이에 대해서는 각각의 기능체계들의 자율성, 작동적인 폐쇄성과 특정한 다양성을 보장하면서도 근본적인 구조에서는 일치하는 매우 다양한 기능체계들을 앞서 분석했다는 점을 주목해야 한다. 모든 다양성에도 불구하고 기능체계들은 비교 가능하다. 이는 그 분화형식을 통해 자신의 고유한 형식을 유지하는 사회체계의 하위체계를 다루는 것을 통해서만 설명될 수 있다. 이러한 특징이 기능체계들에서만 입증될 수 있음에도 또 바로 그렇기 때문에 근대사회를 관통하는 특징을 추정할 수 있다.

V

이러한 분석의 결과를 총괄해보면, 모던과 포스트모던을 대비할 수 있는 기반은 사라진다. 구조적인 층위에서는 그러한 전환에 대해 어떤 식으로든 말할 수 없다. 무엇보다도 근대 이전의 사회로부터 근대사회를 두드러지게 하는, 즉 완전히 발전한 커뮤니케이션매체와 기능적 분화라는 진화적 성취는 미약하게 시작해서 근대사회를 비가역성 위에 확고히 두는 거대한 질서로 내적으로 성장했다고 말할 수 있을 뿐이다. 오늘날 근대사회는 사실상 벗어날 길 없이 자기 자신에게 의존하고 있는 것이다.

이 지점에서 의미론적 층위에 대한 보충수요가 발생한다. 만약 포스트모던을 통일적인 세계기술의 결핍, 의무를 갖는 이성, 또는 세계와 사회에 대한 공통의 참된 입장의 결핍으로 이해한다면, 이는 정확히 근대사회가 자기 자신에게 제공한 구조적 조건의 결과이다. 근대사회는 어떠한 최종적인 생각도, 어떠한 권위도 감수하지 않는다. 근대사회는 사회 안에서 사회가 다른 이들에게 구속력 있게 기술될 수 있는 어떠한 위치도 알지 못한다. 이성으로의 해방이 아니라 이성으로부터의 해방이 중요하며, 이러한 해방은 추구될 수 있는 것이 아니라 이미 지나갔다. 언제나 자신을 이성적이라고 간주하며, 그렇게 말하는 자는 누구나 관찰되고 해체된다. 그러나 이를 정식화하는 사회학 또한 유사한 길을 가게 된다. 그리고 그러한 관찰의 관찰 과정에서 주어진 조건들이 더이상 변화하지 않는 안정적이고 고유한 상태를 산출하는가라는 물음만이 남는다.

그러나 단순히 많은 것이 하나를 대신하는가? 세계의 통일성 그리고 사회의 통일성이 최종적으로 체계와 담론의 다양성으로 해소되는가? 상대주의, 역사주의, 다원주의는 언제나 자유를 이야기할 때 의도되는 최후의 답변인가? 그리고 무엇보다도 세계사회의 통일성이 불가피하게 된 역사적 시점에서 이는 자본주의적 경제질서와 사회주의적 경제질서라는 두 개의 상이한 경제질서가 더이상 감당할 수 없을 만큼 불가피한가?

이러한 역설은 작동과 관찰의 구별을 통해 전개되고 펼쳐질 수 있을 것이다.[38] 사회의 커뮤니케이션 작동은 사회체계의 통일성을 생산하며, 그 안에서 재귀적으로 다른 사회의 커뮤니케이션들을 사후적으로 또는 미리 다루면서 체계와 환경의 차이를 산출한다. 이러한 작동은 다른 것들로부터 이러한 커뮤니케이션을 구별하는, 즉 작동을 통해 재생산된 체계를 자신의 환경으로부터 구별해야 하는 관찰 수행에 맡겨진다. 관찰은 구별을 선택해야 하고 또 할 수 있어야 하며, 관찰이 선택하는 구별 또는 선택을 거부하는 구별[39]과의 관계 속에서 관찰될 수 있다. 이는 상대주의의 원천이다. 모든 관찰은 구별에 의존적이며, 관찰에 사용 중인 구별은 관찰될 수 없다(그레고리 베이트슨이 말한 것처럼,[40] 구별은 어떠한 위치도 규정할 수 없다. 이는 하인츠 폰 푀어스터가 말한 것처럼,[41] 관찰의 맹점이 된다. 구별은 어떤 한 면 또는 다른 면 모두에서 자신을 발견하지 못하며, 재귀적인 작동에 사용할 수 있는 어떤 면에서도 그러하다). 그리고 무수한 구별이 가능하며, 같은 것이 매우 다양한 방식으로 구별될 수 있기 때문에, 관찰로부터 독립적으로 주어진 실재는 없다.[42] 따라서 지시문제와 코드화문제(표시문제와 구별문제)는 구별해야만 한다—구별해야 한다!

분명히 하자면, 관찰의 작동적인 수행을 유지할 수 있는 가능성만이 그 경우로 남는다. 다시 말하자면, (다른 면과의 관계가 아니라) 다음 작동을 하기 위해서 어떤 구별을 필요로 하고, 그 구별의 어떤 면을 표시[43]할지를 고려하면서 관찰자를 관찰하는 가능성이 그것이다. 현실로 구성되는 것은 최종적으로 관찰에 대한 관찰가능성을 통해서만 보장된다. 이는 강력한 보장인데, 왜냐하면 작동으로 실행될 때는 관찰 역시 단지 관찰일 뿐이기 때문이다. 그래서 관찰이 실행되지 않을 때는 관찰이 아니다. 이러한 이차 등급 관찰의 특정한 근대성은 더이상 공통의 세계를 지정하는 데 있지 않고, 존재론적으로 예정되어 있지 않을 뿐 아니라, 우선적이지는 않을지 몰라도 관찰자가 자신의 구별로 무엇을 볼 수 있고 무엇을 볼 수 없는가라는 문제를 추적하는 데 있을 뿐이다.[44] 여기서 동기에 대한 의혹, 소설, 이데올로기비판, 심리치료의 지대를 확인하게 된다. 더불어 이미 검토된 이러한 특별 경우가 아니더라도 이는 근대사회가 이러한 조건에서 입증할 수 있는 형식으로 실험하는 메커니즘의 영역이다.

이는 어떤 형식이 될 수 있는가? 관찰들의 관찰 또는 기술들의 기술의 재귀적인 네트워크로 사회의 자기기술이 가능하더라도, 이러한 작동들이 실행될 때 고유가치, 즉 후속 관찰의 관찰에 의해서 더이상 변화하는 것이 아니라, 안정적으로 있는 위치의 산출을 기대하게 된다.[45] 하지만 이러한 고유가치는 근대사회에서 더이상 직접적인 관찰의 대상이 아니다. 고유가치는 다른 관찰자라면 언제나 다르게 볼 수 있는 사물의 동일성으로 표상될 수 없다. 마찬가지로 고유가치는 최종적인 (이성에 기반하고 있는) 규범적 공준에서도 찾을 수 없다. 그러한 공준의 수립은 항상 "누가 그것을 말했는가?" "그것은 누구의 이해관계에 복무하는가?" "누가 그것을 필요로 하는가?"와 같은 이후의 관찰자라는 결정적인 질문을 남겨두기 때문이다. 더군다나 존재와 타당성의 구별을 통해 오래된 자연개념은 19세기에 파괴되었다. 그러나 존재와 타당성 두 영역 모두, 이차 등급 관찰의 층위에서 모든 진술들은 우연적인 것이 되고, 모든 이차 등급 관찰과 마찬가지로 모든 관찰은 어떤 구별을 사용하며 그에 따라 무엇을 볼 수 없는가라는 질문을 피할 수 없다는 경험에 직면하기 때문에, 존재와 타당성의 구별은 더이상 도움이 되지 않는다. 이제 근대사회의 고유가치는 우연성의 양상형식으로 정식화되어야 한다고 추정할 수 있게 되었다.[46]

남은 것은 최소한의 '부엔트로피적' 질서, 다시 말해서 구속된 대안들을 갖는 질서이다. 그 고유가치는 언제나 다르게 채워지지만 임의적으로는 다르게 채워질 수 없는 '위치들' 또는 '기능들'에 있다. 안정성은 찾을 수 있는 모든 것에 대해 제한된 대체가능성만을 고려하는 것으로 보장된다. 이사할 수는 있지만, 다른 집을 찾았을 경우에만 이사할 수 있는 것이다. 개인적으로 자동차를 이용할 수 없거나 허락받지 못했을 때는, 다른 교통가능성을 통해서 이를 대체해야 하는 것이다. 흔들의자가 그 대용으로 충족될 수 없는 것이다. 그에 상응하여 국가, 법, 화폐, 연구, 대중매체 없이 우리 사회를 생각하기 어렵다. 이처럼 범위를 갖는 기능들이 자기대체적인 질서의 근거가 된다. 이런 이유에서 독립분화된 기능체계가 전적으로 부재한 사회질서를 생각하기 어렵다. 다시 말해서 기능적 분화의 기능에 대한 대안은 찾기 어려운 것이다.

원리적으로는 이런 깊은 상황의 고유가치 또한 일시적인 근거로 생각할 수 있을 뿐이다. 그러나 이를 제거하는 것은 '파국', 즉 체계이론적인 이해를 엄격하게 따르면 안정성의 다른 형식으로의 급작스러운 이행으로서 파국을 야기한다. 이에 대해서도 사고하고 커뮤니케이션할 수 있다는 것이야말로 근대사회의 특징에 속한다. 그러나 그에 대해서는 기능적 등가가 아니라, 모든 구별이 차단되고 체계의 통일성이 환경과의 구별 없이 자기 자신 안에서 정지한 무중력의 상상적 공간에 있는 '대안적인 사회'가 문제가 될 것이다.

우리에게 익숙한 유형의 근대사회는 자신의 고유가치의 형식에 따라 그 고유한 동학을 갖는다. 그 동학이 동일성으로 확립하는 모든 것 때문에 제한적인 교환가능성 및 대체가능성을 준비할 수 있고, 기회를 기약할 수 있다. 동일화할 수 있는 한, 실체개념을 기능개념으로 대체[47]하거나 척도가 되는 아프리오리에 대한 상상을 체계의 시간적인 자기구속의 역사적 과정으로 대체하는 것처럼, 세계기술과 사회의 자기기술에서 토대를 바꿀 수 있는 것이 그에 해당한다. 낭만주의가 보여준 것처럼, 세계라는 무대를 더이상 신뢰할 수 없다는 것이 그 불가피한 결과이다. 세계라는 무대는 악마적인 방식으로 매우 합리적인 사건에 개입한다.[48] 시詩의 지시체계는 자기 자신에게 모든 타자지시에 앞선 우위를 부과하지만 이는 다의적으로 보이게 할 뿐이다. 그리고 이는 다른 한편으로 시간문제라는 다른 문제에 대한 해결이었다. 왜냐하면 우리는 미래에 대해 단지 과거와 다를 수 있다는 것만을 지금 알 수 있기 때문이다. 이제 모든 귀납법은 설득력이 없고 모든 형식은 시간색인을 갖추게 되면서, 현재는 과거와 미래의 차이의 통일성을 담지하고 마찬가지로 시간 안에서 배제된 삼자가 되며 더이상 국지화될 수 없는 경계가치가 된다. 그리고 지난 200년 동안 사회학이 알고 있었던 것과 무관하게 우리는 이 모든 것을 알고 있다. 노발리스에게서 읽을 수 있는 것처럼, "일반적으로 타당한 형식들의 시대는 지나갔다."[49]

2 유럽적 합리성

I

오늘날 세계사회의 문화상황을 판단하고자 할 때마다, 특히 근대적인 것으로 도드라지는 것은 유럽의 전통에 의해 각인된 것이다. 계층적인 분화에서 기능적인 분화로 사회체계가 전환했는지 그리고 어느 정도로 전환했는지는 많은 지역에서 구조적인 차원에서 문제시될 수 있다. 그러나 이런 방향으로의 발전은 유럽에서 시작된 것이다. 의미론적인 차원에서는 유럽적인 의미에서 '근대적modern'이라고 하는 부당한 요구에 맞선 오랜 문화들의 저항, 그 미래, 부흥과 자기관철의 능력이 갖는 가치를 다양하게 인정할 수 있다. 그러나 오직 유럽만이 중세 후기 이래 사회의 급격한 구조 전환의 경험을 고려하는 세계 그리고 사회에 대한 기술을 산출했다.

지리적으로 '유럽Europa'이라는 딱지는 당연히 임시방편적인 지칭이다. 그리고 그것은 겉보기에 다양하게만 보이는 곳에서 일치를 가장한다. 그렇게 현상의 표면으로 시선이 고정된다. 이런 이유에서 다음에는 합리성이라는 테마로 유럽 전통의 독특한 통일성을 제시하고자 할 것이다. 이때 근대사회로의 이행을 수반한 역사적-의미론적 발전의 통일성이 우선 문제가 된다. 이 과정은 자기 자신을 설명하며 자기붕괴(비판, 니힐리즘, 포스트모던 같은 지칭들로 묶일 수 있는)와 유토피아적인 갱신 사이에서 진동한다. 그러나 이러한 '분리Entzweiung'는 통일성으로, 즉 근대사회의 파악할 수 없는 현상들에 대한 학습과정으로 개념화될 수 있다. 동시에 그것은 독특한 통일성, 오늘날 여전히 유럽 이외의 기원을 갖는 합리성 표상으로 존재하는 것과 구별되는 통일성이라는 의미를 갖는다.

이것이 여전히 명료함을 요구하는 자기평가를 다루는 것이라면, 유럽적 합리성은 구별을 통해서 비교할 수 있는 다른 의미론과 자신을 구별한다. 그것은 헤겔의 논리학과 역사이론의 의미에서 자신의 역사를 다루는 것일 수도 있지만, 합리성 자체를 쪼개거나 동등하게 타당한 다른 감정 또는 상상력의 세계지향으로부터 합리성을 구별하는 다른 많은 구별일 수도 있다. 결국 유럽의 의미론과 유럽이 아닌 곳의 의미론의 구별은 이렇게 구별을 의식하는 합리성을 통해서만 관찰되고 기술될 수 있다는 테제에 도달하게 된다. 그래서 계몽의 세기에 중국에 대한 경탄은 우연이 아니었던 것이다. 그리고 유럽적 합리성을 성찰하는 장점은 성찰이 스스로를 증명하는 우월함, 자신에게 가치를 부여하는 유럽중심주의를 의미하지 않는다. 그 반대 역시 생각할 수 있는 것이다. 더 이상 도달할 수 없는 소박함 그리고 유럽이 아닌 다른 지역의 세계기술의 진정성에 대한 경탄과 같은 것이 그렇다.[1]

그러나 이 모든 것은 애매한 추정일 뿐이다. 그런 이유에서 구별을 지향하는 합리성이라는 이러한 특수성이 개념적으로 더 정확하게 기술될 수 있는지 그리고 어떻게 그것을 달성할 수 있는지가 중요하다.

II

유럽적 합리성의 역사는 세계 안에 있는 관찰자를 세계와 결합한 합리성연속 해체의 역사로 기술할 수 있다. 관찰자를 사유하는 존재animal rationale로 본다면, 사유와 존재의 수렴이 문제가 된다. 관찰자를 행위하는 존재로 본다면 행위와 자연의 수렴, 즉 자연에 부과된 목적이 문제가 된다. 어떤 경우든 사물과 운동의 목적téle 전체가 세계 안에서 일어나는 것을 담지한다. 지성의 활동성은 어떤 식으로든 아리스토텔레스와 토마스 아퀴나스의 학설을 적절하게 따르며, 거기서 끝난다.* 그리고 현존하고 발생하는 것을 가시적인 질서로 개념화하거나 기독교적인 믿음에서 창조자의 지식과 의지로 소급할 수 있는 가능성은 그러한 수렴을 좋은 것으로 설명할 수 있게 한다. 초월철학의 교리가 말하는 것처럼, 존재하는 것은 참된 것과 좋은 것으로 수렴된다Ens et verum et bonum convertuntur는 것이다.

그 교리에 따르면 존재뿐 아니라 자연은 그 본질에 상응하면서 자신의 존재 또는 자신의 본성을 성찰할 수 있는 요소를 포함하고 있다. 그것은 존재의 바깥 또는 자연의 바깥에 어떠한 기준점도 요구하지 않는다. 합리성의 속성은 그와 관계된다. 이에 따라 사회질서가 사회의 특정한 부분—도시적 또는 귀족적인 삶—에

* 아리스토텔레스와 아퀴나스에 따르면 지식과 오류는 다른 위상을 갖는다. 오류를 부정하면서 진리인 지식과 허위인 지식의 차이, 그 구별이 사회적으로 의미를 갖지 못하는 것이다. "오류들은 오직 실수들처럼, 오직 불행들처럼, 오직 일탈적인 사적 의견들처럼 개별적으로만 나타난다. 반면 모든 합리적인 사람들이 볼 수 있는 세계 연관은 그 자체가 제대로 된 것이다. 오직 이러한 표상의 세계에서만 도덕적으로 나쁜 재화들을 추구하는 것을 오류라고 다룰 수 있었다(아리스토텔레스, 토마스 아퀴나스)." 이는 차이를 산출하지 않는 세계에서의 진리와 오류에 대한 표상이다. 니클라스 루만, 『사회의 학문』, 208~209쪽.

우선적인 합리성기회를 할당하는 것으로 기술되었다는 것을 쉽게 알 수 있다. 이는 유사성뿐 아니라 위계적인 세계구축을 경유하여 이성이 전체 안에서 전체를 재현한다고 하는 전체상으로 고양된다.

이러한 질서의 해체는 이미 중세 후기의 명목론에서 시작했을 수 있는데, 어쨌든 17세기에 들어서는 분명하다.[2] 출판에 의해 첨예화된 일관성에 대한 강제와 더불어, 사회의 증가하는 구조적인 복잡성은 기술의 분열, 진리전쟁[3] 및 진리문제를 그대로 남겨둔 인간적인 회의주의를 야기했다. 그러나 모든 것을 구속하는 합리성의 위치를 최종적으로 미결정인 채로 남겨둘 수는 없다.[4] 아직 로티가 태어나지 않은 것이다. 대신 재구성을 추구했다. 17세기 이래로 (비판적인 문제의식에서) '존재론'을 말했다.[5] 서로 나란히 있는 존재론 형식에서 무엇보다도 사유와 존재가 각기 분리되면서, 사유는 참된 생각과 거짓 생각으로 자신을 입증할 수 있게 된다. 참되거나 그렇지 않거나, 나는 생각한다! 목적을 선택가능한 것으로 생각하면서 동기나 이해를 묻게 되고, 자연은 외부의 척도로 환원되었다. 18세기의 이성에 대한 믿음은 이미 차이들에 기반한다. 계몽은 계몽될 세계에서 자기 자신을 본다. 계몽은 자신에게 맞서는 모든 것을 비합리화한다. 이성 곁에는 역사가, 뉴턴 곁에는 뮌히하우젠이, 합리성 곁에는 향락이, 노동, 언어 그리고 과학과 관련 있는 근대 곁에는 그것을 믿지 않는다는 것을 전제로 하는 주술을 통해서 세계의 통일성을 무대처럼 그리는 낭만주의의 환상이 있다.* 합리성이라는 칭호는 부분현상들만을 고려하는, 즉 사회의 기능체계들만—목적과 수단의 관계에서 경제

* "합리성을 다시 획득하고 삶의 원리로 확고하게 세우려 했던 18세기의 노력들은 오늘날 볼 때도 인상적이다. 그런데 저항에 맞서서 그렇게 했던 것이고, 이것은 많은 것을 시사한다! 합리성의 연속이 단절된 상황은 여전하다. 18세기는 계몽의 세기이고 또 정서의 세기이다. 뉴턴의 세기이고 또 뮌히하우젠의 세기이다. 이성의 세기이고 또 역사의 세기이다." 니클라스 루만, 『사회의 사회』 1, 208~209쪽. 반면 부르디외에게 18세기는 칸트와 뮌히하우젠의 세기이기도

적 합리성, 자연법칙의 정확한 적용이라는 과학적인 합리성 또는 법률이나 경우에 따른 결정들이 개념적으로 축적된 경험에 기반한 결정의 법적 합리성 등이 그것이다—을 지향하는 고도의 수행 합리성으로 넘어간다. 이런 구별과 그와 유사한 구별의 두 측면에 합리성이라는 칭호를 부여하는 것이 합리성에 대한 어떠한 이해에 근거하고 있는지 묻지 않은 채, 결과적으로 목적합리성과 가치합리성과 같은 상이한 합리성 유형들이 형성되었다. 막스 베버와 위르겐 하버마스 곁에 있는 것이다. 여기서는 문제설정 도식으로서 주체와 객체 간의 전통적인 구별 또는 행위의 사실성과 규범적인 요구의 구별에 기반하고 있다. 그 구별을 의심하는 대신 기꺼이 복수의 합리성 형식을 수용하는 것이다.

19세기 이후, 구별의 통일성을 묻지 않고 구별들로 작업하는 것에 점점 더 익숙해졌다. 서술자는—소설이든 세계역사든 간에—더이상 서술자 자신이 등장하지 않고, 헤겔에서 볼 수 있는 것처럼 더이상 그럴 수도 없는 이야기를 연출한다.[6] 이와 마찬가지로 고전 물리학의 '자동 우주univers automate'[7]에 물리학자의 자리는 없다. 물리학적으로—관찰자로서도 행위자로서도—존재하지 않는 것이다. 물질과 정신, 국가와 사회, 사회와 공동체, 개인과 집단, 자본과 노동 같은 무수한 명시적인 구별들은 두 면 중 하나에 대해 열린 (또는 결과적으로 열려 있거나 닫힌) 선택을 하는 분석도구가 된다. 프랑스혁명이나 사회주의적인 운동 프로그램

하다. 칸트의 「학부들의 논쟁」에 주목하면서 부르디외는 신학, 법학, 의학 같은 당시에 우월한 학부와 달리 수학, 철학, 역사학과 같은 '열등한 학부'를 이론적으로 정당화하기 위해, 칸트가 철학이 역사적 필연성을 이론적인 덕목으로 삼는다는 것에 주목한다. 이에 대해서는 다음을 참고. 피에르 부르디외, 『파스칼적 명상』, 김웅권 옮김, 동문선, 2001, 67쪽. 주지하다시피 18세기에서 19세기로의 전환을 질서에서 역사로의 변동으로 파악하는 푸코는 재현의 한계와 불가능성이 문제가 된다고 본다. 이제 주체성, 인간, 유한성에 대한 성찰이 새로 등장하면서, 노동, 생명, 언어의 문제가 제기된다. 이에 대해서는 다음의 책 7~10장 참고. 미셸 푸코, 『말과 사물』, 이규현 옮김, 민음사, 2012.

을 따르는 정치화된 구별들 역시 통일성물음을 은폐하는 동일한 양식을 사용한다. 전체론은 지성적인 선택이 된다.[8] 이런 이유에서 합리성 역시도 그 다른 면이 즐거움, 판타지, 상상력[9]같은 비합리적인 것이 되어야 하는 구별의 요소가 된다. 그러나 비합리적인 것은 합리성의 불충분한 개념을 보호하기만 하는가?[10]

매번 사용되는 구별의 통일성이 무엇인가라는 질문을 포기하는 것과 마찬가지로 합리성귀속의 일면성은 자신의 통일성을 성찰할 수 없는 근대사회의 무능력을 반영한다. 이는 사회 안에서 사회를 기술하기 위한 어떤 표준적인 위치가 더이상 허락되지 않는 기능을 지향하는 분화형식 때문이다. 이렇게 계속해서 대체되는 임시해결은 20세기 후반에는 더이상 만족스럽지 않다. 매우 일반적으로는 '이전의 문화적 대립의 타당성 침식'에 대해 말하고, 그에 상응하여 '무엇-질문'에서 '어떻게-질문'으로의 이행을 요구한다.[11] 무엇이 구별되는지가 아니라, 어떻게 구별되는지 그리고 누가 구별하는지에 우선 관심을 갖는 것이다. 아무튼 사회적 재귀성으로서 다른 이에 대한 감정이입과 그 반응방식에 대한 고려가 행위의 결정에 기입되는 정도에 따라 세계에 대한 전망의 통일성과 확실성을 보장할 수 있는 이성이라는 관념의 가치가 하락한다.[12]

이미 분할된 세계에서 관찰자는, 서술자는, 시인은 어디에 있는가? 기술하는 이는, 무엇인가를 구별하고 지칭하기 위해 구별을 사용하는 이는, 왜 이것이고 다른 것은 아닌가라고 물을 수 있는 이는 어디에 있는가?

그 하나의 가능성은 현세를 초월한 주체로 지칭하는 것이다. 그러나 그런 가능성은 그 주체가 세계에 존재하지 않는다면 누가 관찰할 수 있고 어떻게 관찰될 수 있는가라는 질문을 제기한다. 또다른 가능성은 그 주체의 사유가 참되고 행위가 이성적이어야 한다면, 모든 관찰자는 같은 식으로 관찰할 수 있다는 것이 명백하기 때문에 이를 무시하는 것이다. 이것은 논리적 경험주의가 가장 마지막으로 대변한 것처럼, 유명하긴 하지만 오늘날에는 더이상 수용되지 않는 지시, 의미 그리고 진리의 일치로 이끈다. 따라서 세계는 모든 관찰자에게 같은 것이며 세계는 규정할 수 있다(이는 세계는 규정할 수 있는 한 상이한 관찰자에게 매번 다른 세계이고, 세계가 같은 세계인 한 여전히 규정할 수 없다고 말하는 것이 아니다)는 것이 전제된다. 의식을 수행한다는 관점에서 주체가 이런 규정성을 보장하든, 보편적으로 있는 규정가능성이라는 현상이 의식의 초월성에 기반해서 귀납적 추론을 허용하든, 후설에게조차도 주체로서 의식의 초월성과 세계의 규정가능성 사이에 연관이 있었다.[13]

관찰자에 대한 포스트존재론적인 구성 중 가장 중요한 시도는 직접성 철학으로 기술될 수 있을 것이다. 그 시도는 헤겔의 논리학에서 이륙take off하여 직접적인(무반성적인) 자기관계의 테제를 거쳐 생철학,[14] 실존철학, 하이데거의 현존재분석뿐 아니라 직접적으로 기호를 이해하면서 다른 기호에 대한 무한한 지시에 대한 잠정적으로만 가능한 해결을 추구하는 기호철학[15]에까지 이른다. 무엇보다도 현존성 전제에 대한 데리다의 급진적인 비판이 이러한 전통을 극복하려는 시도라고 할 수 있다. 덜 까다롭게 하자면, 직접성 자체는 언제나 직접적/간접적 구별을 통해서 매개되는지 그리고 다른 식으로는 관찰자에게 전혀 도달할 수 없는지(체험, 이해) 질문할 수 있다.

그 밖의 다른 가능성, 즉 모든 타협들 중에서 가장 나쁜 것은 '다원주의'에 동의하는 것이다. 이에 따라 주체와 객체의 구별의 파괴가 시작되거나, 그 파괴를 면하기도 한다. 주체 각자에게는—볼프강 이저의 독자가 그런 것처럼—자신의 고유한 관점, 세계상, 해석이 허용되지만, 그럼에도 불구하고 '객관적인' 세계, 텍스트 등을 허락하는 영역에서만 그러하다.[16] 이와 마찬가지로 불가피한 통찰에 따라 새로운 인식론은 실재에 대한 확실한 고려 없이 '구성주의'를 인정하기도 한다.[17] 법이론에서 로널드 드워킨은 법문제는 '판결하기 어려운 사건'에서도 매번 하나의 올바른 해결만을 가질 수 있다고 주장하며, 법에 있어서 도덕적 원리에 따라 이 테제를 정초한다.[18] 그러나 밝혀진 것처럼, 이것이 그 올바름을 증명할 수 있다고 말하는 것이어서는 안 된다.[19] 이는 법을 진지하게 취급하는 법률가는 다른 이의 의견을 충분히 이해할 수 없다는 것을 분명히 할 따름이다. 서구의 합리주의가 그 최종 국면에서 고유의 약점들을 명확하게 제시할 수 없다는 편이 더 분명한 것이다.

이 모두를 의심할 수 있다면, 마지막으로 남은 것은 관찰자는 관찰될 수 없다는 생각이다. 관찰자는 관찰한 것을 지칭, 즉 '미표시 공간'에 남아 있는 다른 모든 것으로부터 구별해야 한다. 그에 따라 관찰자 자신은 '미표시 공간'으로 사라진다. 다시 말해서 다른 모든 것 그리고 자기 자신으로부터 관찰한 것을 구별하는 한, 관찰자는 '미표시 공간'에서만 관찰할 수 있다. 관찰자 자신을 관찰대상으로 지칭하면 다른 어떤 것도 타당하지 않게 된다.

이는 관찰이 두 개의 가치二價를 갖는 논리를 다룰 때는 타당하다. 왜냐하면 관찰자가 다루는 두 개의 논리적인 가치는 그 가치로 구별의 한 면 또는 다른 면을 지칭하는 것으로 다 소진되어 버리기 때문이다. 구별 자신의 지칭과 무엇보다도 그 구별이 사용하는 지칭을 위한 논리적 가능성은 없다.[20] 관찰자와 마찬가지로 구별 역시 그 편에서는 설명할 수 없는 구별에 의해 구별되는 단순한 대상으로 다루어야 하는 것이다. 그러나 어떻게 하나의 구별이 구별로 사용되는지, 어떻게 한 명의 관찰자가 관찰자로서 구별의 다른 면이 아닌 이 면을 지칭(비록 다르게도 할 수 있지만)하는지 관찰하고 기술하고자 할 때는 구조적이고 논리적인 도구가 필요하다. 그리고 그것은 지금까지 사용하지 않았거나, 기껏해야 매우 형식적인 의미로 사용되었을 뿐이다.

20세기 후반기에서야 이 문제를 지금까지보다 더 정확하게 정식화할 수 있게 되었다.[21] 존재론적으로—즉 존재와 비존재의 구별의 도움으로—기술할 수 있는 세계라는 전통적인 가정과 오직 두 개의 가치만을 갖는 논리적인 도구 사이의 상응은 역사적으로 분명하다. 그것은 상이한 세계기술과 사회기술 간의 차이가 그렇게 크지 않고 논쟁의 여지가 없는 기준점에서—정점이나 체계의 중심에서—구속력 있게 결정될 수 있는 사회를 전제로 한다. 그에 따라 그 나머지들은 부패, 오류, 기만이 된다. 그사이에 그에 대한 어떤 논리도 없었고, 한 번도 인정받은 적 없는 인식론의 가능성이 실제로 발전했다. 이제 관찰자들을 관찰할 수 있는 가능성, 이차 등급 사이버네틱스의 가능성이 문제가 된다.

하나의 공통 세계를 바라보는 서로 같은 관점을 포기한다면, 누군가가 관찰될 때, 합리적으로 행위할 수 있는지 물어야 한다.[22] 합리적일 수 있다는 야심에 찬 일차 등급 관찰자를 고려할 수 있는 관찰자의 관찰자라는 반응방식에 제약이 있어야 한다. 이 문제에 직면하여 합리성은 제도적이거나 협상에 따라 안정화되는 우선권에 의존하게 되는데, 그 고유의 합리성(메타합리성)은 그것을 가능하게 하는 합리성에 기반할 수 없는 것이다.

이에 따라 이해관심과 목적의 분열뿐 아니라, 관찰 자신의 구조와 관련되는 상당히 급진적인 문제들이 제기된다. 한 명의 관찰자는 볼 수 있는 것 그리고 볼 수 없는 것과 관련해서 한 명의 다른 관찰자(그 자신일 수도 있는)를 관찰한다. 그에 따라 관찰도구, 즉 관찰자가 관찰한 것을 지칭하기 위해 사용하는 구별과 관련해서 차이이론적인 상대주의에 도달한다. 두 면을 (예를 들어 좋은/나쁜, 더 많은/더 적은, 이전의/이후의, 명시적인/잠재적인 같은) 특화하는 특정한 구별에 따라 지칭할 수 있는 것을 볼 수 있는 것이다. 구별의 맥락에서는 이 면이나 다른 면이 아닌, 배제된 삼자로 구별하는 것을 볼 수 있다. 관찰자 자신은 언제나 배제된 삼자이다. 관찰자는 미셸 세르의 의미에서 자신의 관찰의 기식자인 것이다.[23] 그러나 비록 언제나 자신이 보는 것만 보고, 보지 않는 것은 볼 수 없는 또다른 관찰자로서이긴 하지만, 다른 관찰자(이데올로기비판가, 심리분석가, 즉 치료사)가 다시 보고 지칭할 수 있는 것은 바로 이 관찰자이다.[24] 이런 방식으로 합리성의 폐해와 합리적인 계산과 최선의 의도에서 발생한 손해를 주제화할 수 있다. 다시 말해서 '합리적인 바보'[25]를 주제화하거나 폴 발레리를 따라 '이성에 따른 악행méchanceté de celui qui a raison'[26]을 정식화할 수 있다.

관찰자가 관찰할 수 없는 것을 관찰하는 것에 대한 이러한 이해관심은 지금까지 인식이론적으로 승인받지 못했다. 이른바 '지식사회학을 둘러싼 논쟁'은 이미 '『테아이테토스』' 당시에 논의되었던 전제하에 진행되었다. 즉, 오직 하나의 진리만 있을 수 있으며, 그래서 참된 진술을 가짜로 지칭하는 진술은 두 개의 진리를 모두 타당하게 하는 것이 아니라, 기껏해야 오류에 대해 계몽하는 데 기여할 수 있을 따름이라는 것이다. 심리분석 역시 인식이론으로 인정된 적이 전혀 없고, 기껏해야 임상치료를 위한 실천학문으로 인정되어왔을 뿐이다. 그에 상응하여 '상대주의' '역사주의' 등도 한탄스럽고, '포스트모던(그러나 실제로는 모던인)'한 담론과 해체주의의 다양성과 '모든 것이 다 된다'는 것은 '즐거운 학문'으로서만 주목을 끌 수 있을 뿐이며,* 또한 자기 자신을

* 루만은 '모든 것이 다 된다'라는 '포스트모던'에 대한 통념을 니체의 저작 제목인 '즐거운 학문fröhliche Wissenschaft'과 의도적으로 연결하고 있다. 이 저작 343절에서 "신은 죽었다"가 처음으로 정식화되기 때문일 것이다. 이는 니체를 문제삼는 것이 아니라 반대로 포스트모던 담론이 니체와 그의 '신은 죽었다'는 문장에 대한 속류화된 논의일 뿐이라는 점과 근대성 자체를 깊이 논구하지 못하는 표피적인 담론일 뿐이라는 점을 '즐거운 학문'의 내용적 측면과 그 표현적 측면에서 이중적으로 지적한 것이라고 할 수 있다. "근래의 최대의 사건은 '신은 죽었다'는 것, 그리스도교의 신에 대한 믿음이 믿지 못할 것이 되었다는 점이다. 이 사건은 이미 유럽에 그 최초의 그림자를 드리우기 시작했다." 프리드리히 니체, 『즐거운 학문 / 메시나에서의 전원시 / 유고(1881년 봄~1882년 여름)』, 안성찬 · 홍사현 옮김, 책세상, 2005, 319쪽.

그렇게 양식화한다. 이런 서술형식은 그동안 너무 확산되어서, 여전히 이런 현상들이 일탈이 된다면 문제는 인식이론과 그 논리적인 편성에 있는 것이 아닌가 묻게 된다.

III

전통에서 유래하는 진전을 가로막는 인식론적인 장애가 있다.[27] 다음의 가정들이 이에 해당한다.

1. 인식은 그 자체로 합리적이다.
2. 학습은 학습하는 체계의 상태와 환경에 대한 적응을 더 좋게 하지 나쁘게 하지 않는다.
3. 더 많은 커뮤니케이션과 사회적으로 성찰된 커뮤니케이션(집단역학이라는 더 넓은 맥락에서)은 역효과 대신 상호이해를 증진시킨다.
4. 합리성은 예를 들면, 이익의 극대화 또는 이성적인 상호이해와 같은 프로그램 형식으로 파악될 수 있다.

개인적인 선호의 사회적인 집적이라는 알려진 문제설정은 이미 이러한 테제들에 문제를 제기한다. '해체가능성에 근접한', 새로운 용어로 말하자면 체계 '재구성가능성'의 제한적인 조건을 고려할 때 역시 마찬가지이다.[28] 아직 발전되지 않은 합리성 이해는 우리를 그러한 가정들에 구속한다고 할 수 있다. 그러나 근대사회구조와의 불일치에 따라 이런 가정들에 대해 점점 더 많이 실망한다면, 그때는 무엇을 해야 하겠는가?

인식, 학습, 커뮤니케이션 모두 구별을 통한 작동이라면, 우리의 용어로 관찰이라면, 특별히 구별의 관점에서 합리성에 대해 계속 물을 수 있다. 이는 더 많은 근거들이 증거로 제시될 수 없는

(위 4번 가정에서 본 것처럼) 특정한 프로그램형식이 아니라,[29] 관찰자를 이차 등급의 층위로 전환하는 것에서 시작할 수 있다.

구유럽적인 합리성연속에 대한 새로운 시각과 함께 분석을 시작할 수 있다. 구유럽적인 합리성연속은 두 개의 구별이라는 관점으로 특징지을 수 있다. 즉, 사유와 존재의 일치 그리고 행위와 자연의 일치가 그것이다.* 세계가 질서, 코스모스kósmos, 창조, 조화로 전제되는 한, 그런 일치 그리고 잘못이나 오류로 취급되어야 하는 결과적인 실패에 주목하게 된다. 사유와 행위는 매번 긍정적인 가치와 부정적인 가치의 구별을 통해 그 대상을 관찰하는 이치二値 논리의 대상이다. 그런데 사유와 존재 또는 행위와 자연의 구별이 수렴을 위해 고안되었다는 점을 고려하면(그리고 '수렴을 위해 고안된'은 긍정적이고 부정적인 가치의 구별은 문제가 될 수 없다는 것을 의미한다) 주목할 만한 것이 눈에 띈다. 존재로 수렴하기 위해서는 사유 자신이 존재해야 한다. 현세를 초월한 주체의 순수한 자기지시로 달아나는 것이 아니라, 스스로를 조건화해야 하는 것이다. 그리고 자연으로 수렴하기 위해서 행위는 자연 자신이 되어야 한다. 즉, 자신의 고유한 자연/본성을 실현해야지 의욕을 의욕하는 의지를 실현해서는 안 되는 것이다. 이런 주도적인 구별의 인간과 관계된 면, 즉 사유와 행위는 다른 면에 우

* 합리성은 체계이론의 맥락에서 다른 어떤 개념보다도 역사적인 개념이고, 역사성을 갖는 개념이다. 즉, "합리성은 역사적 조건 속에서 성립된 제한된 개념"이다. 이런 맥락에서 루만은 '합리성연속Rationalitätskontinuum'을 17세기까지의 구유럽적 전통으로 설명한다. 본문의 서술과 관련해서는 다음의 문장을 참고할 수 있다. "행위라는 관점에서 보면 이러한 연속은 행위 자체뿐만 아니라 성공적으로 행위할 수 있는 조건도 자연이라는 의미이다. 즉, 행위하는 자는 그 자체 이미 자연에 해당하는 조건하에서 행위함으로써 자신의 자연/본성을 실현한다고 생각했다. 사고라는 관점에서 보면 합리성의 연속이라는 전제는 정확한 인식이란 곧 인식의 객체에 들어 있는 정확성에 합치하는 인식이라는 의미이다." 니클라스 루만, 『체계이론 입문』, 윤재왕 옮김, 새물결, 2014, 236~237쪽.

선한다. 그것만으로도 스스로를 다른 것과 구별할 수 있었다. 자연 또는 창조로서의 세계의 통일성에 대한 모든 강조에도 불구하고, 또 이를 현실화하고자 했던 모든 이론, 즉 사유 안에 존재를 모사하거나 예술적인 행위 안에 자연을 모방하는 이론에도 불구하고, 구유럽적인 세계개념은 '대칭의 파괴'에 봉착했다. 관찰자에게 도드라진 위치가 제공된 것이다. 합리성연속은 비대칭적으로 간주되었다. 자기 자신과 그 반대를 포괄하는 선호되는 위치는 세계의 구축에서 인간의 위치이다. 그 점에서 당연히 구유럽적인 전통은 자신을 '인본주의적인 것'으로 이해한 것이다.

이에 대해서 체계이론적으로도 이해할 수 있다. 주지하다시피, 오늘날 체계이론에서 대칭의 상실은 복잡한 체계구조의 진화적인 구축의 조건으로 간주된다.[30] 구별이론적으로 관찰하면, 이는 구별된 것 안에서 한번 더 구별하는 것, 즉 다른 면이 아닌 이 면에 구별이 생겨야 한다는 것을 의미한다. 구별은 자기 자신 안에서 한번 더 발생한다. 구별은 조지 스펜서브라운의 형식계산의 개념에 따라, 형식 안에 형식의 '재진입re-entry'을 실행하는 것이다.[31]

최근의 기호학 역시 정확히 이런 상황에 처해 있다. 기호학은 기호와 지시된 것의 구별에 근거한다. 그러나 소쉬르 이래로 기호학은 이 구별은 외부를 지시하지 않고, 구별의 과정을 기술하는 언어를 기능화한다는 것을 알 뿐이다. 그러나 이런 이유에서 지시 없는 기호를 수반하는 수사적인 취급의 자의성을 수용해야만 하는가? 아니면 기호와 지시된 것의 구별은 자의적이지 않고, 필요한 중복들과 전통이라는 척도를 따르는 것으로 다뤄질 수 있다는 것에 해결책이 있는가?[32] 그러면 이런 구별의 통일성을 시간적이고 사실적으로 자의적이지 않게 할 수—'지칭할 수' 있어야 한다. 이는 기호와 지시된 것의 차이로서 기호를 정의하는 익숙한 형식으로 이끈다. 더불어 기호는 자기 자신 안에서 다시 출현하는 하나의 구별이기도 할 것이다.[33] 이로부터 그 주요한 구별을 자기 자신에게 적용하는 것이 요구되며, 그렇지 않을 경우 자신의 고유한 형식을 지칭할 수 없는 '이차 기호학'의 자기비판적이고 자기파괴적인 잠재력에 봉착한다.[34]

범주들을 구별로 읽기 때문에, 이 작업들은 존재론적으로 상정된 토대에서 전통이 작업해온 모든 범주를 해체하는 놀랍고 수수께끼 같은 발견이다.[35] 관찰하고 지칭할 수 있기 위해서 존재로부터 자신을 구별해야 하는 사유는 그 자체로 사유와 존재의 구별이다. '사유'는 그것 '이다.' 진행하면서 자연과 대면하고, 그렇게 행위의 개입 없이는 어떤 일이 생기지 않는, 즉 편차를 시도하는 행위는 그 자체로 행위와 자연의 구별을 산출한다. 형식 안으로 형식이 재진입하는 이 형상에 유럽적 합리성의 핵심문제가 숨겨져 있다고 할 수 있다. 동시에 이는 구별이 자신의 재진입 면에서 재귀적이며 그렇게 불안정하게 되어야 하고 결국에는 그 안에서 주체의 유럽적인 의미론이 전통과 단절함과 동시에 그것은 가능하지 않다는 것을 증명하는 사유와 의지의 절대적 형상을 산출했던 근거이기도 하다.

그러나 정확히 무엇이 실패했는가?

주체에 대한 유럽적인 전통의 인본주의와 재진입의 충동을 감당할 수 없는 인류학적인 개념들과의 결합이 실패했을 것이다. 또한 자신을 구별해야 하는 이 회귀를 자기 자신 안에서 지속하기에는 사유와 행위가 적합하지 않을 것이다. 상대도 그 위반이 합리적인 같은 규칙을 따른다는 것을 전제해야 한다면, 어떻게 각자 합리적으로 행위할 수 있는지가 수수께끼처럼 남은 18세기 이래 첨예해진 인류학적인 개인주의도 실패했다.[36] 그리고 아마도 이러한 곤경에 빠진 것은 인본주의적인 세계기술과 사회기술의 신빙성이 줄어들었기 때문일 것이다.* 인간만이 세계의 주체라는 월권으로 파열되어서, 그렇게 그 자체로 다시 진지하게 간주될 수 있는 수많은 구체적인 개인들이 남겨질 것이다. 인간을 자신의 개인성에서가 아니라 노예로 본다는 것을 전제하는 인간에 대한 최후의 외적인 요구가 해방되어야 했다.

우선 재진입의 형상을 갖는 형식계산을 살펴보자. 스펜서브라운은 어떤 것을 표시하는 개별 작동자(그리고 그것은 연산과 대수학의 통합을 가능하게 한다)를 사용한다. 이는 구별과 지시의 작동적인 통일성, 즉 하나의 구별 안에서 구별 자신이 그 한 측면이 되는 통일성을 지칭한다. 그것은 다음을 주장하게 된다. "우리는 구별이라는 생각과 지칭이라는 생각을 주어진 것으로 간주하며 구별을 하지 않고는 지칭할 수 없다고 간주한다."[37] 우선 계산 끝에서 이러한 시작을 포함하는 재진입 개념이 정식화된다. 따라서 계산은 시작에서도 끝에서도 재진입 자체가 계산의 대상이 되지 않으면서 잠재적인 재진입을 열린 재진입으로 전환하는 작동적으로 닫힌 체계를 모델화한다. 시작과 끝이 시작하고 끝나는 체계에서 구별될 수 없는 구별인 것처럼, 적용의 보편성과 작동의 기초성 역시 그렇다.[38] 복잡성의 구축에서 구별의 자기전개만이 문제가 된다. 그리고 구별은 '완벽한 절제perfect continence'이고, 또한 체계의 닫힘에 상응한다. 내부와 외부의 구별이 요소이기는 하지만, 어떠한 외부, 어떠한 외적인 제약성, 토대가 되는 어떠한 세계—그것이 내부와 외부의 구별의 요소이기는 하지만—도 없다. 시작과 끝의 재진입의 주변화는 계산 자체를 역설로부터 자유롭게 하지만, 그럼에도 양면의 대칭적인 교환가능성(즉 각각의 다른 면에서 다른 한 면으로의 접근가능성)이 두 면 중 한 면으

* 신빙성Plausibilität. 루만에게 신빙성, 특히 인본주의적인 세계기술과 사회기술 같은 이념의 신빙성은 "직접적으로 분명하고 커뮤니케이션 과정에서 그에 대해 더이상 근거를 제시할 필요가 없는 경우를 말한다. 오늘날은 가령 그때그때 통용되고 있는 '가치들'의 경우가 그렇다." 오늘날의 경우, 신빙성은 가령 인지심리학에서 통상적인 도식이나 스크립트의 사용을 통해 획득된다. 니클라스 루만, 『사회의 사회』 1, 636쪽.

로의 재진입으로 깨지자마자 모든 구별이 역설에 봉착한다는 것을 인식하게 하는 것처럼 보인다.

이런 생각은 체계이론적인 개념성으로 설명할 때 구체성을 획득한다. 최근의 체계이론은 어떤 형태의 전체주의도 반대하며, 따라서 부분과 전체라는 구별도식뿐 아니라 부분이 전체를 대표하거나 전체가 부분 안에 각인되어 있는 '홀로그램'을 통해서 규정된다고 간주해야 하는 재진입의 형식 역시 반대한다. 그 대신 새로운 체계이론은 체계와 환경의 구별에서 출발한다. 그 이론은 체계라 불리는 특정한 대상을 기술하는 것이 아니라, 세계에 대한 자신의 관찰이 하나의 특정한 (다른 것이 아닌) 구별, 즉 체계와 환경의 구별이길 지향한다.[39] 그것은 연속해서 '자기포함적인' 개념을 강제한다. 작동적으로 관찰을 수행하고 관찰을 재귀적으로 연결하는 한, 관찰자는 자신을 하나의-환경-내-체계로 인식해야 하기 때문이다. 화자는 자신이 말하는 바로 그것에 나타난다. 화자는 관찰자로 관찰가능하다. 화자는 자기 자신을 그 자신의 장에서 구성하는데, 우연성의 양상, 즉 다른 가능성들을 염두에 두면서 필연적으로 그렇게 한다.

또한 재진입의 형식은 다음의 이론구상을 따른다. 그 형식은 시작구별의 환경 면이 아니라 체계의 면에서만 타당하며, 그 체계 안으로 체계와 환경의 구별의 재진입을 기술한다. 따라서 각 체계에 있어서 '자기-'와 '타자-'의 차이, 즉 자신을 고유한 방식으로 지시한다는 것을 전제하면서, 그 형식은 자기지시와 타자지시의 구별형식을 획득한다. 필요에 따라 자기지시와 타자지시의 구별 내부에서 재진입을 반복할 수 있다. '자기'는 자신을 자기지시와 타자지시의 도식으로 세계를 어떻게 양분하는지 관찰하는 이차 등급 관찰자로 규정한다. 그에 따라 한편으로는 구별하는 관찰을 통해서 세계의 통일성과 그 규정가능성이 더이상 일치하지 않는 '구성주의적인' 세계상을 가능하게 하며, 다른 한편으로는 세계 안에서의 어떤 관찰도 세계를 보이게 하면서 보이지 않게 한다는 확실성을 받아들인다.

일차 또는 이차 등급의 재진입을 수행하는 작동의 관찰은 역설의 산출과 전개를 관찰하게 된다. 외부는 내부에서만 접근할 수 있다. 관찰은 관찰의 작동을 관찰한다. 관찰은 자기 자신을 대상으로서, 구별로서, 즉 낭만주의의 표상에 따르면 도플갱어로서 관찰하거나 거울 속에서 내부와 외부에서[40] 가면으로 비대칭화되면서도, 언제나 고유한 작동, 즉 가장 개인적인 작동과 함께 한다. 관찰에 대한 수학적인 서술은 이런 목적을 위해 고안된 '상상적인 공간'을 요구할 것이다. 역설의 은폐를 위해 고안된 '층위'의 구별을 통해서 바로 그 은폐를 수행하는 '유형들의 위계'로 회피하는 것은 어쨌든 만족스럽지 않다.

주술과 아이러니의 세계, 상상력과 수학의 세계, 정신분열과 개인화의 시대에 자기-자신을-관찰자로-관찰하는 것을 통해서 합리성을 추구할 수 있는가? 그러나 실제로 있는 대로 세계를 기술할 수 있고, 그로부터 다른 이들에게 어떻게 올바르게 사고하고 행위해야 하는지 알려줄 수 있다고 생각하는 경우에는 그럴 수 없다. 어떠한 구별논리적인 합리성개념도 통일성과 권위의 위치로 되돌아가지 않을 것이다. 다시 이성은 아니다! 그러나 관찰자를 관찰하고 그에 적합한 형식적인 도구의 발전이라는 규칙은 낡은 이념 앞에서 순순히 단념하는 것을 넘어선다고 생각할 수 있다.

다른 관찰자가 관찰할 수 없는 것을 관찰할 수 있고, 이런 식으로 자신 역시 관찰된다는 것을 관찰할 수 있기 때문이다. 형식적으로는 그것은 자기지시적인 형식으로 되돌아가는 것이다.[41] 따라서 관찰자는 어떻게 한 체계가 자신이 사용하는 구별을 통해서 역설을 산출하는지에 대해서도 관찰할 수 있다. 그리고 이런 역설을 '전개'하고, 구별가능한 동일성으로 해체하고 그렇게 해소하기 위해서 어떤 구별을 사용하는지에 대해서도 관찰할 수 있다.[42] 다시 말해서, 다른 구별의 역설을 피할 수 있기 위해서 체계는 그 역설을 비가시화하기 때문에, 한 체계를 동일화하는 구별이 언제나 있다.[43] 이 조건은 '구별하라!'라는 도입명령과 함께 스펜서브라운의 형식의 계산을 표현하며, 이때 구별로 말하는 것은 관찰할 수는 없지만 자신의 재진입을 이미 완수한 구별과 지칭의 구별의 통일성이다.

IV

이러한 고찰은 차이이론적인 체계합리성 개념으로 응축될 수 있다.[44] 자기지시와 타자지시의 구별로 환경과의 차이가 체계고유의 관찰의 토대가 되기 때문에, 체계는 환경으로부터 '작동상' 배제되며 환경 안에서 '관찰하면서' '포함된다'는 것에서 체계합리성의 차이이론적인 개념은 시작해야 한다. 이는 체계는 환경에서 일어나는 것과의 관계에서 독립분화를 통해 완전하다고 할 만큼 무관심하다는 것, 하지만 체계는 그것이 내부적으로 그리고 정보의 형식으로 기입될 수 있는 한 환경의 교란에 대해 고도로 민감할 수 있는 고유한 복잡성을 구축하기 위해 방패처럼 이 무관심을 이용한다는 것을 의미한다. 이제 합리성은 체계 안에서 체계와 환경의 차이의 통일성을 성찰하는 것이 된다. 하지만 이것은 변증법에서처럼 차이의 지양일 수 없으며, 더 포괄적인 체계, "더 높은" 체계, "생태체계"와 관련이 있는 것도 아니다. 이처럼 전체를 향한 확장은 전통적으로 지배 관념과 결부되어 있었다. 이 두 가지는 근대사회의 구조적 현실을 벗어나 있다. 남은 가능성은 언제나 증가할 수 있고 언제나 더 비개연적으로 되는 그런 조건하에서, 가능한 한 고유한 자기생산을 진전시키는 것이다.

하지만 거기서 특별히 유럽적인 것은 무엇인가? 이것은 특별히 근대적인 세계사회, 유럽에서 출발해 전 지구적 커뮤니케이션 체계로 성장한 세계사회의 구조와 어떤 관련이 있는가?

우선 그렇게 될 수 없는 것과의 관계 속에서 경계설정이 가능하다. 최후의 저작에서 후설이 추정한 것처럼[45] 유럽 역사의 합리적인 목적télos을 계속해서 고수하는 것은 분명 아니다. 부합하지 않는 것에 대해서는 '비이성적'이라고 특징화할 수 있는 이성의 관점을 고수하는 것 역시 아니다. 이성적/반이성적(합리적/비합리적)이라는 구별도 누가 그리고 왜 그 구별을 사용하는지를 관찰하게 하는 하나의 구별이기 때문이다. 총괄하거나 있을 수 없는 외부의 관점을 전제하는 어떤 방식의 "문화비교" 역시 아니다. 마지막으로 유행에 따라 극동아시아의 사유와 유럽의 사유 간의 혼합을 제안하는 신비주의와 합리성 간의 합성 역시 아니다.[46] 그런 혼합으로 되돌아가는 것을 맹목적으로 배제해서는 안 되지만, 자기 자신을 구별하고, 해체하고 재구성하는 유럽적 합리성이해의 전통 내부에 분명히 있어야 한다.

이 전통 속에서 사회화되었기 때문에, 중국, 인도 등의 동료가 보낸 세계, 사회, 정치 등에 관한 텍스트를 읽을 때, 그것이 범주적으로 작업되었다는 것을 알게 된다. 즉, 현실을 언어로 분할하기 위해 개념을 사용하는 것이다(유럽적인 전통에서 범주가 한때 그랬던 것처럼).[47] 개념은 자신이 지칭하는 것을 구별하지만(또는 우리에게는 그렇게 보이지만), 무엇 때문에 다른 구별이 아닌 이 구별이 선택됐는지 정당화하지 않는다. 서구의 사유내용이 개념성과 그 번역에 영향을 끼칠 수 있지만, 그것은 일차 등급 관찰의 관점—마치 그것이 지칭되는 방식으로 그렇게 있다고 그 어떤 것을 지칭할 수 있는 것 같은—에 놓여 있다. 일반화는 다의적인 것, 모순적인 것이 될 수도 있다. 그러나 그 사실은 주목받지 못하거나 번거로운 것으로 받아들여지지 않아서 세계나 세계의 사태를 직접 기술할 수 있다는 의도와 관련해서 그 무엇도 바꾸지 않는다.

그럼에도 너무 단순하게 이 문제를 다루어서는 안 된다. 자기지시적인 기호를 알고 있는 것처럼, 이 전통 역시 이미 지식의 자기지시인 상징을 충분히 알고 있다. 자기지시적인 지식의 형식들은 '지혜'로 커뮤니케이션된다.[48] 지혜는 지식의 지식, 즉 자기지시적인 지식이 일차 관찰의 단계에서 발전하고, 이 단계를 벗어나지 않을 때 생겨나는 바로 그것이다. 그 기원은 근동에서와 마찬가지로 중국에서도 예언적인 실천에 있고, 이후에는 문자 텍스트작업과 의미론적인 원텍스트에 있는 오류의 성찰에도 있다. 그러나 다른 자극을 배제해서는 안 된다. 어떤 경우에도 결과적으로는 상황과 관련해서만 유용한 (표어처럼) 지식상태가 있으며, 이러한 약점에 대한 보완으로서 현자 자신은 삶을 영위하면서 자신의 지혜에 대한 의무를 진다.[49] 현자는 자기 자신을 관찰하고 자신의 현명함을 자기 자신에게 실행하지, 다른 이의 관점이나 다른 고유한 관점의 가능성과 맞춰보려고 하지 않기 때문에, 비일관성의 조정(즉, 체계화)이 결여되어 있다. 그럴 경우, 체계화는 이차 등급 관찰로의 이행과 관련된다는 정반대의 결과가 된다.* 많은 글자로 쓰인 텍스트에서 이미 비일관성이 드러나고, 텍스트 일관성의 전제에 맞춰 매번 부합하기 위해서 관찰방식을 '해석학적으로' (그렇게 말한다면) 문제화할 수 있는 계기가 주어지자마자, 법학과 마찬가지로 신학에서도 지혜를 포기하게 된다. 초월철학과 그에 따른 자율적인 주체라는 형상은 아마도 개별적인 주체성과 그 의식이라는 존재로 역행하면서 인지적, 윤리적 그리고

* 원하는 것과 행하는 것 사이에서 진동하는 자기 자신에 대한 모순적인 관계에서 자기 자신을 포함하는 역설을 확인하게 된다. 하지만, 이를 커뮤니케이션하는 것이 불가능하지는 않은데, 이는 '어떻게'가 문제가 되기 때문이다. "그 점에 관해서는 지혜의 가르침이 실천을 통해 해결하고자 노력해왔었다. 하지만 조지 스펜서브라운의 논리에 따르면, 이것은 단지 다음을 의미할 뿐이다. 구별을 시작하라. 그리고 이차 등급 사이버네틱스의 명령에 따라 구별하는 자를 관찰하라." 니클라스 루만, 『사회의 학문』, 590쪽.

미적으로 책임질 수 있는 지식의 질서를 획득하기 위한 유럽의 마지막 시도일 것이다.

이와 마찬가지로 인쇄를 통해 이제 완전히 텍스트에 의존하고 이미 이차 등급 관찰로 이끄는 훨씬 더 사소한 지식기술技術으로의 이행이 지혜와 비교하여 수월해진다. 서구의 '학술 논문'이라는 전형적인 포맷에서 연구가 시작하는 것이다. 또한 이는 더 광범위한 성찰의 부담을 줄인다. 사람들은 출판된 것과의 관계 속에서만 새로운 것을 요청해야 하는 것이다.[50] 편집자와 심사자들의 시선 아래 놓인 기이한 발상이 있는 학적인 치밀함은 모든 성찰을 대신한다. 이 역시 일차 등급의 세계관찰로 실천될 수 있는 것이다. 마투라나라면 그것으로 체계가 상호작용하는 고유한 틈새의 관찰이라고 말할 것이다.[51] 그러나 모든 세계기술의 우연성과 양립할 수 있기 위해서는 형식이 선택되어야 한다. 형식은 연구의 현재 상태에서, 형식을 통해서 변화하는 역사적인 사태에서 그 권능을 확보한다. 이런 식으로 계획하지 않아도, 그 자체로는 그런 요구를 전혀 하지 않는 텍스트는 기술을 통해서 텍스트가 기술하는 것을 변화시키는 세계기술을 현실화한다. 이를 성찰하는 작동의 완수에 의존하지 않고도, 텍스트는 학문체계와 더불어 사회체계의 자기생산을 완수한다. 학문이론(보다 포괄적으로는 인식이론)으로서는 자기 자신을 직접적인 사실연구와 구별하고, 사실연구에서 보자면 현재 상태와 관련해서 연구를 위한 연구로서 새로운 것을 제공해야 한다고 설명하는 다른 층위는 성찰에 속하기 때문이다.[52] 철학은 헤겔 이래로 자신의 고유한 역사가 되었지만, 헤겔을 넘어서부터는 그에 대해 다르게도 판단하고 다른 구별을 제안할 수 있는 관찰자에게 고정되었다.

사람들은 가르치기 위해서가 아니라 관찰되기 위해서 출판한다. 학문체계는 이차 등급 관찰의 층위에서 독립분화된다. 그것은 시장으로 매개되는 경제체계,[53] '공공 여론'을 지향하는 정치,[54] 예술,[55] 그 밖의 가능한 모든 독립분화된 기능체계들에 타당하다. 근대사회 합리성의 작동적인 집행자는 통일성으로서 사회가 아니라 기능체계다. 이런 이유에서 합리성으로 기대되는 것은 이차 등급 관찰의 층위—경제와 정치에서 (경쟁이라 불리는) 우세합리성 또는 학문과 예술에서의 오래된/새 것의 도식으로 진행하는 관찰자의 관찰과 같은 층위—에서 자신의 자기생산을 우선적으로 안정화해야 하는 체계형성에 맞춰야 한다.

17세기와 18세기에 전통적인 구속을 거부하면서 나타났고 오늘날에도 여전히 전통주의 비판을 통해서 인정받고자 하지만, 이런 조건하에서는 합리주의 역시 역사적인 상황에 따라 그 자신이 문제가 된다는 것, 다시 말해서 스스로 전통주의적인 태도를 취한다는 것을 알고 있다. 고유한 문제설정과 관련해서, 합리주의는 맹목적이다.[56] 그것은 반박되지 않으며, 이차 등급 관찰의 층위에서 해보려고도 하지 않는다. 오히려 이 층위에서 관찰자는 관찰과 그에 따라 자기 자신을 이 문제에 주목하게 한다. 보지 않는 것은 볼 수 없지만, 적어도 보지 않는 것을 보지 않는다는 것은 볼 수 있다.

이런 점들을 고려하는 이론은 사회이론이 될 수 있지만 학문체계에 안착해야 하기 때문에 사회이론인 것에 만족해야한다. 사회이론은 일차 등급 관찰자는 구성이 아니라, 대상과 관계가 있다는 점을 고려하는 구성주의적인 현실이해를 산출할 것이다. 사회이론은 구속하는 대표를 더이상 인정하지 않을 것이고, 자기 자신을—다른 것뿐 아니라!—다맥락적으로 구성된 세계에서 발견할 것이다. 자신의 고유한 맥락을 더 많이 성찰할수록, 사회이론은 자기에 대해 무관심해지는 고통스러운 희생을 치를 것이지만, 합리성과 이차 등급 관찰을 위한 다른 출발점 역시 있다는 것을 염두에 둔 확실성으로 보상받는다.

이러한 구성주의적이고 다맥락주의적인 합리성 개념은 다르게 기술할 수 없기 때문에, 구별의 계기가 되어야 한다. 구유럽이나 오래된 세계의 다른 문화들과 비교하는 이러한 구별에 대한 역사적인 평가는 종종 있었다. 그러나 이는 우리가 처해 있는 근대의 자기이해에 있어서 모든 것을 허락하며, 그사이에 낡아버린 '포스트모던'이라는 낱말로 이끌 따름이다. 그러나 실제로는 역설, 상상적 공간, 모든 관찰의 맹점, 자기 자신을 기식화하는 기식자, 우발성 또는 카오스, 재진입 또는 '미표시 상태'로 외부화하는 것의 필연성이라는 의미론으로 지칭될 수 있는 것 같은 '합리성의 다른 면'에 관해 더 정확하게 알 수 있다. 합리성을 고정하는 정확성만이 합리성의 특성이 되며 결국에는 합리적인 것에 대한 간접적인 자기지칭으로 귀결된다고 알게 되는 것이다. 그러나 그 반대 역시 사실이다. 그에 따라 세계의 이해가능성은 이해할 수 없게 되었고, 어떻게 기능하는지 더 많이 알수록, 기술技術의 기능화에 대한 놀라움은 더 커진다.

V

우리는 마침내 형식의 문제, 다시 말해서 어떻게 합리성이 스스로를 구별하는가라는 질문으로 돌아왔다. 이렇게 질문을 하게 되면, 자기 자신을 구별의 출발점(예를 들면 참과 거짓의 구별)으로 할 수 있는 합리성의 데카르트적인 자기보증이 문제일 수 없다는 점을 명확히 해야 한다. 자기 자신을 다르게 주제로 할 수 없을 때, 합리성의 자기보증은 이미 하나의 구별을 전제하고 있다. 이는 위의 2절 분석의 결과이기도 한데, 우리는 어떤 관찰자가 어떤 구별을 사용하는지, 관찰자에게 전형적인 어떠한 선택제약하에서 그런지, 어떠한 맹점을 갖고 어떤 목적으로 그러는가라는 질문을 제기하지 않고는 어떠한 구별도 전제할 수 없다. 스펜서브라운의 구별과 지칭의 구별이 그러한 것처럼, 이차 등급 관찰을 벗어날 수 있는 어떠한 구별도 없는 것이다.

그러나 그것은 확고한 과제를 억지로 부정하는 최후의 도피처를 말하거나, 이를 아쉬워하기만 한다고 말하는 것이어서는 안 된다. 또한 존재론에 대한 수사학의 승리로서 그 결과에 환호하는 것을 의미해서는 안 되며,* 이제 병이 보편적으로 되었기 때문에 병이 건강이라고 설명하는 것을 의미해서도 안 된다.[57] 그것은 옳은 길로 이끌지 모르지만, 형식에 대한 성찰이 부족하다. 형식에 대해 성찰할 때 합리성이라는 표제를 계속 사용하는 것을 정당화할 수 있으며, 단순히 '포스트-합리적'이라고 말하는 것으로는 그 곤경을 극복할 수 없다.[58]

모든 합리성의 선행조건은 자기 자신 안에 다시 출현하는 하나의 구별이다. 이에 대해서는 스펜서브라운의 형식계산(구별/지칭), 체계이론(체계/환경) 그리고 기호와 지시된 것의 구별의 경우로 살펴보았는데, 이 예들은 전통을 고려하면서도 그 모든 특정한 불확실성을 갖고 있는 가능한 가장 복잡하고 널리 알려진 근대 지성의 영역들(수학, 체계이론, 기호학)을 파악하기 위해 선별되었다. 이러한 자기함축적인 형식을 한번 더 살펴보면, 관찰이 하나의 작동이며, 구별은 관찰의 도구라는 것을 함축하는 관찰과 구별의 구별이나 매체 안의 형식으로서만 자기 자신을 주장

* 회의와 수사학이라는 사유 형식은 통상적인 도식이나 스크립트를 제공하는 대중매체 이전에 존재론적인 세계기술의 명증성Evidenz을 개념화할 수 있는 논거로 사용되었다. 두 형식 모두 역설적 상황을 다룬다. 이때, '회의'는 탈출구가 없는 것, 자신의 자기포함에 좌절하는 것으로, '수사학'은 자기반성이 허용된 유일한 커뮤니케이션 기술로 간주되었다. 인쇄의 도입 이후 회의와 수사학은 17세기까지 활성화되지만, 18세기에 진행된 근대사회로의 급격한 구조변동 이후 회의와 수사학의 의미론은 '불확실성'을 함의하는 많은 논의들로 대체되고, 이후 '포스트모더니즘'에까지 이어진다. 이에 대한 설명은 다음을 참고. 니클라스 루만, 『사회의 사회』 1, 635쪽.

할 수 있는 매체와 형식의 구별[59]과 같은 다른 사례들을 쉽게 확인하게 된다.

구별 안으로 구별을 반복적으로 진입하는 형식뿐 아니라, 동시에 그 안에서 정식화되는 역사적인 맥락, 근대사회의 경험에 대한 함축적인 지시 역시 이 모든 경우에 공통적이다. 이는 또한 초월론적 철학의 경우처럼 존재론적인 전제에 대한 지향을 명백히 부정한다. 그것은 자신의 최후의 근거점을 하나의 차이에서 찾으며, 그에 따라 각각의 통일성에 대한 추구를—원자 내부에 있는 근대 물리학처럼[60]—자연 상태나 낙원으로 회귀하려는 (헛된) 희망으로 관찰한다.[61] 또한 이를 시도하면서도 실패할 것을 아는 이들을 이차 등급 관찰의 거리에서 관찰한다.

그러나 이러한 절단을 가능하게 한다는 이유만으로 구별 안으로 구별을 진입하는 형식을 합리적인 것으로 간주할 수 있는가? 그것은 지시에 의존하는 모든 합리성개념의 좌초에 다름아니라고 확정하는 역사적인 특정화일 뿐인 것은 아닌가? 형식은 스펜서브라운이 새롭게 정식화한 것처럼 폐쇄, '완벽한 절제perfect continence'를 보장한다.[62] 그러나 형식이 그럴 수 있는 것은 처음에 은폐되고 나서 개방되는 역설, 즉 자기 자신으로 재진입하는 구별은 같은 것이자 같은 것이 아니라는 것에서 성립하는 역설 때문이다. 분명히 역설은 세계를 상징화한다.(그런데 '상징화한다'고 말해도 될까?) 세계를 그로부터 멀어지게 할 뿐인 세계에 대한 어떤 식의 진술을 하기 전에 역설은 관찰자를 정지시킨다. 그렇게 본다면, 형식의 역설은 관찰불가능성의 양상 속에서 세계를 재현하는 것일 수 있지만, 그에 적당한 구별로 역설을 해소하고 구별된 것의 동일화를 통해 역설을 '전개'해야 한다는 요구를 수반한다. (지칭될 수는 있어야 하지만) 배제되어야 하는 합리적인 것의 형식의 다른 면이 형식의 역설이다.

그러나 '세계' 또는 '역설' 같은 표시들 역시 구별의 요소일 뿐이다.(그런데 우리는 '뿐'이라고 말해야 할까? 우리가 '뿐'이라고 말할 때 무엇을 놓치는가?) 그래서 표시가 구별에 의존하는 것은 유럽적인 발전을 이차 등급 관찰로 이끌었던 바로 그 문제인 것으로 보인다. 이렇게 정식화하면, 극동의 신비주의(이 유럽의 단어가 적절한 것이라면)는 다르게, 즉 구별을 직접적으로 거부하는 것으로, 특히 선-불교에서의 공안公案 커뮤니케이션 실천의 형식을 갖는 특히 극적인 형식으로 다르게 반응한다.[63] 어떤 것에 대한 지칭으로서 언제나 하나의 구별을 현실화하면서 다른 면을 수반해야 하는 질문에 놓여 있는 특정한 대답에 대한 기대가 구두상으로든 완력으로든 기대로서 파괴되는 것이다. 그것은 출구 없이 들어오고 나가는 특별한 형식으로서 그것대로 다시 하나의 형식이자 또한 다른 면, 즉 실용적인 구별들(유형 또는 차원의 구별은 전형적이다)을 도입하면서 역설을 전개할 필요를 갖는 역설을 야기하지 않는다. 대신, 체험은 구별없는 것과 직접 관계하며 이는 일차 등급 관찰의 관점에서 그런 것이다. 이런 방식이 언제나 도달하는 것은 차이의 사회적인 정교화가 아니라, 구별해야 한다는 것으로부터의 해방이다.

유럽인들은 낯선 문화에서 이해할 수 없는 것을 이해할 수 있는 것으로 전환하는 데 익숙하다. 특히 인쇄술의 발명과 동시에 미국을 발견한 이후, 전 세계적인 커뮤니케이션은 유럽인들에게 이런 전환을 강제했다. 이에 대해서는 인류학자, 동양학자, 종교학자, 심리분석가와 같은 전문가들이 있다. 또한 소설과 이데올로기 비판의 독자로서 우리는 다른 이들이 보지 못하는 것을 못 본다는 것을 보는 데 익숙하다. 그러나 오래된 개념의 세계연관을 고수하면서 새로운 시대의 혼란에 더이상 가담하지 않으려 한다면, 합리성은 획득될 수 있다. 그런 습관을 자기포함적으로 완결지으면, 합리성을 실천하는 사람들에게 합리성을 적용하면서 그렇게 합리성은 보편적이 되는 것이다. 이는 이해하지 못하는 것은 이해하지 못한다는 것을 이해하는 것 그리고 이 점을 다룰 수 있는 의미론을 시험하는 것과 연관된다.

그것은 전통적으로 종교로 지칭되었다. 그러나 종교 개념을 계속 사용하고자 하면, 그에 상응하는 기대로 대체되어야 한다. 이제 안정에 대한 잠재력이 아니라, 불안정에 대한 잠재력이 문제다. 그리고 구속이 아니라 자유가 문제다. 어디에도 자리가 없는 자의가 아니라, 상상력이 문제다.

3 근대사회의 고유가치로서의 우연성

I

근대사회에 대한 가장 통상적인 기술에서는 언제나 이례적인 정도의 우연성에 대한 지적이 반복적으로 등장한다. 우연성은 예를 들면, 실정법, 임기가 정해져 있는 정부, 경제에서는 투자자본 등과 같은 사회구조와 연관되어 있을 뿐 아니라, 적어도 부트루[1] 이후에는 모든 기술技術들이 의존할 수 있어야 하는 자연법칙뿐 아니라 기호의 사용에도 전적으로 연관되어 있다.[2] 근대의 문화개념은 자기분석의 의미에서 재귀성뿐 아니라 다른 문화들이 있다는 것, 즉 특정한 문화에 특정한 아이템이 속한다는 우연성에 대한 지식을 함축하고 있다. 일어나는 것은 언제나 우연성 맥락에서 추가되는 것이고, 더이상 그 자체로는 우연하지 않더라도 18세기 이후 역사철학과 19세기 이후 진화이론을 통해 재구성되면서, 과거 역시 우연했다고 보게 된다.

우연성을 보는 것은 너무 익숙해서 필연성, 선험적인 타당성, 불가침의 가치에 대해 추구할 때마다 우연성을 볼 수 있으며 이런 시도의 우연성(시도로 분명해지는)에서 그 결과는 우연한 것으로 전환된다. 이런 전환이 근대의 마이다스의 황금이다. 그것은 법학의 규범이해와 마찬가지로 학문의 이론사에서도 가능하다. "법 역사에서 가장 부식이 강한 메시지는 우연성이라는 메시지다"라고 비판적인 법학 연구 영역의 한 논문은 지적하고 있다.[3]

탤컷 파슨스의 사회학 이론은 어떻게 사회적 질서가 가능한가라는 질문을 우연성 문제에서 출발하고 그에 대한 답을 사회적 '자연'의 잔여적인 필연성에서가 아니라 보상적인(동일한 것이 아니라!) 기대들의 상호 간의 의존으로 이해되는 이중의 우연성 상황의 불안정성에서 찾고 있다.[4] 인식이론은 '급진적 구성주의'(언제나 변화무쌍하고 논쟁적인 개념일지라도[5])에서 더이상 순환성을 배제할 수 없는 고유한 우연성 이해를 발견한다. 그에 따라 오래된 회의주의의 문제설정 역시 극복된다. 모든 것은 언제나 다르게 될 수 있기 때문에, 인식과 실재 사이의 확고하고 진리의 능력이 있는 관계의 가능성을 의심할 따름이다. 반면, 그것은 많은 정보로 과잉부담이 되고 그에 따라 인식을 배제할 수 있기 때문에, 오늘날에는 그런 관계가 결코 있을 수 없다고 생각한다.

다른 한편, 의지할 곳이 없을 정도로 개인이 사회체계에 내맡겨져 있다는 인상 역시 잘 알려져 있다. 그러나 사회조차 의지할 곳 없이 자기 자신에게 내맡겨져 있으며, 고유한 논리에 따라 중단 없이 파괴된다는 인상 또한 더욱 잘 알려져 있다. 그러나 이는 '자본주의적'으로 그런 것이 아니라, 어떤 경우에도 '생태학적'으로 그런 것이다. 사회의 진화를 다른 선로로 방향전환하기 위해서 많은 우연성들이 조직화되지 않고, 많은 우연성들을 사용할 수 없다면 무슨 소용인가?

그렇게 포괄적인 질문은 이어지는 논의에서 다루지 않는다. 다만 제한된 목적에 따라 논의할 것이다. 근대사회에서 우연성을 말할 때, 무엇을 의미할 수 있는지에 대해서만 고려할 것이다.

우연성 개념은 양상논리적인 개념성 장치 내부에서 곧바로 명확하게 정의된다. 우연성은 필연적이지도 않고 불가능하지도 않은 모든 것이다.[6] 또한 그 개념은 필연성과 불가능성에 대한 부정을 통해서도 획득된다.[7] 이러한 두 가지 부정이 하나의 부정으로 환원될 수 없다는데 문제가 있다. 만약 부정을 동일한 작동자로 다뤄야 하고 이를 다양한 진술에 적용해야 한다면, 그것은 더 나쁘지 않을 것이다. 여기서는 그 개념을 계속 적용할 때 통일성으로 다루어야 하는 두 개의 부정들을 통해 하나의 개념이 구성된다. 중세에 이미 그것은 우연성문제를 존재론(존재/무)과 연관된 이치二値 논리로는 적절하게 다룰 수 없고,[8] 미규정성이라는 세번째 가치를 요구한다는 관념에 도달했다. 그러나 신학적인 맥락에서 그것은 창조의 비밀과 창조자의 설명할 수 없는 특성(지고至高의 모든 것은 설명할 수 없는 특성이 있다)으로 소급되며, 세계를 만들지 않았거나 완전히 다르게 만들 수 있었음에도 불구하고, 어째서 신이 세계를 창설하고 세계가 지금 있는 모습으로 그렇게 했는가라는 질문으로도 소급된다. 더 최근에는 다가치多價値 논리를 체계적으로 추구하기 시작했다. 이에 대해서는 고트하르트 귄터라는 이름을 말하는 것,[9] 다수의 논리적 가치들에 대한 매트릭스형상을 제시할 수 있는 가능성을 지적하는 것으로 충분하다.

필연성 및 불가능성과 비교할 때, 우연성은 약한 전제를 갖는 일반화로 제시되며 바로 그런 이유에서(?) 복잡한 논리적인 장치가 필요하다는 것에 주목할 수 있다. 세계의 명료성에 대한 상실이 논리적인 수단으로 보상되어야 하더라도 그렇다. 그것은 또한 다가치적인 논리 또는 부정(사물 자신과 그 양상성과 연관된)의 더 많은 형식들을 갖는 양상논리에 관한 연구가 해석하기에 어려운 형식주의로 이끈다는 것을 설명할 수 있다. 근대사회를 이해하는 데 있어서 그것은 직접적인 성과를 내지 못한다. 대신 다른 방향으로 우리를 이끈다. 그러한 연구의 가치와 그에 따라 구조적인 복잡성에 도달할 수 있다는 생각을 논박하지 않은 채로, 우선 다음처럼 물어본다. 우연성 개념을 사용할 수 있는 이론이 실제로 있는 것인가?

다음에 우리는 관찰 개념을 통해 우연성 개념을 해석하고자 하며, 이는 이런 방식으로 근대사회를 이해할 수 있는 설득력 있는 이론에 도달하기 위한 것이다.[10]

이 목표를 달성하기 위해서는 관찰 개념을 대단히 형식적으로 파악해야 한다. 오직 이런 식으로만 우연성에 대한 양상이론적인 개념과 연결할 수 있기 때문이다. 관찰은 어떤 한 면(다른 면이 아닌)을 지칭하기 위해서 어떤 구별을 실행하는 모든 방식의 작동을 말한다. 구별을 다르게 하면 지칭된 것(비록 이름이 같다고 해도)은 다른 의미를 갖기 때문에, 지칭 자신은 구별을 지칭하는 것에 의존하면서 우연하게 주어진다.

관찰의 추상적인 개념을 위해서 구별과 지칭의 특징만 실현된다면, 즉 두 면이 동시에 '하나의' 시선으로 파악되기만 한다면, 누가 관찰을 실행하는지 또한 어떻게 실행되는지는 중요하지 않다.[11] 따라서 관찰개념은 전통적인 구별들(구별이 아닌 구별들이다!)을 포괄한다. 그리고 체험과 행위의 구별과 마찬가지로 관심을 처리하는 순수한 심리적 작동들과 커뮤니케이션을 실행하는 사회적 작동들 간의 구별이 있다. 마찬가지로 목적행위도 목적으로 표시한 것과 그렇지 않았다면 있었을 상태 간의 구별을 필요로 하는 관찰이다. 커뮤니케이션하는 것 역시 그렇지 않았다면 다를 수 있었던 것과의 구별 속에서 정보를 지칭하는 관찰이다. 그러므로 관찰 이론은 주체와 객체라는 고전적인 개념에서 인지적인 세계관계와 의지적인 세계관계 간의 분리, 즉 기술되는 상태가 처음에 잘못 창출됐다고 하면서 진술을 참으로 만들 수 있는 가능성을 통해서만 해결될 수 있는 문제를 포괄한다. 그에 대해 관찰 이론의 경우에는 다양한 (감각적으로 운동한다고 할 수 있는) 활동들의 순환적인 그물망이 있을 뿐이다.

단순한 방식의 관찰은 구별을 도식으로 사용하지만, 그것으로 관찰자 자신에 대해서는 어떠한 우연성도 산출하지 않는다. 구별이 지칭에 전제되어 있지만, 지칭되지 않기 때문이다. 구별은 독립적인 다른 작동이 아니다. 따라서 구별은 의도되지 않으며 그것이 다르게도 될 수 있다는 것을 인식하게 하는 형식으로 작용하지도 않는다. '미표시된 공간'에서 '표시된 공간'으로 넘어가는 한에서,[12] 즉 지칭하는 한에서 관찰자는 구별을 구성한다. 그리고 지칭된 것 자체도 관찰작동을 실행할 때 직접 주어지며, 현재에 의도되면서 양상화 없이 있는 그대로 나타난다.

이차 등급 관찰은 우연성을 함께 고려하고 결과적으로 우연성을 개념적으로 성찰할 기회를 제공한다. 이차 등급 관찰은 관찰의 관찰이다. 그것은 다른 관찰자의 관찰이나 다른 시점에서 같거나 다른 관찰자의 관찰을 다룬다. 이런 변이들에 따라 사회적 차원과 시간차원은 의미생산에서 구별된다. 사회적 차원과 시간차원이 관찰을 분리시킬 때, 의미 매체의 사실차원이 획득하는 형식을 우연성이라고 말할 수 있다.[13] 다른 식으로는 관찰되는 것이 누가 관찰되는가에 의존할 때, 모든 것은 우연해진다.[14] 왜냐하면 이런 선택은 자기관찰(내부관찰)과 타자관찰(외부관찰) 사이의 선택 역시 포함하기 때문이다.

이차 등급 관찰은 가능한 관찰의 세계 복잡성의 첨예한 환원에 기반한다. 오직 관찰만이 관찰되며, 그렇게 매개되면서 관찰의 같음과 상이함(일차 등급과 이차 등급)의 차이로 주어지는 세계에 도달한다. 다른 곳에서 타당한 것은 여기서도 마찬가지다. 즉, 복잡성 환원은 복잡성 구축의 수단이다. 작동적인 폐쇄(여기서는 관찰에 대한 재귀적인 관찰)는 다른 모든 것에 대한 무관심을 요구하며 그런 이유에서 자신에게 집중할 수 있고, 다른 것 중에서 의미차원의 분화와 앞서 언급한 우연한 것의 양상성이라는 논리문제에서 볼 수 있는 것처럼, 관찰하는 체계의 고유한 복잡성을 구축한다.

이차 등급 관찰—이는 복잡성증가를 위한 또다른 예이기도 하다—은 특정한 지칭을 관찰된 관찰자에게 귀속시키면서 그렇게 관찰자를 특징지을지 아니면 관찰자가 관찰한 것의 특징으로 간주할 것인지에 대한 선택을 남겨둔다. 관찰자귀속과 대상귀속이라는 두 개의 귀속 모두 가능한 것이다. 그 때문에 귀속의 결과는 우연한 것으로 파악될 수 있다. 두 귀속은 하나의 관찰이 사실적으로 옳지만, 그럼에도 관찰된 관찰자가 다른 어떤 것 대신에 왜 하필이면 그것에 관심을 갖는지에 대해서 물을 경우에 결합할 수 있다.

근대 세계에서는 점점 더 많은 것들이, 또는 많은 경우가 관찰자에게 귀속된다. 그것은 모든 세계경험이 우연하게 된다는 징후라고 볼 수 있다. 다른 이가 옳거나 틀린 것을 지칭하는가라는 언제나 가능한 의심을 넘어서 관찰 자체를 관찰하고, 지칭하고 이해하기 위해서는 관찰의 관찰을 이용한다. 관찰된 관찰자로 귀속하려는 경향은 특히 이차 등급 관찰이 잠재적 구조와 기능을 목표로 할 때, 즉 (심리분석적으로, 이데올로기 비판적으로, 지식사회학적이거나 단순히, 그간 통상적으로 된 일상의 관찰의 맥락에서) 명시적/잠재적 도식으로 작업할 때 발생한다. 관찰자가 어떤 것을 보지 않거나, 볼 수 없다는 것은 사태의 오류로 설명될 수 있는 것이 아니라, 관찰자 자신에게 있기 때문이다. 폭로의 의도, 치료의 의도, 일상적인 지식의 심리학화와 사회학화는 이런 식으로 자기 자신을 강화하면서 작용하며, 동시에 지칭된 것이 실제로 '있는지' 아닌지라는 물음에서 벗어날 수 있는 우연성을 다루는 매우 근대적인 형식을 형성한다.[15]

이차 등급 관찰은 모든 관찰의 작동적인 특징, 즉 구별과 지칭의 통일성, 분리형식(| 또는 –)과 방향형식(⁻ 또는 >)으로 구성되는 표시 ˥(스펜서브라운) 또는 지시자 →(카우프만)의 이원성을 전적으로 보존한다.[16] 관찰 개념은 일차, 이차 관찰에서 차이가

없고 각각의 경우에 다른 언어(메타언어) 또한 요구하지 않는다. 작동의 실행형식은 체계적으로 단일한 형식이다. 그리고 바로 그런 이유 때문에 고유한 비교가 가능하고, 그렇게 연결된 관찰들의 재귀적인 순환이 나타난다. 체계는 작동상의 층위만을 가질 뿐이며, 다른 관찰자(또는 다른 시점에서의 같은 관찰자)에게 타당한 것은 그 관찰자에게도 타당하다. 적어도 이는 관찰자를 당황하게 하고 관찰자가 자기 자신에 대해 추론하도록 자극한다. 그런 이유에서 사용된 구별과 지칭의 상이함이 두드러진다. 우연성승인("또한 다를 수 있다")은 같음과 다름, '자기-다양성'의 역설이 그 안에서 펼쳐지는 형식인 것으로 보인다. 체계가 이런 실행을 유지할 때,[17] 관찰에서 관찰로의 재귀적인 결합은 안정적인 '고유가치'를 산출하며, 우연성은 이제 이러한 고유가치의 유일한, 적어도 하나의 형식인 것처럼 보인다. 이차 등급 관찰에 기초할 때, 또 그런 한에서 체계는 (필연적인 것, 불가능한 것과 비교할 때) 전제를 약화시키는 고유가치로 변한다.

III

이러한 예비적인 분석에 따르자면, 우연성수용과 이차 등급 관찰 간의 연관이 역사적으로 증명되는 것은 우연이라고 할 수 없다. 고대로부터 전해져오는 텍스트들 중에서 아리스토텔레스의 「명제에 관하여peri hermeneias/de interpretatione」가 이에 대해 가장 분명한 증거가 된다. 아리스토텔레스는 외부로부터 오는 인상을 받아들이고 이전에 체험한 완벽한 형식(이데아)을 상기하는 것을 인식이라고 설명한 플라톤이 제기한 이론 상황과 단절했다. 이 개념은 외부세계와의 관계에 대한 재현으로서 기각되지는 않았지만 사회적인 구별과 시간적인 구별이 관찰 상황으로 구축되면서 상당히 변경되었다. 플라톤은 이데아의 상기를 진리갈등의 해결의 척도로 삼았던 반면, 이제 사회적이고 시간적인 차이들이 독립하면서 더 복잡한 양상에 대한 용어가 요구되었다. 여기에 사용된 'endechónenom'이 이후에 contingens로 번역된 것이다.*

아리스토텔레스의 저작이 이차 등급 관찰의 개념성으로 쓰이지 않았다는 것은 자명하지만, 실제로는 그 문제를 제시한 것이다. 『명제에 관하여』 제9장에서 논의된 것으로, 다음에 관찰될 수 있는 것을 지금 관찰할 수 없기 때문에, 미래의 우연한 사건에 관한 진술은 참 또는 거짓으로 분류할 수 없다.[18] 이러한 관찰-할 수-없음을 지금 관찰하는 것이다. '미래우연자론de futuris contingentibus'에 관한 중세의 풍부한 논의는 여기서 촉발되었다. 그에 따라 형식, 본질, 종種이나 속屬, 또는 자연의 연속체가 아니라, 언제나 고유한 미래의 사건만이 문제가 되었다.[19]

누군가에게 거짓인 것이 어떻게 누군가에게는 참된 것이 될 수 있는가 하는 사회적 차원의 질문이 논리의 경계구역에서 다시 제기된다. 이는 순수하게 사실적으로는 그렇게 관찰할 수 있지만 또한 다르게도 관찰할 수 있다는 것을 전제한다. 이런 전제는 그러나 모든 인식은 외부로부터 오는 인상을 받아들이거나 경우에 따라서는 그에 상응하는 영혼의 부분의 타락으로 훼손된다는 가정과 모순된다. 이 가정은 아리스토텔레스에 의해서도 포기되지 않지만, 진리갈등이라는 경험적으로 명백한 사태를 초래하는 모순은 혁신적인 해결을 요구한다. 그 해결은 인식의 수동성 테제를 변경하는 데 있다. 인식은 '여전히pathémata' 일지 몰라도, 이제 더

* 이 용어는 '허용된다' '허락된다' '받아들여진다' 외에 '일 수 있다'라는 가능의 뜻을 갖는다. 그래서 '필연적이다(반드시 ~다)'와 '불가능하다(~일 수 없다)'의 중간쯤에 놓여 있다는 의미를 갖는다. 아리스토텔레스, 『범주들 / 명제에 관하여』, 김진성 옮김, 이제이북스, 2009, 177~193쪽. 특히 이 용어의 해석에 대해서는 178쪽 각주 204 참고.

이상 그렇기만 한 것은 아니다.* 영혼은 언어와 글쓰기로 증명되는 활동적인, 그러나 통제되어야 하는 몫을 갖고 있다.[20]

우선 이 문제는 하이데거가 서구 형이상학 타락의 이유 중 하나로 본, 즉 존재를 통해서가 아니라 표상의 올바름orthótes을 통해서 존재자를 규정하는 것으로 이행한다고 본 우연성을 흡수하는 진리기준 문제를 제기한다. 그렇지 않을 경우 관찰할 수 있는 모든 것은 분명히 우연한 것으로 되기 때문에, 그러한 진리기준은 (비록 그 기준이 관찰만을 규제하는 것일지라도) '전범에 따르는 것으로' 확정되어야 한다. 그러나 그러한 보편적인 우연성 가정은 자연과 연관된 모든 개념(존재와 인식)과 모순될 것이다. 이러한 가정은 존재와 사물의 형성(res의 넓은 의미에서)을 보장하기 때문에라도 불가피하게 보인다.

창조자 신이라는 유대-기독교적 발견을 통해 보편적인 우연성의 방향으로 상황이 근본적으로 변했다. 그에 따라 창조자 신이라는 하나의 신(비록 삼중으로 행하는 신일지라도)만 있다. 영향받지 않는 예외적인 존재로서 신은 세계를 관찰한다. 그런 이유에서 우리는 필연성과 불가능성으로 고통 받지만, 신에게 세계는 우연할 수 있다. 역시나 그런 이유에서 우리에게 세계로부터의 해방은 관찰자 신을 관찰하고, (세계가 아니라) 신에게만 의존한다고 보는 데 있다.

* 루만이 '인식의 수동성' 테제와 연관짓고 있는 pathémata는 번역하기 어려운 용어들 중 하나다. 그런 사정 때문에 '파테마타'라고 직역하는 경우도 있다. 대체로 '어떤 것이 겪은 것'의 의미를 갖지만, 루만의 접근을 따른다고 하면 '어떤 것'의 주어의 측면보다는 그것이 '수동적으로' 이런 저런 방식으로 '겪은 것들'에 보다 더 주목해야 할 것이다. 아리스토텔레스의 '명제론'을 중세 라틴어로 번역한 보에티우스는 이를 passio로 옮기기도 했다. 다른 한편 이는 affection으로 옮길 수도 있다. 아리스토텔레스 철학에서 이 용어의 용례에 대해서는 다음을 참고. 아리스토텔레스, 『범주들 / 명제에 관하여』, 135쪽 이하 및 각주 5번. 더불어 루만이 설명하고 있는 맥락에서 이를 보다 상세히 다루는 것으로는 다음을 참고. Jochem Hennigfeld, *Geschichte der Sprachphilosophie : Antike und Mittelalter*, de Gruyter, Berlin, 2012, 74쪽.

신은 모든 것을 창조했고, 모든 것을 '연속창조creatio continua'의 형식으로 지속적으로 새롭게 창조(즉 유지)하며, 모든 것을 동시에 보고 모든 것을 아는 전형적인 관찰자다. 종교의 관점에서 신은 정확히 이런 속성을 갖는 인격이다. 그것은 믿어야 했다. 그러나 반대로 인격성과 역량이라는 속성이 신을 전체 세계의 관찰자로 확립하게 한다고 추정할 수도 있다. 이를 믿는 이는 누구라도 모든 점에 있어서, 다시 말해서 비밀보호 없이, 사적영역이 경시될 뿐 아니라, 자신을 둘러싸고 동기화할 수 있는 모든 것에서도 자신이 관찰된다는 것을 안다. 신은 그것 역시 이미 지금 알고 있고, 심지어 이미 이전에도 알았고, 인간이 오류를 범했을 때에는 그것을 허용했다! 신은 '미래우연자futura contingentia' 또한 알고 있는 것이다.[21]

예외 없는 이런 일별은 관찰자의 특별한 강요나 경솔함 때문이 아니며, 오히려 창조자로서 관찰자의 기능에서 불가피하게 생겨난다. 그것은 무엇보다도 어떤 것이 존재하며 무는 존재하지 않는다는 것에 대한 근거다. 인간이 존재하기 때문에 인간은 신을 관찰할 수 있고, 신이 인간을 관찰하기 때문에 인간은 존재한다.[22] 비록 '숨은 신Deus absconditus'으로서, 관찰할 수 없는 신으로서,[23] 필연성이 아니라, 자유롭게 파악할 수 있는 가능성으로서, 우연한 선으로서이지만, 이제 신은 자신의 관찰을 통해서 신을 관찰할 수 있는 가능성을 제공한다. 관찰되는 것은 관찰되기 때문에 존재한다. 이런 상황 바깥에는 어떠한 존재도 없다. "다시 말해 당신이 바라보는 것은 당신의 본질이기에 바라봄에 의해 존재가 부여됩니다."[24] 그리고 이런 이유에서 아리스토텔레스가 상상한 상황과 달리, 존재하는 모든 것은 창조에 의한 것이기 때문에 우연하다. 이는 물론 더이상 존재의 완전한 가치에 반하는 존재론적으로 보잘 것 없는 가치를 갖는 질이 아니라, 창조의 긍정적인 면으로 간주되어야 한다. 둔스 스코투스는 "나는 우연성이 (기형이 죄받은 자에게 현실적으로 속하듯) 단지 존재성의 결여나 결함이 아니라, 오히려 (필연성이 별개의 방식이듯) 존재자의 긍정적 방식이고 또 긍정적 존재라고 말하겠다"라고 말하는 것이다.[25]

관찰개념은 체험과 행위를 넘어선다는 것을 기억해야 한다. 신의 관찰은 하나 안에서 세계를 창조하고 아는 것이다. 그런 이유에서 인간에게는 분리된 속성인 이성과 의지가 신 안에 하나로 통합되어 있다.[26] 신의 보편적인 역량은 그런 분리(무지의 보호에서만 가능한)를 허용하지 않는 데 있다. 따라서 신은 자신의 열정에 대한 이성적인 통제라는 문제를 갖지 않는다. 신이 행하는 것은 무엇이든 인간이 이해할 수 있는 것을 넘어서 이성적이다.

여기서 인간이 신을 관찰한다는 문제와 제약이 발생한다. 이 경우에 고대철학은 철학자들이 가장 밝은 빛으로 관찰할 수 있을 것이라고 생각했다.[27] 그러나 오늘날에도 여전히 그런 것처럼, 신학자들은 그때에도 이와 같은 신의 관찰의 관찰이라는 사명을 갖고 있었다.* 신학자들은 악마 사탄(또는 마왕)과 신에 대한 사랑에서 신을 관찰하려는 매혹에 저항할 수 없는 대천사와 그 사명을 공유한다. 그런 이유에서 대천사는 자신과 신 사이에 경계를 그어야 하며, 더 잘 알고자 하는 유혹에 굴복하고 자신에게 좋은 것의 다른 면에서는 나쁜 것만을 실현할 수 있다.[28] 신의 관찰을 관찰하려는 그러한 사명에 직면하여 신학자들은 악마와 위험할 정도로

* '관찰의 관찰' 또는 '관찰자의 관찰' '관찰자를 관찰하는 관찰자' '관찰할 때 관찰될 수 없는 것'의 문제는 사회학에서 "무슨 일이 있어났는가?" "그뒤에는 무엇이 있는가?"라는 질문과 연관된다. 이에 대해서는 다음을 참고. 니클라스 루만, 『사회이론 입문』, 493~494쪽. 또한 이와 관련한 다음의 간명한 진술을 참고할 수 있다. "이미 종교체계에서 신은 언제나 관찰자로 파악되었다. 그리고 바로 그 때문에 악마의 운명으로서든, 신학자들의 운명으로서든, 특히 용기 있는 신학자들에게는 신 개념 자체의 문제로서든 이 관찰자를 관찰하는 것이 문제가 되었다." 니클라스 루만, 『예술체계이론』, 이철 · 박여성 옮김, 한길사, 2014, 148쪽.

가까워지며 그런 이유에서 거리를 두어야 한다. 그것은 불손한/겸손한의 구별을 통해서, 지위에 대한 의식을 통해서 귀족사회의 가치 안에서 벌어지거나 악마의 신들림을 통해서, 즉 신의 관찰의 관찰자를 관찰하는 것을 통해서 민중적인 변형 속에서 벌어진다.

그러나 신에 대한 매우 극단적인 관찰자인 악마와 자신을 구별하고 박학한 무지docta ignorantia*에 만족한다면, 신의 관찰을 관찰한다는 야심은 신은 구별하지 않고 관찰할 수 있는가 같은 곤란하고, 불쾌한 질문으로 신학을 이끈다.[29] 만약 그렇다면, 신의 모든 관찰은 자기관찰이 되지 않는가. 그렇게 신은 자기 자신에 관한 하나의 개념을 가질 수 있는가(삼위일체를 통해서 신이 해소하는 문제일 것인). 창조는 자기창조가 아닌가. 죄는 자기죄가 아닌가. 원죄는 십자가에서 죽게 되는 자기 자신에 대한 짓궂은 장난practical joke은 아닌가. 만약 아니라면, 신에게 자기지시와 타자지시를 구별할 수 있는 자격을 주지만 자기 자신을 통해서 예리하고, 치유할 수 없는 절단이라는 대가를 치르는 전지전능에 대한 제약은 없는가.

그러나 이런 질문을 해서는 안 된다. 인간은 자신이 신에 의해 관찰된다는 것을 알기 때문에 인간을 관찰하는 관찰자를 자신 쪽에서 관찰하는 것은 그에게 달려 있으며, 쿠자누스가 조언하는 것처럼 '가장 주의 깊게attentissime'[30] 관찰해야 한다. 그러나 동시에 '수축contractio'이라는 육체적인 조건하에서 이는 인간에게 완전히 불가능하다.* 신에 대해서 인간은 자신의 지식을 어둠의 방향으로만 넘어설 수 있는 것이다. 그러나 인간은 자신이 알지 못

* 관찰자는 최종적으로 확실한 토대나 실천적으로 의심할 여지가 없는 토대들에 기반한 연역을 따르지 않는다. 즉, "우리는 신을 도모하지도 않고, 이성을 도모하지도 않는다. 철학적 신학은 같은 문제를 '수축contractio' 개념으로 다루었고, 구별되지 않은 것들로부터 규정된 질서의 창조로서 파악하였다." 니클라스 루만, 『사회의 학문』, 472쪽.

한다는 것을 알기 때문에 알 뿐이라는 것을 알 수 있다.[31] 이해할 수 없다는 것을 이해할 때, 최고의 만족으로 경험되는 역설만 볼 수 있는 것이다.

신학은 인간(과 그 고유한 면제)에게 두번째 해결책을 제시한다. 신은 모든 우연한 것과 필연적인 것을 뒤섞어서 세계를 창출했다는 것이다.[32] 그것은 창조의 경이잠재력을 제한하며 그에 따라 깊은 의미를 갖는다. 기적은 이런 규칙을 위반할 때 있다. 그러나 그것은 신이 이 또한 다르게도 창출할 수 있었다는 것을 인간이 상기하기 위한 것이다.

그렇게 말할 수 있다면 신학이 신에게 인간성이 있다고 믿을 때, 신학이 자신의 고유한 문제를 어떻게 회피하는지 볼 수 있다. 오늘날까지도 지속되는 전통에서 신의 관찰방식은 사랑으로 해석된다. "당신은 당신의 사랑을 봅니다Videre tuum est amar."[33] 그러나 그것으로 신개념에 암시된 논리적 문제가 해결되지 않는다. 그 문제는 이제 신학적인 사변으로 넘어간다. 그 질문에 대한 답을 찾으려고 할 필요 없이, 우리는 그러한 추구를 신학에 전가할 수 있고 그것을 삼위일체의 신비로 벗어나고자 한다. 근대사회의 우연성 의미론의 발생과 의의에 대한 사회학적인 연구 맥락에서는 신 개념에 대해서 이차 등급 관찰이 수립되고 보편적인 세계구축원리로 활용되어 왔다는 것이 시작점으로서 충분하다. 이제 신의 속성은 지속적인 우연성에도 불구하고 이차 등급 관찰하는 세계에 안정성과 기대의 확실성을 제공하는 기능을 넘겨받는다. 'cogito ergo sum'이 참인 관념으로도, 거짓인 관념으로도 증명될 수 있기 때문에, 데카르트조차 완전히 이에 의존했다. 신에 대한 우리의 이념이 다른 모든 생각들을 배제하기 때문에 그것을 알 뿐이더라도, 그렇게 신은 잘 의도했다. 그러나 그것이 신에 대한 우리의 이념이자, 우리의 개념이고, 우리의 의식이라면, 이차 등급 관찰의 전체구성 역시 우리의 구성이 아닌가? 신을 모순에서 자유롭게 사고하고자 할 때, 우리가 그렇게 생각해야 한다는 것도 관찰할 수는 없는가? 그렇다면 이 형식의 다른 면에 대해서도 마찬가지로 선택할 수 있는 것이 아닌가?

아무튼 이 지점에서 질서는 뒤집어질 수 있다. 17세기에 신정론이라는 이름으로 새로 생명력을 얻은 질문, 즉 어째서 신은 악을 허락하시고 그에 부합하는 자유를 용인하시는가라는 오랜 질문만 문제인 것이 아니다.[34] 절대 악(모든 조건화로부터 독립적으로 악을 의지하는 악)과 결국은 세계가 선 또는 악으로 되어 있는지, 그리고 그것을 어떻게 구별할 수 있는가라는 질문이 문제인 것이다. 그렇게 되면 곧 다음의 질문이 제기된다. 어째서 그것이 문제가 되는가?

이미 16세기와 17세기에 자연개념은 신학적인 논쟁의 직접적인 영향에 대한 안전장치가 되기 시작했다.[35] 자연은 진보적인 학문을, 그러나 자연법 안에서도 자연적인 방식으로 직접 확증하는 것처럼 보인다.[36] 그 확실성을 형성하는 의미부여는 이차 등급 관찰을 경유할 필요가 전혀 없다. 되돌아보면, 기능체계들이 고유한 방식으로 이차 등급 관찰의 매우 상이한 형식들을 형성할 수 있었던 임시조치만이 있을 따름이다.

사회의 진화가 그러한 도덕적-신학적 또는 자연법적인 질문에 답하는 것에 달려 있는 것은 행운이기도 하고, 불행이기도 하다. 사회의 진화는 고유한 길을 간다. 그것은 체계에 따라 상이한 이차 등급 관찰의 형식을 통해서 기능적 분화를 현실화한다. 돌이켜보면, 그런 점에서 사회는 근대 세계로의 진입을 의미론적으로는 준비했지만 계획한 것은 아닌 부작용에 대해 신개념으로 연습한 것처럼 보인다. 종교의 도움으로 전통 사회 내부에서, 즉 신에 의해 보호받는 사회 내부에서 이후에 필요한 우연성에 적응하는 것처럼, 사전의 발전, 전적응적 발달preadaptive advances[37]이 문제가 된다. 또한 보는 것과 만드는 것, 상상하는 것과 제작하는 것,

연구와 기술발전의 유사성을 매우 넓게 미리 생각하면서, 근대사회에서는 더이상 어떤 원리적인 문제가 아니라 성공적인 현실화의 문제만이 있을 뿐이다. 그에 따라 기능 체계들의 특수화[38] 그리고 마찬가지로 종교라는 기능체계에서도 타당한 이차 등급 관찰 각각의 상이한 고유한 형식과의 결부로 우연성의 보편성에 대처할 수 있다.

전체적으로 '여전히 통일적인' 하나의 세계기술은 고도의 비일관성 극복을 통해서 성취된다. '다양한 것Diversitas'은 신의 의도에 따른 것이며, 곧 완벽함의 특징이다. 먼저 인쇄가 이러한 비일관성이 신에 대한 교리 자체에서뿐 아니라, 이차 등급 관찰의 층위에서도 얼마나 강하게 영향을 끼쳤는지에 대해 극적인 경험을 했다.

IV

특정한 신학적인 구성체 안에서 근대로의 이행 조건의 특수함을 종교로 해명하려는 가장 잘 알려진 시도는 언제나 그렇듯 막스 베버의 것이다. 청교도 신학(베버가 특징적으로 '윤리'라고 말한)에 대한 자본주의적인 경제태도의 특별한 친화성은 다른 경우라면 사회적으로 의심될 수 있을 동기를 정당화한 것으로 볼 수 있다.[39] 그것은 행위이론적인 모델에 근거하고 있다. 이는 곧 '의미에 적합하다sinnadäquat'고 이해하기 위해서는, 행위는 언제나 동기(의도의 전달, 정당화, '설명accounts')를 필요로 한다는 것을 말한다. 이것이 문화에 의존적인 현상인지, 정당화되거나 어쨌든 제시될 때만 동기가 생길 뿐인가 하는 문제는 그 이론에서는 제기되지 않는다.[40] 거기서 이미 목적의 우연성(정당화 필요성)이 이론의 공리로 예견되고 있다. 동기 없이는 목적이 없다. 베버가 그에 대해 어떻게 생각하든,[41] 행위이론은 전체 아리스토텔레스 전통은 다르게 가르쳤다는 것을 평가할 수 없다. 행위이론은 익숙한 자본주의 경제 구조를 행위층위에서 그에 상응하는 동기요구로 상정하는 것, 즉 거시분석에서 미시분석으로의 이행을 쉽게 한다. 그러나 행위이론은—반대로—행위에 적합한 미시적인 조건에서 거시적인 발전, 예를 들면 수지가 맞는 시장에 대한 충분히 크고 생산적인 투자나 자본주의적인 경제기술의 발전(이중부기, 금융도구, 예금은행 등)을 설명할 수 있는가?[42]

이론장치에서의 이러한 부적합성 때문에 앞서 제시된 논의는 행위이론적인 가정에서 체계이론적인 가정으로 넘어간다. 관찰 작동(철저하게 행위를 의미할 수 있는)은 체계형성의(주관적으로 연관되는 것 대신에) 불가피성을 통해 두드러진다. 관찰은 시간, 즉 환경과의 차이를 요구하는 재귀적인 네트워크에서만 발생한다고 더 정확하게 말할 수 있다. '관찰'과 '체계'는 상호 간에 서로를 조건짓는 개념이다. 따라서 작동으로 이해되는 '관찰'은 그런 체계는 사건들의 연결을 생산할 수 있고 그런 한에서 자기생산적으로 생산된 사건들로부터만 생겨나며 또한 지속할 뿐이라는 것을 의미한다. 그리고 '체계'는 이러한 자기제약에도 불구하고, 또 바로 그 때문에 고도의 구조적인 복잡성에 도달할 수 있다는 것을 뜻한다.

이런 개념들에 따른 분석은 '프로테스탄트 윤리protestantischer Ethik'의 결과에 대한 베버적인 서술에 새로운 측면을 제시할 수 있다. 16, 17세기에는 동기 정당화의 새로운, 경향적으로 더 적합한 형식이 문제가 아니라 새로운 방식의 동기요구, 동기압박, 동기에 대한 의혹이 문제였다.[43] 정상적인 경우에 행위는 동기적인 토대 위에서 전환되는데, 이는 곧 이차 등급 관찰의 맥락에서 주제화된다는 것을 말할 따름이다. 그러나 아무리 중요하더라도, 이는 훨씬 더 넓은 범위에서 시도되고 전체 사회에서 작용하는 이차 등급 관찰로의 전환의 한 계기일 뿐이다.

이차 등급 관찰은 사회의 특수한 기능체계의 구조적인 독립분화를 위한 작동적인 토대다. 이것이 커뮤니케이션을 통해서 사회라는 전체체계의 작동적인 독립분화에 의존하고 있다는 것은 자명하다. 다시 말해서 사회는 의식에 내재적인 작동의 형식, 특히 지각의 형식이 아니라 커뮤니케이션의 형식으로만 관찰할 수 있다. 다른 이의 지각을 지각하거나 (소위) 다른 이의 생각을 의식적으로 주목하는 것뿐 아니라, 커뮤니케이션 역시 이차 등급의 양상으로 전환된다면, 이는 사회적으로 처리할 수 있는 복잡성의 거대한 증가를 야기한다. 이런 의미에서 자신의 의미론, 우연성이라는 자신의 고유가치를 갖는 이차 등급 관찰은 방법론적으로 말하면, 기능에 지향된 분화형식으로 사회가 이행할 수 있다고 설명하는 개입 변수다.

V

이러한 접근의 연구를 완성하기 위해서는 포괄적인, 즉 형식적-이론적인 관점에서뿐 아니라 각각의 개별 기능체계에 대한 경험적인 작업이 필요할 것이다. 그것은 짧은 논문에서도, 마찬가지로 한 권의 책에서도 충분히 수행될 수 없다. 우리는 연구방향을 암시하고 동시에 18세기에 명확해진 전환의 역사적 상황을 정식화하는 간단한 진술statements에 만족한다.

(1) 학문체계는 진리에 대한 어떤 방식의 권위 선포도 해체되었으며 출판매체로 대체되었다는 것을 통해 이차 질서 관찰을 할 수 있게 되었다. 출판은 그 인식토대가 무엇이든 진행되기 때문에, 요구되는 인식획득이 관찰될 수 있고, 또한 어떻게 관찰되는지가 관찰될 수 있다. 고전적인 학문론에서 이런 결과는 방법론적인 훈련과 주관적인 간섭의 배제로 기대되었다. 그에 반해

그간 진행된 새로운 연구는 출판 준비는 매우 독립적이고 선택적이며 심지어 특정한 양식에 맞추는 의미를 갖는다는 것을 보여준다. 인식증가의 형성과 서술은 와해되었고, 연구를 진행하면서 연구자는 자신에게 제시된 것을 직접 보는 일차 등급 관찰자로 남는 반면, 연구자는 연구상태를 고려하고 있다는 것, 즉 다른 연구자들이 관찰한 것을 관찰하고 있다는 것과 어떻게 그리고 무엇을 자신이 관찰했는지 가능한 한 다른 연구자들이 잘 관찰할 수 있게 고려하면서 자신의 서술을 작성했다는 것을 출판 매체로 제시해야 한다.[44]

(2) 적어도 19세기 초반 이래로 예술체계 역시 이차 등급 관찰로 전환되었다. 예술체계 외부에 있는 어떤 것을 모방imitatio한다는 생각은 포기되었고, 새로운 것을 창안하거나 무엇인가를 숙고하는 관찰을 수반하는 예술작품에서 실현되는 형식(구별)에 대한 강조로 대체되었다. 외부의 비교가 내부 구별들(반대, 대조 등)의 모색으로 대체된 것이다. 예술로 접근할 수 있는 영역은 확장되었고, 예술적인 가공에 고유한 표준에 의해서만 제약된다. 예술의 자율성은 이제 자신만이 자기를 제한한다는 데 있다. 관찰하도록 매혹하는 데 관찰이 성공하는지 여부가 최후의 기준으로 남아 있다. 예술체계는 시에서는 단어를, 조형예술에서는 물질을, 춤에서는 다른 곳에서도 존재하는 몸을 사용하며, 그렇게 외부의 지시를 부가한다. 그러나 그 체계는 형식관찰을 가능하게 하는 내적인 사용으로 외부의 지시를 조탁하며, 이렇게 다시 이차 등급 관찰에 기여한다.[45]

(3) 정치이론의 용례에서는 언제나처럼 지배와 연관된 오랜 표어들(민주주의, 주권, 통치권 등)을 발견하게 된다. 그러나 실제로는 정치 체계 역시 특히 공공 여론을 정기적이고 지속적으로 지향하면서 적어도 19세기 이후에는 이차 등급 관찰에 안착했다. 이는 18세기의 마지막 10년에 사람들이 믿었던 것처럼 공공 여론

이 국가 안의 실질적인 권력이라는 것이 아니라, 오히려 정치인들이 매번 특정한 이슈issues마다 자신과 상대가 어떻게 평가되는지를 볼 수 있는 하나의 거울처럼 공공 여론이 작용한다는 것을 말한다.[46] 그리고 마찬가지로 결코 지배의 도구가 아닌 정치적인 선거는 앞으로 어떤 이슈가 중요하게 될지 그때마다 확정되지 않는다는 그 이유에서 이런 지향을 강조한다. 바로 이 때문에 모든 것이 권력에 의존할지라도 국가위계에서 최상의 정점을 차지하는 것이 우연해진다. 그렇게 해서만 공공 여론을 지향하고 통치와 반대를 지속적으로–상호 간에 관찰하는 것이 공중의 시선 앞에서 보장될 수 있기 때문이다.

(4) 시장가격을 주시하고 매번 변동하는 가격으로 거래가 진행될 수 있는지 아닌지, 경쟁자가 다른 가격을 제시하고 가격변동에서 어떤 흐름을 읽어낼 수 있는지를 보여주는 한, 경제체계는 이차 등급 관찰 양상을 지향한다.[47] 그런 이유에서 모든 외부의 척도는 다른 이의 관찰의 관찰을 방해하거나 덜 효과적인 우회로로 밀쳐낼 것이기 때문에, 가격형성은 '공정할 수gerecht' 없으며, 비록 그것이 관찰의 관찰을 가능하게 하는 기능을 차단하지는 않을지라도 악화시킬 것이어서 데이터의 총계나 정치적인 경제목적에 따라 매번 시장가격이 정해질 수도 없다. 여기서도 또한 이차 등급 관찰과 가격의 우연성 및 환경에 대한 체계의 단절 그리고 자기제한이라는 의미에서 자율성 간의 연관을 명확하게 인식할 수 있다.

(5) 법체계에서는 결정적인 발전이 법의 완전한 실정화, 실제로는 자연법/실정법의 구별을 18세기 말엽에 헌법/하위법의 구별로 대체한 것에 있다. 이에 따라 어떻게 구별되었는가 또는 어떻게 구별될 것인가라는 질문의 관점으로 법은 관찰된다. 해석과 진단은 텍스트에서 텍스트를 생산하는 형식이며 따라서 이차 등급 관찰의 형식이다. 그것은 결정주의 비판이 의도하는 것처럼

결코 자의성이 아니라, 오히려 다시 자기제한으로 귀결된다.* 왜냐하면 자의적인 것은 실제로 해석할 수도, 예측할 수도 없기 때문이다.

(6) 근대 가족은 이차 등급 관찰과 더불어 가장 인상적이고, 밀착된 체계에 속한다.[48] 가족형성을 위해서 커뮤니케이션에서 사용되는 사랑이라는 매체로 (심리적인 현실화로 무엇을 생각하든) 모든 구성원이 다른 가족들에게 어떻게 관찰되는지를 고려할 수 있다.[49] 이런 점에서 부족한 사랑의 명백한 징후는 무관심인 반면, 사랑은 자신을 이중의 우연성의 순환에 남기고 불가피하게 '소외된다', 즉 이런 순환 전개의 상징, 어려운 점들의 회피 또는 역설적인 커뮤니케이션에 구속된다. 이차 등급 관찰이 언제나 그런 것처럼 이는 동의(또는 동의를 형성하려는 시도라 할지라도)가 미리 주어져 있고 테스트처럼 작동한다는 것을 말하지 않는다. 사랑은 상대를 상대로서 가치 있다고 인정하고 고유한 관찰, 특히 상대를 관찰하면서 관찰된 다름에 행위를 맞출 수 있는 능력의 크기를 말한다. 어떤 경우에도 개별가족은 이러한 방식으로 이차 등급 관찰을 하면서 인물의 포함으로 자신의 체계경계를 찾으며, 그 때문에 사회의 가족이라는 집단적인 체계가 아니라, 많은 수의 가족들만이 있을 수 있다.

(7) 얼마나 17세기나 18세기에 귀속할 수 있는지에 대해 논란의 여지가 있지만, 교육체계에 대해서는 아이라는 의미론적인 발명을 지향하는 것이 최선이다.[50] 이전에 아이는 인간 종의 자연현상이자, 작고 아직 성장하지 않은 인간으로 간주되었고, 교육은 그런 발전을 이끌고, 보충하거나 타락을 막아야 하는 것이었다면, 이제는 아이에 맞는 교육을 위한 결론을 이끌어낼 수 있기 위해서 아이의 관찰은 관찰된다. 가족교육에서는 이것이 실현될

* 이에 대해서는 다음을 참고. 니클라스 루만, 『사회의 법』, 윤재왕 옮김, 새물결, 2014, 64쪽 이하.

수 있을 것이다. 그에 따라 학교수업과 연관된 교육이 쉽게 과잉 요구되는 것을 보지만, 방법론(교육적) 관점에서는 아이의 이해 가능성에서 시작해야 한다고 요구한다.

구별되는 기능들과 각 체계의 코드화에서 산출되는 모든 명백한 구별들에도 불구하고, 놀랄만한 공통점, 다시 말해서 근대사회의 '구조적 깊이Tiefenstrukturen' 또한 분명하다. 이론을 수단으로 할 때, 상이한 것의 비교가능성이 증가할 수 있다는 것은 잘 알려져 있다.* 부가적으로 이는 근대사회에 관한 진술과 관련된다. 이 사회유형은 귀족이나 도시와 같은 개별적인 부분 영역의 우월함으로 더이상 실현되지 않는다. 오히려 사회의 연관에 따른 특징은 기능체계들의 자율성이라는 임의적이지 않은 결과로 나타난다. 기능 체계들은 모든 상이함에도 불구하고 작동적인 폐쇄와 자기생산적인 자율성을 실현하며, 어떻게든 진행하는 것이 아니라 무엇보다도 이차 질서 관찰을 체계를 담지하는 정상적인 작동으로 하는 배치의 형식으로만 가능하다는 그 이유에서 비슷하다(이런 특정한 의미에서 근대적이다). 이는 이전에는 볼 수 없는 방식으로 근대사회가 우연성과 관계한다는 주목할 만한 결과를 설명한다.

그 기능체계들은 작동하기 위해서 어떠한 종교적인 도움도 필요로 하지 않는다. 종교와의 일치, 또는 현존하는 국가 구성체

* 『사회적 체계들』의 서론 「체계이론에서의 패러다임 전환」에서 루만은 '개념적 추상begriffliche Abstraktion'과 '자기추상Selbstabstraktion'을 구별한다. 이론을 목표로 하는 개념적 추상은 비교를 가능하게 하고, 구조를 목표로 하는 자기추상은 같은 구조를 대상 자체에서 다시 사용할 수 있게 한다. 이 두 추상이 엄격하게 분리되어야 그 중첩을 통해서 다양한 체계들을 구체적으로 이론화할 수 있다. "자기추상화를 위해 개념적 추상화를 사용하는, 즉 다른 구조들의 특징에 비추어 구조들을 비교하여 고유한 특징들을 획득하는 체계들이 있을 수 있다." 이에 따라 사회적 체계들을 상호작용들, 조직들 그리고 사회들로 관찰하고 기술할 수 있게 된다. 니클라스 루만, 『사회적 체계들』, 이철·박여성 옮김, 한길사, 2020, 77쪽.

에 대한 윤리적이고 종교적인 침해와의 일치는 우발적인 것 또는 종교적인 특수함으로 해소될 수 있다. 그 밖에도 이미 16세기 후반과 17세기 초반 이래로 교회개혁, 영토국가의 공고화, 사법개혁과 특수한 귀족의미론 강화 간의 연관에 있어서도 그러했다. 이런 방식의 이행현상은 지속적이지 않으며, 종교적인 특수성은 세계사회적으로 보편화될 수 없다.

즉, 기능체계는 세속화되었다. 어쨌든 그것은 종교체계가 세속화되었다는 현상을 기술하는 개념이다. 우연성의미론의 보편화에 있어서 기독교의 역사적인 의미를 고려하면, '세속화Säkularisation'는 역사적(특히 근대적인) 규정이고 동시에 '이념정치적인 개념ideenpolitischer Begriff'이다. 그러나 동시에 각각의 기능체계는 이차 등급 관찰의 고유한 형식을 형성했으며 그에 따라 상이한 우연성경험을 갖는다. 그에 상응하여 사회는 개인이 원한다면 종교 없이 살고 또한 잘 사는 것을 허용한다.

기능체계의 우연성의미론만이 미래에 개방되어 있다. 그것은 매번 받아들여진 모든 것이 또한 다르게 될 수 있다는 것과 커뮤니케이션을 통해서 재정의될 수 있다는 것을 배제하지 않는다. 그 고유한 자기생산은 최종적인 확실성 없이 작동의 투입을 요구하며, 이는 전적으로 매 순간 명백하고 확실한 것 또는 그날의 주식시세, 배우자의 무반응 또는 지적인 곡예가 주목받는 데 성공하는 것 등을 사실로 받아들인다는 기반 위에 있다. 그 계기에 있어서 종교를 통한 사회의 통합이라는 뒤르켐의 이념을 소환하면, 그것은 기능체계들이 사회차원에서 결합하고 체계들 상호 간에 제약하는 데 있어서 더이상 어떠한 필연적인 형식이 없기 때문이라고 할 수 있다. 그에 따라 사회학은 자신의 현재진단을 시간에 조건화되고, 지나갔거나 요구되는 불연속성에 민감한 것으로 이해한다.[51]

종교조차도 그에 대해서 바꿀 수 있는 것이 없다. 어떤 가격이 정치적으로 시의적절하거나 올바른지 그리고 가족의 행복에 기여하는지, 어떤 이론이 강의를 매력적으로 하는 데, 군사적 또는 산업적으로 사용될 수 있거나 적합한지에 대해서 종교는 결정할 수 없다. 이 모든 것은 순간적으로 생기는 것의 일치에 맡겨져야 한다. 그렇지 않을 경우 자기생산적인 자율성과 고유한 동학은 상당히 제약되고, 수행능력을 상실하면서 결국에는 단어의 오랜 의미에서 타락할 것이기 때문이다. 오늘날 필연성과 불가능성은 더이상 세계 질서의 근간을 대표하지 않는다. 그것들은 시간에 근거해서 수용해야 하는 양상일 따름이다.

종교 역시 이러한 표준과 그 구조적 깊이를 따르기 때문에, 통합될 수 없는 자신의 고유한 기능을 갖는다. 종교는 다른 체계들을 결정할 수는 없지만 상황에 따라 다른 체계들을 교란시킬 수 있다. 신념을 가진 상태는 오직 종교적으로만 커뮤니케이션할 수 있고, 이는 단순히 개인의 완고함의 형식으로 가능할 뿐이다. 다른 어떤 사회의 기능체계도 신념을 전달할 수 없으며, 테러리스트의 활동이든, 호텔의 운영이든, 새로운 무기의 생산이나 새로운 이론의 구성이든, 정치적 프로그램의 성공적인 수사학이든, 아이의 교육에 대한 영향력이든, 희망도 없이 알려지지 않은 채 예술에서 고유한 양식의 추구든지 간에 하고 있는 것이 최종적으로 좋은지에 대해서는 커뮤니케이션 할 수 없다.

그리고 이 역시도 자신의 활동의 우연성에 이런 식으로 도전하고 자신의 관찰이 관찰되는 것으로 혼란스러워지지 않는 근대사회의 맥락에 속한다.

4 미래의 기술

I

나의 주제를 정식화하는 것이 다소 낯설어 보일지 모른다. 미래에 대해 말할 때, 보통은 진단을 생각하기 마련이다. 무엇이 생길지를 예견하고 예측하고자 하는 것이다. 이러한 바람은 메소포타미아만큼이나 오래된 것이다. 또는 효과를 야기한다는 관점에서 미래를 바라보기도 한다. 자체로는 생기지 않을 특정한 상태를 창출할 수 있기를 바라는 것이다. 어떤 경우에는 현재의 시점에서 법칙성에 대한 진정한 인식이라는 문제가, 다른 경우에는 수단과 비용의 문제가 있다. 그러나 왜 미래를 기술해야 하는가? 그리고 현재의 시점에서 앞으로 기술될 것을 전혀 볼 수 없다면, 어떻게 할 것인가?

바로 이것이 지금 다루고자 하는 문제다. 동시에 이는 지식과 의지의 관점과 의도적으로 거리를 둔다. 어떻게 미래를 기술할 수 있는가라는 질문은 뒤로 미뤄두고 우선 다음의 질문을 던질 것이다. 미래에 어떤 상황이 될 것인지 어떻게 알 수 있는가? 전혀 파악할 수 없는 미래와의 연관에서 어떻게 특정한 어떤 것을 의도할 수 있는가? 다르게 묻는다면, 미래는 어떤 형식으로 현재에 나타나는가?

나의 출발점은 이런 물음에는 언제나 참인 답이 없다는 것이다. 시간에 대한 모든 진술은 그 진술이 정식화되는 사회에 의존한다. 시간개념은 역사적인 개념이다. 역사학자, 민족학자, 사회학자에게 이는 논쟁의 여지가 없다. 오늘날은 극도로 불안한 미래관점을 갖고 살아야 하며, 그러한 불안의 토대는 신의 구원계획에 있는 것이 아니라 자기 자신을 책임져야 하는 사회의 체계에 있다. 기껏해야 신학이라는 저무는 태양이 드리우는 긴 그림자인 묵시론적인 관점을 비유적으로 말한다. 그러나 우리는 사회의 미래는 오직 사회 안에서만 정식화될 수 있고, 그에 대해서는 오직 사회 안에서만 이런 저런 방식으로 미리 결정될 수 있는 문제라는 것을 너무 잘 알고 있다.

II

오늘의 상황을 파악할 수 있는 하나의 가능성은 다음과 같다. 그 가능성을 미래를 기술하는 오랜 형식들과 비교해보는 것이다. 비록 더 이전에는 단수로 미래를 말하는 것보다는 도래하는 사물들—미래 일들de futuris—을 복수로 말했음에도 불구하고, 미래가 근대의 발명이라는 것은 그렇게 확실하지 않다. 그러나 가변성의 크기는 사회체계의 복잡성과 함께 증가하며, 그 크기는 미래를 기술하기 위해 고려되는 의미론적인 형식을 규정한다.

근대 이전까지는 사회의 삶은 존재형식들, 요소들 그리고 그와 동시에 거대한 질서들의 불변을 보장하는 본질우주 안에서 인식되었다. 이 우주는 자연으로 또는 신의 창조로 기술될 수 있었다(그리고 어떤 경우든 종교 권력만이 본질과 실체에 대해서 처리할 수 있었다). 자연은 미래를 운동의 최후형식이자 자연의 완벽함으로 예정했으며, 모든 불확실성은 가능한 타락, 우연한 사건 또는 본성상 필연적으로 확정되지 않은 자연적인 변이활동의 공간,[1] 즉 실체가 아니라 우발적인 것과 관련되었다. 존재형식이 언제나 불변이기 때문에, 변이는 사건의 층위에 해당한다. 때 이른 죽음은 인간의 본질과 무관한 통상적인 경험이었다. 이 세계에서는 의도한 것이 실패할 수 있다. 행운이나 불행의 손에 맡겨져 있다고 생각했던 것이다. 삶은 위협받는 삶으로 체험되었다. 역사에 대해서는 실체적인 것이 아니라 우발적인 것으로 평가해야 했다. 그러나 불변의 존재형식과 좋은 목적을 고려하면 역사로부터 배울 수 있었고 (초기 근대에 정확히 그랬던 것처럼) 참된 것을 고수하면서 확고함, 견고함, 평온한 마음을 권고하는 덕 개념으로 회귀할 수도 있었다. 미래의 불확실성은 비가시적인 사물들과 가시적인 사물들의 전체로서 세계를 원리적으로 조율하는 범위 안에서 지속되었다. 하르모니아 문디harmonia mundi를 의심할 수 없었던 것이다.

이러한 결말모델은 근대에 들어 사회와 그 지식의 증가하는 복잡성 전개에 직면하여 더이상 유지될 수 없었다. 18세기부터 침식현상과 비판을 관찰할 수 있다. 유명한 저서[2]에서 아서 러브조이가 기술한 것처럼, 존재의 위계적인 질서는 무너지고 시간화되었다. 사태논리적인 근거에서 볼 때, 세계의 창조자로서 신 자신도 복종해야 하는 역사적으로 긴 연쇄로만 세계는 존재할 수 있으며, 그 때문에 세계는 결코 완성되지 않는다. 완전에 실제로 도달할 수 있는가라는 질문에 대해서 훨씬 더 불확실하게 완전은 완전성으로 전환되었다. 교육 한 사례에 국한된 거대한 분투인 루소의 『에밀』은 이에 대한 관점을 제공한다.

동시에 미래에 대한 신뢰가 새롭게 개념화되었다. 원형은 같지만 더 나은 결과를 수반하는 창조와 유사한 구성으로 인간 행위가 개념화되었다. 창조라는 부동의 근간은 진보이념과 필요라는 척도에 따라 운동한다. 존 로크와 제러미 벤담 사이의 시대에 필요의 원리 자체가 세속화되었고, 그에 따라 역사적으로 가변적인 선호로 대체되었다. 결국 실체적인 것은 우발적인 것, 즉 우발적인 사건의 활용으로 해명될 수 있다는 점에서 역사는 진화로 재구성되었다. 코크Coke에서 헤일Hale을 거쳐 흄Hume에 이르기까지, '커먼로common law'의 지혜는 개별 사례에서의 결정의 긴 역사로 간주되며, 원리나 확실한 존재형식으로 간주되지 않는다. 실체개념은 기능개념으로 대체되었다(이는 자기 자신을 기능의 교환으로 설명하는 하나의 과정이다). 자연의 한 종으로서 인간성 개념은 두 개의 변이에서 개인성을 위해 더 많은 활동공간을 제공하는 이중의 개념성으로 교체되었다. 하나는 각자 자신의 방법에 따라 세계를 소유하는 주체개념을 통해서, 다른 하나는 가장 강하고, 가장 아름답고, 가장 잘 적응하는 자들만 미래에 기회를 갖는 검증선택 절차를 통해 개인 수준에서 개선되는 인구개념을 통한 것이다.

이런 배경에서 근대사회는 자기지각을 시작할 때부터 미래에 걸 수 있다는 것을 이해할 수 있다. 근대사회는 더이상 전통의 신분사회가 아니며, 미래로서 자신과 대면하는 것 역시 아니다. 근대사회는 더이상 아닌 것과 아직 아닌 것 사이에서 부유하는 상황에 처해 있다. 낭만주의는 이를 포에지Poesie로 정식화한다. 그에 상응하는 희망에 따라 정치이론은 헌법이론과 자유의 해방에 관심을 갖는다. 경제이론은 증가하는 복지의 조건들을 규정할 수 있다고 믿는다. 전체적으로 보면, 근대사회의 새로운 구조를 사태에 부합하게 기술할 수 있는 불가능성은 1800년경에 미래에 대한 투사로 보상된다는 인상을 갖게 되었다. 그 이후 우리 세기에 이르기까지 사람들은 근대의 미완의 프로젝트를 말했고, 더 많은 민주주의, 더 많은 해방, 더 많은 자기실현의 기회, 또한 더 많고 더 나은 기술을 요구했다. 간략히 말해 미래로서 기약되는 것 모두가 더 많기를 요구했다. 기술적인 것과 마찬가지로 인간적인 것에서도 사회는 자신의 미래를 투사하면서 스스로를 기술한다.

그러나 이런 근대, 하버마스의 근대가 여전히 우리의 근대인가? 여전히 우리 사회는 미래의 투사로 자기기술의 곤경을 소진하는 사회인가라고 물을 수 있을 뿐 아니라, 다음처럼 물어야 한다. 우리가 누구이고 어디에 서 있는지를 다른 식으로는 전혀 알 수 없다는 이유로 그러한 미래상을 유지해야 하는가?

자기 자신에게 몰두한 좋았던 지난 200년 이후, 근대사회는 훨씬 더 좋고, 더 현실성 있는 수단으로 자기기술을 처리하게 되었다. 이미 도달한 수준에서 연속적인 사회의 재생산이 의존하는 장치들과 불가분하게 결합되어 있기 때문에, 근대사회는 더욱더 자기 자신에게 귀속되는 구조적인 효과들을 지각할 수 있다. 이는 산업혁명의 결과들에 대한 관찰과 함께 시작되었다. 이전보다 더 많은 부를 수반하는 더 많은 빈곤을 이미 헤겔은 자신의 법철학 강의에서 표명한 바 있다.[3] 그리고 이미 프랑스혁명 이전에 실질적인 문제들을 경험하고 있던 장관 네케르Necker는 이런 상황에 직면하여 고전적이고 안정적인 덕과 조화의 표상은 정의를 위반한다고 생각했다.[4] 마찬가지로 정파의 관점으로서 프랑스혁명 이후 출현한 절대적인 것에 대한 새로운 열광과 그에 상응하는 모든 통일성 의미론의 이데올로기로의 해소*는 사욕 없는 범죄의 정당화와 더불어 일찍부터 두드러졌다. 이는 유일하게 지복을 가져다주는 (또는 유일하게 평온을 주는) 종교의 품으로 프리드리히 슐레겔을 되돌린 현상이기도 하다.[5] 그사이에 이런 식의 당황스러

* "내적인 갈등이 없어도 지장이 없다는 모범적인 시도를 프랑스혁명의 위원회들이, 무엇보다도 국민의회Assemblée Nationale가 감행하였다. 그것 자체가 일반의지volonté générale라는 생각은 우선 내적인 당파결정을 허용치 않았다. 그렇지만 이는 논쟁적으로 토의되었던 결정들이 필요한 것으로 요구됨에 따라 매우 급격히 바뀌었다. 곧바로 의회의 좌파와 우파가 결성되었다. 우선은 장소적인 의미에서였지만, 그 뒤에 이데올로기적인 의미에서 그러했다." 니클라스 루만, 『사회의 정치』, 서영조 옮김, 이론출판, 2018, 117쪽. 이에 대한 보다 상세한 설명은 다음을 참고. 마르셀 고셰, 「우파와 좌파」, 『기억의 장소』 4, 이용재 외 옮김, 2010, 9~114쪽.

운 통찰이 더 많아졌다. 대신 오늘날은 매우 좋게 의도되고, 정치적으로 좋은 만큼 불가피한 복지국가에 의한 경제와 법의 부담을 고려한다. 아니면 모든 다른 것들을 주변화면서 기술의 생태학적인 결과를 고려한다.

이런 이유에서 오늘날 우리는 계몽의 시대, 프랑스혁명의 시대 또는 프로이센의 신인문주의의 시대와는 완전히 다른 상황에 처해 있다. 비록 아직 적절한 사회이론을 갖추고 있지 않고, 그런 이유에서 미래를 바라볼 때 불안하더라도, 우리는 현재의 사회를 그 결과에 있어서 더 잘 기술할 수 있다. 그것은 무조건 삶의 습관이나, 연금에 대한 요구로 개인을 다루거나 또는 반대로 대부분의 인간들이 헤쳐가야 하는 깊은 절망을 다루는 것이 아니다. 대신, 다음의 질문을 묻고 공론화할 필요가 있다. 인류 그리고 사회는 어떻게 되는가? 유전자기술로 변형되고, 게놈화되어 프로그램에 따라 분화된 인간과 유사한 생물이 아니라 우리와 비교할 수 있는 인간이 문제가 되는 경우라면, 그에 대해 많은 말을 한 '미래 세대'는 어떤 삶의 조건들과 마주하게 될 것인가?

예전과는 달리, 우리 시대는 과거와 미래의 연속성이 파괴되었다. 이미 노발리스는 현재를 '미래와 과거 기능의 미분'이라고 설명했고,[6] 그에 상응하게 낭만주의의 포에지는 어느 누구도 그것을 믿지 않는다는 것을 확신할 수 있는 메타포와 무대장치로 작업했다. 특히 초기 낭만주의에서 말하는 현재의 현행성은 이런 점에서 설명될 수 있다. 그러나 우리에게 초월적인 것을 지시하는 무대장치들은 더이상 유용하지 않으며, 특히 포에지, 즉 말과 언어, 고정할 수 있는 의미에 대한 신뢰는 더욱 그렇다. 과거라고 기억하는 어떤 것이 과거에 그랬던 것처럼, 미래에도 그대로 남아 있을지에 대해 확신할 수 없다는 것만 확신할 수 있다.

그러나 이것이 전부가 아니다. 그 밖에도 미래의 현재들이 될 수 있는 많은 것들이 지금 하는 결정에 의존한다는 것 역시 알고 있다. 그리고 미래 상태의 결정의존성과 과거와 미래의 존재연속성의 붕괴, 이 둘은 명백히 서로 연관되어 있다. 왜냐하면 무엇이 일어날지 확정할 수 없고, 그런 한에서만 결정할 수 있기 때문이다.

우리를 미규정적인 상태에 놓이게 하는 이러한 규정적인 연관은 고대를 한번 되돌아보면 더욱 명확해질 수 있다. 그리고 그 대조는 분명하다. 유명한 텍스트(『명제에 관하여』 제9장)*에서 아리스토텔레스 역시 미래에 바다전투가 벌어질지 아닐지 알 수 없다고 인정했다. 그것이 '미래 우연자론de futuris contingentibus'에 관한 중세의 지난한 논쟁의 시작점이었다. 그러나 아리스토텔레스는 여기서 어떠한 결정문제도 보지 않았고, 그 문제를 주로 결정의존성이 아니라[7] 진술을 참 또는 거짓으로 지칭할 수 있는 가능성과 연관지었다. 그리고 이에 대한 그의 제안은 바다전투에 수반되는 어떠한 위험도 받아들이지 않는 그런 것이 아니라, 판단의 포기다. 그렇게 바다전투가 벌어질지의 여부가 이미 확정된 것처럼 하지만, 실제로 바다전투가 벌어지는지에 대해서는 알 수가 없다. 그러나 우리의 문제는 바다전투의 위험을 감수해야 하는지 여부다.

III

미래를 기술하기 위해서 현재 지적으로 유행하고à la mode, 수용할 수 있거나 그렇지 않아 보이는 것에서 근거를 찾고자 하면, 사실적 차원, 사회적 차원, 시간적 차원을 구별하는 것이 하나의 가능한 전략이 된다. 사실적 관점에서는 모든 지시적용, 모든 언어사용, 모든 정보처리의 지시가 문제가 된다는 것에 주목한다. 이는 18세기 말에 이념에 대한 오랜 교리를 언어이론으로 대체하면서

* 아리스토텔레스, 『범주들 / 명제에 관하여』, 158쪽 이하.

시작했고, 낭만주의의 장식적인 현실에서, 소쉬르의 언어학에서, 콰인의 논리적 경험주의 비판에서, 롤랑 바르트에서 볼 수 있는 것 같은 지시 없는 기호학과의 향연[8]에서, 또한 움베르토 마투라나의 생물학적인 인식론에서처럼 작동상 닫혀 있는 인지적인 체계의 이론에서도 볼 수 있다. 실재는 결코 부정되지 않으며 이런 경향의 어떤 대변자도 유아론의 오랜 오류로의 회귀를 생각하지 않는다. 일이 잘 진행되는 한, 실재의 보장은 성공한 것을 지속해야 하는 체계의 작동에 있을 뿐이다. 자기지시와 타자지시를 내부적으로 구별할 수 있지만, 내부의 작동이라는 주도차이의 양상으로서만 내부적이며 그 결과 각각의 체계는 각기 다른 방식으로 작동한다. 이에 부합하는 자기생산 개념에 따라 자연적일 뿐 아니라 정신적이기도 한 모든 목적론적인 미래관점이 근본적으로 기각된다. 의도와 목적은 체계의 자기단순화일 따름이다. 그리고 즉시 실재와의 불일치가 기대되지 않는, 비용으로서 계획할 수 없는 부차적인 결과로 나타난다. 잘 진행되는 한, 좋은 것이다. 그것이 임무다. 그리고 기술적인 조언은 선호들의 교환을 목표로 한다.

사회적 차원에서는 권위상실의 형식으로 유사한 것을 확인할 수 있다. 권위는 세계 안에서 세계를 표상하고 다른 이에게 그러한 표상을 설득할 수 있는 능력을 의미한다. 권위는 지식이나 권력, 미래에 대한 인식 또는 그 인식을 희망에 따라 형성할 수 있는 능력에 기반할 수 있는데, 어떤 경우에도 미래에 기반한다. 그러나 현재를 넘어서는 이런 확실성이 제거될 때, 권위는 분명해진다. 카를 요아힘 프리드리히의 정식화를 사용하자면, 타당한 권위는 '합당한 상술 능력'[9]으로 간주되어 작용한다. 권위에 대한 불평 섞인 논의들이 남아 있긴 하지만, 몇몇 작은 모임에서는 그에 대한 존경가치가 상승할 것이다. 그러나 지식이나 권력에 기반해서 이런 논의들을 피할 수 있다는 바로 그 점에 권위가 놓여 있는 것이다.

상호이해의 정치라 할 수 있는 것이 권위의 자리를 대체한 것처럼 보인다.[10] 상호이해는 잠시 동안 의존할 수 있는 잠정적인 합의다. 그것은 동의를 의미하지 않을 뿐 아니라, 이성적이거나 올바른 문제해결을 형성하지도 않는다. 동맹과 적대가 새롭게 형성되는 이후의 논쟁에서 분쟁에서 벗어난 기준점을 고정할 따름이다. 권위에 대한 각각의 요구에 반해, 상호이해는 훼손될 수 없고 언제나 다시 새롭게 협상되어야 한다는 큰 장점을 갖는다. 그 가치는 연배와 더불어 상승하는 것이 아니라, 감소한다. 이는 또한 근대의 고유한 문제는 시간차원에 있다는 것을 예감하게 한다.

시간의 차원에서 현재는 개연적이거나 비개연적인 양상으로 있을 뿐인 미래와 연관된다. 달리 말해서, 미래의 형식은 두-면-형식으로 관찰을 수행하는 개연성의 형식이다. 일어날 수 있는 모든 것에 대한 이런 양상들의 분할과 함께 어느 정도 개연적이거나 어느 정도 비개연적인 두-면-형식인 것이다. 근대는 적시에 허구적으로 산출된 이중화된 실재를 유지할 수 있는 개연성계산을 고안했다. 그에 따라 현재는 언제나 다른 식으로 될 수 있는 미래를 계산할 수 있고, 비록 다르게도 될 수 있더라도 정확하게 되었다는 것을 이런 식으로 증명할 수 있다. 이는 개연적인 것/비개연적인 것의 영역인 현재의 미래(또는 미래지평)와 다른 식으로 되는 것이 아니라 언제나 그렇게 될 것인 미래의 현재들을 구별할 수 있다는 것을 전제한다. 현재의 미래와 미래의 현재들 간의 이러한 분리는 진단을 무조건 배제하지 않는다. 그 가치는 그 진단이 교정될 수 있는 신속함과 이런 연관에 의존한다는 것을 아는 데 있다. 따라서 '잠정적인' 예측만이 있을 따름이며, 그런 예측이 제공하는 확실성이 아니라, 기대했던 것과 다르게 발생하는 현실에 신속하고 특수하게 적응하는 데 그 가치가 있다.

이런 이유에서 이제는 언제나 개연적인 것/비개연적인 것의 관점만으로 결정할 수 있으며, 다르게 나타난 것이 아니라 그렇게 나타난 것이라는 것을 알더라도 그렇다. 사회적 차원으로 옮겨보면, 이는 이해하고자 시도하는 모든 경우에 다른 이의 불확실성에서 출발할 수 있다는 것을 말한다. 만약 누군가가 이를 거부한다면, 그에게 이를 알려줄 수 있다. 이제 협상은 단지 이해할 수 있을 정도로 불확실성을 확장한다는 의미를 갖는다. 전문가라는 근대적 유형, 다시 말해서 대답할 수 없는 질문을 받을 수 있고 그때는 역시나 불확실성이라는 양식으로 되돌아갈 수 있는 전문가가 그에 상응한다. 마찬가지로 파국의 근대적인 형상, 다시 말해서 그 어떤 경우도 원하지 않을 뿐 아니라, 개연성계산, 위험산정, 전문가 평가 모두를 수용하지 않는 그 경우도 이에 상응한다. 그렇지만 이런 파국의 문턱은 언제나 사회적으로 정의되며, 그렇게 한 명의 파국이 다른 모든 이의 파국인 것은 아니다.

IV

이 모든 논의들은 종합적으로 위험이라는 최종공식으로 귀결된다.[11] 근대사회는 자신의 미래를 결정의 위험이라는 형식으로 체험한다. 그런 식으로 위험의 형식을 정식화하기 위해서는 물론 그에 상응하게 위험 개념을 주조해야 하고, 오늘날 위험연구의 광범위한 영역에서 도달되지 않았거나 드물게 도달된 정확성을 그 개념에 부여해야 한다.

무엇보다도 결정과 그에 따른 현재와의 연관이 강조되어야 한다. 위험은 결정의 한 측면이고, 결정은 현재에서만 일어날 수 있다. 당연히 과거의 결정들, 그 위험들 그리고 마찬가지로 미래의 결정들에 대해 말할 수 있다. 그러나 그것은 과거의 현재들 또는 미래의 현재들에 해당하는 것이지, 더이상 또는 아직 현행화하지 않은 현재의 과거 또는 현재의 미래에 해당하지 않는다. 따라서 위험은 위험을 고려하면서 어떤 대안 또는 그와 다른 대안에 대해 결정할 수 있다는 관점을 따르는 현재의 미래 기술을 위한 형식이다.

위험은 하나의 결정에서 야기되고, 그 결정에 영향을 받을 수는 있지만 다른 결정으로는 벌어지지 않을, 가능하긴 하지만 아직은 정해지지 않은 비개연적인 손실과 관계된다. 결과들이 결정에 귀속되는 한에서 위험에 대해 말할 수 있다. 이는 위험을 피할 수도 있고 예를 들어 원자력발전소를 설치하지 않기로 하는 것처럼 다르게 결정한다면 안전성을 획득할 수도 있다는 생각으로 연결된다. 그러나 그것은 오류다. 모든 결정은 의도하지 않은 결과를 야기할 수 있다. 장점과 단점과 마찬가지로 어떻게 결정되는가에 따라 개연성과 비개연성 역시 다르게 배분될 따름이다.

상황이 결정과 위험의 관점에서 주제화되는 한, 더이상의 탈출구는 없다. 상황정의의 논리는 모든 대안들에 해당된다. 그런 한 손실의 크기와 개연성, 즉 보통의 위험계산의 관점에서 검토하는 시간과 미래의 주제화라는 보편적인 원리가 문제가 된다.

결정과 그에 상응하여 운동성을 사회가 요구하는 만큼 외부로 귀속될 뿐인 위해는 더이상 없다. 자연재난에 직면할 수 있지만, 위해 지역에서 벗어나거나 자신의 소유물을 보험을 통해 보장받을 수 있다. 위해에 내맡기는 것 역시 위험이다. 그와 관련해서 많은 이야기를 할 수 있다고 해서, 우리는 날아서는 안 된다. 결국 우리는 날지 않아도 살아갈 수 있는 포유동물인 것이다.

더 나아가 위험 개념은 시간차이, 즉 손실이 생긴 경우의 이전과 이후의 평가의 구별을 고려한다. 그리고 위험 개념은 바로 이 차이를 겨냥하고 있다. 손실이 발생하는 경우에 후회하게 되는 결정만이 위험한 것이다. 경영학에서는 결정이후의 후회에 대해 말한다. 결정 자체를 유감스러워 하지 않는 단순한 비용증가만이 문제가 아니다. 오히려 위험 개념은 사건 이전과 이후의 모순적인 판단이라는 역설을 겨냥한다. 낭만주의 언어로는 불리한 재평가의 선취라고 정식화할 수 있다. 장 파울의 『거인』에서 주인공 알바노Albano에 대해 말하는 것처럼,[12] "그는 자신의 빛나는 현재를 미래의, 그늘진 과거 안으로 깊숙이 놓았다." 낭만주의에 있어서 이는 사려, 기분의 반성, 심지어 슬픔의 기회다. 우리의 동시대인은 사진을 찍는다. 대립하는 입장들의 동시성이라는 이런 역설을 어떻게 지금 시점에 파악하든지 간에 어떤 경우에도 역설은 논리학자가 말하는 것처럼 시간 자체를 통해 전개되며, 즉 매 시점에는 오직 '하나의' 그럴 듯한 판단만이 있다는 귀결로 해소된다. 그러나 위험 개념은 상이한 판단들의 연쇄라는 이러한 삶의 테크닉을 무화한다. 그 개념은 모순을 현재로 집약하고 역설이 새롭게 나타나게 하며 다르게, 즉 합리적인 위기관리로 역설을 해소한다. 만약 비개연적인 것이 나타더라도, 올바르게 즉 위기합리적으로 결정한다는 주장으로 스스로를 질책으로부터 보호할 수 있다.

따라서 위험개념은 다차원적이고 논리적인 관점에서 이미 복잡한 문제가 있으며, 상대적으로 단순한 고전적인 이치 논리의 수단으로는 적절하게 다룰 수 없고, 대신 구조적으로 풍부한 논리들을 요구한다는 것을 알 수 있다. 그에 대해서는 엘레나 에스포지토가 다룬 바 있다.[13] 실제 결과는 어떠한 구별이 얼마나 중요한가에 따라 위험이 매우 상이한 방식들로 관찰될 수 있다는 것이다. 따라서 문제는 사회적 차원으로, 사회로 그리고 마지막으로 정치로 되돌아간다. 아인슈타인의 하늘을 나는 관찰자의 우주와 달리, 하나의 관점을 다른 관점으로 환산하는 어떠한 수학도 도움이 되지 않는다.

근대사회가 실제로 자신의 미래를 현재의 위험 형식으로 지각하는 것에 대해서는 무수한 논거들이 있다. 무수한 불행한 경우에 맞서 자신을 안전하게 할 수 있는 가능성을 생각하는 것으로도 충분하다. 보험은 불행한 일이 벌어지지 않는다는 어떠한 확실성도 창출하지 않는다. 보험은 관련자의 재산관계가 변하지 않을 것을 보장할 따름이다. 경제 스스로 보호할 수 있는 가능성을 제공하는 것이다. 그러나 그에 대해서도 결정해야 한다. 그에 반해서 우리 자신을 보호할 수 있는 모든 위해Gefahren는 그 결정을 통해서 위험Risiken으로 전환된다. 위험은 자신을 보호할 것인가 아닌가라는 결정에 달려 있다.

다른 위험문제는 일반적으로 경제에 참여하는 것에서 발생한다. 직접적인 교환과 달리 돈을 가진 후에야 지출할 수 있고, 더 많이 벌 수 있다는 희망으로 돈을 투자하는 것처럼, 수입과 지출 사이에는 시간거리가 있다. 근대사회에서 위험의 이런 부분은 은행이 맡게 되지만, 어떤 필요와 희망을 수입으로 충족시킬 수 있을지 광범위하게 규정되지 않은 채 있다는 점을 은폐하면서, 일상적인 생활에서도 경제적인 위험이 있다.

마지막 예는 정치에서 찾을 수 있다. 보다 더 오래된 사회에서는 지배자와 피지배자의 차이를 자연적인 질서로 간주했고, 자의적인 것을 허락하지 않기 때문에 자연은 순수한 자의를 배제한다고 추정했다. 또는 지배자는 신에 의해 지명되며, 안 좋은 경우에는 눈을 들어 하늘을 향해 기도할 수 있다고 믿었다. 그에 반해 오늘날에는 가장 높은 자리를 포함하여 모든 공직의 자리에서 하는 것은 결정이다. 그리고 이는 권력 남용이나 정치적으로 잘못된 결정의 위해를 위험으로 만든다.

이 사례들이 보여주는 것처럼, 완전히 다른 목적들을 위해 구상된 근대사회의 무수한 장치들이 갖는 반직관적이고 의도하지 않은 의미는 위해에서 위험으로의 전환이다.

위험의 주제화형식은 매우 상이한 사태들을 포괄한다. 그 논리적 복잡성과 최종적으로 역설적인 위험의 통일성에서 자신의 미래를 오직 현재에 기술할 수 있고, 다른 한편으로는 다시 기술할 수 없는 근대사회의 복잡성이 반영된다고 추정할 수 있다. 이전 사회가 신과 함께 계산하고자 했던 자리를 오늘날 위험의 의미론이 대신할 것인가?

동시에 위험의미론의 경계와 관련된 최후의 판단은 다음의 결론에 주의할 필요가 있다. 오늘날 우리는 생태학적인 맥락에서 결정으로 귀속하는 것을 기피하는 복잡성에 처해 있다. 심각한 피해를 전망하면서도 중요한 생태학적인 삶의 조건들은 기술과 그 생산물의 투입에 관한 결정으로 변화된다는 것을 알고 있거나 그렇게 추측할 수 있다. 그러나 무수한 요인들의 극도로 복잡한 인과연쇄와 오랜 시간에 걸친 경향은 그런 귀속을 허락하지 않기 때문에, 이 문제는 개별 결정으로 귀속될 수 없다. 또한 이런 상황을 그런 의미론으로 파악하고자 할 만큼 기술/결정/위험-신드롬에 매료된다. 우리는 끊임없이 결정을 시도하며, 이 문제를 대면하거나 회피하고 경우에 따라서는 문제를 제거하거나 연기할 수도 있는 정치적인 결정 역시 마찬가지다. 우리는 도움이 될 수도 있는 어떤 것을 하지 않는 것을 위험으로 정의한다. 위험을 다르게 배분할 수 있을 뿐이더라도, 가능한 것을 추구하지 않는 것은 이해할 수 없고 심지어 무책임할 것이다. 그에 반대해서는 아무것도 말하지 않지만, 그에 찬성해서는 모든 것을 말한다.

그럼에도 불구하고 우리는 결정 영역에서 선호를 바꾸는 것으로 이런 문제를 해결하려는 모든 시도들이 적절하지 않다는 것을 알고 있다. 사회의 진화가 미래 현재들을 결정할 것이고, 이는 위험지각과 위험커뮤니케이션에서 피상적으로만 대처할 수 있는 배후의 염려를 계속 갖게 하는 어찌할 수 없는 운명에 대한 전망이기도 하다. 더이상 우리는 자기 자신이 자신의 운명을 준비했다는 것을 사후적으로 어떻게든 경험하는 비극적인 영웅의 계통에 속하지 않는다. 그것이 이미 지나갔다는 것을 알고 있는 것이다.

5

무지의 생태학

I

진화가 언제나 이미 상당한 정도로 단기적으로도, 장기적으로도 자기파괴적인 작용을 한다는 것은 오늘날 분명히 알 수 있다. 이전에 창조되었던 것 중 남아 있는 것은 많지 않다. 이는 이전의 생명체에서와 마찬가지로 앞으로 존재하는 대부분의 생명체에 있어서 타당하다. 마찬가지로 인간적인 삶을 규정해온 거의 모든 문화들 역시 사라졌다. 오늘날 처리할 수 있는 고고학적-문화인류학적-역사과학적인 활용의 정교함에도 불구하고, 그런 문화로 살았던 이들에게 문화가 가졌던 의미는 여전히 이해할 수 없다. 과거 한때 현실적이었던 멘탈리티는 우리에게 더이상 이해하기 어려운 것이거나, 기껏해야 고도로 인위적인 허구일 따름이다. 이러한 지나간 문화에 대해서는 마치 여행자 같은 관계만 가능할 뿐이다. 자명함, 문화적 형식들, 오늘날 우리 사회의 '생활세계' 역시 마찬가지일 것이다. 이에 대해서는 누구도 심각하게 의심할 수 없을 것이다.

생명체로서 인간이 언젠가 사라질 것이라는 점은 배제할 수 없고, 정확히 하자면 개연성이 있다. 아마도 인간은 유전적으로 우월한, 인간과 같은 생명체로 대체될지 모른다. 인간은 자기파괴적인 재앙에 의해 종으로서 인간을 죽이거나 멸종시킬지도 모른다. 또는 우리에게 익숙한 기술적인 생활지원들을 파괴하여,

매우 기본적인 형식들만 생존할 수 있을지도 모른다. 어떤 경우든, 언제나 그런 것처럼 미래 사회 역시 의미를 갖는 커뮤니케이션에 기반해서 존속한다면, 지금과는 다른 세계에 살게 될 것이고 다른 관점과 다른 선호에 기반할 것이며, 우리의 관심사와 우리의 취미에 대한 흔적과 그 흔적들을 읽을 수 있는 능력이 그때에도 유지된다면, 제한적인 오락가치를 갖는 기이한 것이라고 놀라면서 그것들을 바라볼 것이다.

그렇지만 그렇게는 되지 않을 것이라고 보기 때문에, 그러한 미래는 우리에게 받아들일 수 없는 것, 우리로서는 그저 '픽션'의 형식으로만 향유할 수 있는 공포시나리오로 보인다. 놀라움을 드러내지 않고 올 것에 대해 전망하는 자는 냉소적인 자로 거부될 것이다. 커뮤니케이션에서 이러한 관점은 마치 다른 이들을 자극하면서 그들의 분개를 즐기기 위해 고안된 것처럼 작용한다. 그러나 에펠탑에서 아래로 뛰는 이는 어떤 일이 벌어질지 알기 때문에, 추락을 실제로는 즐길 수 없는 것이다.

설령 그런 일이 벌어진다면 경악하게 할 기술적인 이유로 발생한 재난은 완전히 다르기는 하지만 비슷한 경우다. 이때 나는 어디로 뛰어가야 하는가? 하는 질문은 뛰는 것 자체가 더이상 필요치 않다는 위안이 되는 답을 포함하고 있다. 이런 이유에서 문제를 제쳐두는 것을 쉽게 이해하게 된다. 재난상황에서 인구는 무지로, 정부부처는 감춰진 '비밀보관문서'로 대비한다. 이는 전쟁 상황뿐 아니라, 그 밖의 여러 재난에서도 타당하다. 따라서 오래 지속하는 문제와 마찬가지로 재난은 항상 가능하지만, 당장 내일 발생하는 것은 매우 개연적이지 않다는 조건하에서 문제가 다뤄진다.

경고하고 방지책을 마련하면 되는가? 오랜 성현의 가르침에는 언제나 예언을 피하고자 하는 이는 누구나 바로 그런 이유에서 예언을 현실화한다고 예견하는 성찰형상이 있다.[1] 이를 피하기 위해서 미래를 예언적으로 밝히는 것은 신탁으로 어둠을 재도입할 것을 요구한다. 물론 그때에도 여전히 의심할 수 있다. 핀다로스는 행운과 우발성의 여신, 타이케Tyche에게 호소했다. 왜냐하면 어떤 신도 죽을 운명을 갖는 이에게 확실한 징표를 주지 않기 때문이다.[2] 그러나 이는 오늘날에는 사라진 세계에 속한다. 나쁜 것이 예상될 때면, 우리는 모든 힘을 다해 자신을 구하고자 한다. 시간과의 다른 관계, 우리 자신의 능력과의 다른 관계를 통해서 우리 자신을 규정할 수 있을 것이다. 그러나 그것은 만약 그 경고가 성공적이라면 경고받은 것이 실제로 일어날지가 정해지지 못하게 하는 경고의 역설에서 우리를 자유롭게 하지 못한다. 그리고 (아마도 불필요할) 그런 경고는 회피행동의 예측할 수 없는 비용과 결과를 초래한다.

그에 상응하는 요구를 갖는 학문으로서 사회학은 지혜를 따르려는 경향을 거의 보여주지 않았다. 사회학은 자신의 진단을 어둡게 하지 않는다. 더구나 그 진단의 성공 횟수가 경미하기 때문에 사회학은 진단으로부터 자유로웠다. 그 대신 생태학적 위협과 기술적 위험의 복잡성의 관점에서 사회학은 더욱더 경고에 몰두했다. 그에 대해 누구도 반박할 수 없는 그 문제들의 긴급함은 사회학의 경고활동에서 반성의 포기[3]를 용인하고, 수사학적인 스타일을 수단으로 갖는 의식적인 과장 역시 용인한다.* 통상적으로

* 루만은 커뮤니케이션의 범위를 제약하는 서구 논리학 전통에서의 역설과 동어반복의 위상에 대해서 역설에 대한 제약을 자유롭게 한 수사학의 전통이 서양 논리학의 전통보다 더 근본적이라고 본다. 역설 개념에는 동어반복을 규제하는 논리학적인 분석이 필요하지 않기 때문이다. 오히려 "역설의 커뮤니케이션에 있어서는 그 작동적 효과가 결정적이다: 역설은 모든 점유된 입장이 반대 입장을 주장하도록 강제함으로써, 그리고 반대 입장 역시 같은 상황에 처하게 함으로써, 커뮤니케이션을 진동 속으로 몰아넣는다." 세계에 대한 커뮤니케이션은 이런 이유에서 논리적인 분석과 규제에 따르는 것이 아니라, "역설의 형태로만 세계 안으로 들어올 수 있다. 그리고 이는 바로 커뮤니케이션의 실행을 통해서 이루어진다"고 할 수 있다. 이처럼, 루만의 사회학이 역설에 기반한 커뮤니케이션 이론을 구축한 것은 서구의 논리학 전통에 대한 비판의 맥락에서 볼 수도 있다. 니클라스 루만, 「말하기와 침묵하기」, 『문학과 사회』, 박술 옮김, 2014, 27 (1), 638~639쪽.

이러한 사회학은 사회를 비판한다.[4] 그것은 기술의 결과와 위험과 위해에 더 많은 주의를 요구한다. 그런 사회학은 자원의 전용을 필요로 하는 것이다. 그러나 사회학은 이와 같은 암울한 미래 전망에서 사회학 전통에서 가장 중요한 계기, 곧 사회학의 성립동기인 "그 뒤에 무엇이 있는가?"라는 질문을 잃어버렸다.

마르크스부터 시작하자면, 그것은 언제나 참여하는 관찰자의 일차 등급의 관점에서가 아니라 그러한 관찰자에 대한 관찰자의 관점에서 사회적 현상의 세계를 분석하는 사회학적 성찰의 한 부분이었다. 그것은 19세기의 용어에서 유래하지만,[5] 동시에 이론형성에 대한 높은 요구다. 그렇게 마르크스는 자본주의적 경제의 방식, 특별히 공장조직의 형식을 통해 계급형성을 설명했다. 그리고 뒤르켐은 사회적 연대와 도덕과 함께 우리가 갖는 문제들을 근대사회의 기능적 분화(그 당시에는 여전히 노동분업)를 통해 설명했다. 그러나 이는 당시 사회체계 간의 문제—분배의 정의 또는 분화에도 불구한 연대—였다. 우리가 오늘날 몰두하고 있는 생태학적 문제들은 다른 의의를 갖는다. 그것은 사회체계들과 그 환경 간의 관계에 놓여 있다. 여기에서야말로 오래된 질문기술이 더욱더 적절해 보인다: 그 뒤에 무엇이 있는가?

매우 개괄적인 의미에서 이에 대해서는 실제로는 다음의 대답이 가능하다: 근대사회의 분화 형식, 즉 기능적 분화. 이러한 질서에서 문제는 그것이 발생한 곳이 아니라, 각각 결정권을 갖는 기능체계[6]에서 처리되기 때문에, 어떤 경우든 기능적 특화의 형식이 환경에 대한 사회의 커뮤니케이션 영향을 증가시킨다는 것, 그러나 그 내부에서 반작용하는 가능성들을 따라가지 못한다는 것 역시 명백하다. 그렇다면, 이로부터 근대사회에서 생태학적 문제에 대한 커뮤니케이션이 어떤 형식들을 취하는지 도출할 수 있다.

본질적으로 이런 분화의 논리에서는 다른 이들을 주소지로 하는, 즉 그럴 능력이 있다고 간주되는 체계가 주소지가 되는 요구와 호소의 형식들이 발전한다. 몇몇은 '윤리'로 위장된다. 그러나 요구하는 자 자신이 구제를 수행할 수 없다는 것을 염두에 두면, 모든 윤리적인 조절의 본질적인 계기, 즉 자기적용 또는 자기면제의 금지가 누락된다. 책임윤리를 오직 상대방을 위한 것으로만 생각하는 것이다. 책임윤리를 형식적으로 따를 수는 있지만, 조치를 취할 수 있는 행위역량의 결핍 때문에 자기적용은 고려되지 않는다.

그러나 이런 생각들은 여전히 피상적이다. 다음의 분석은 이렇게 구획된 영역에서 논의를 더 진전시켜보고자 한다. 그 뒤에 무엇이 있는가라는 질문은 어떻게 무지가 취급되는가라고 물을 때 정확해진다. 한쪽 편에 대한 경고의 레토릭과 필연성을 고려한 저항 모두 소위 지식에 근거하고 있다. 그러나 활기차지만, 종종 몰지각한 스타일을 갖는 논쟁은 이러한 지식이 불확실한 가정에 기반하고 있다는 것을 드러낸다. 그것은 상대적으로 쉽게 인식할 수 있다. 그에 따라서 생태적 커뮤니케이션의 강도는 무지에 기인하고 있다는 가설이 제시될 수 있다. 미래를 알 수 없다는 것은 커뮤니케이션으로 현재에 표현된다. 사회는 스스로를 교란시킨다. 사회는 그런 교란에 반응하지만 자신의 고유한 작동 방식을 처리하면서, 즉 커뮤니케이션하면서 그럴 수 있을 뿐이다.

II

우선, 생태학적인 주제가 근대사회의 기술에 도입된다면 무엇이 암시되고 특히 무엇이 기대되는가라는 질문을 따라가보고자 한다. 현재 논의에서 두드러지고 앞의 장에서 이미 제시된 몇몇 특이함은 다음의 두 가지를 명확히 하면 보다 잘 이해될 수 있다.

(1) 사회에 대한 모든 기술은 사회 안에서 일어나야 한다는 것, 즉 그것은 관찰에 따른 것이며 적어도 오늘날 이 관찰은 재귀적이라는 것, (2) 모든 기술은 관찰이라는 작동의 기본구조와 결합되어 있다는 것 그래서 그에 따른 제약을 극복할 수 없다는 것. 전체적으로 보면, 이것으로 무지의 생태학이 (당연히 논쟁적인) 지의 생태학으로 제시되는 이유를 이해할 수 있다.

어떤 것을 (그리고 다른 것이 아닌) 지칭하기 위해서 구별이 사용될 때면 언제나 관찰에 대해서 그리고 텍스트를 작성할 때는 기술에 대해서 말하게 된다. 지각이나 행위의 과정에서 관심의 의식적인 처리를 통한 것이든, 특정한 주제에 관한 커뮤니케이션을 통한 것이든, 전기 기계의 작동을 통한 것이든 간에 이러한 관찰이라는 작동이 어떻게 실현되는지는 중요하지는 않다. 이 모든 경우에 근본구조는 동일하며, 우리의 주제를 진척시키기에 이미 충분하다.

모든 관찰은 하나의 구별의 한 면이 지칭되고 그에 따라 표시되지 않는 다른 면을 야기한다.[7] 세계는 표시된 영역과 표시되지 않은 영역으로 분리된다. 시간을 처리할 때, 이 경계 ('표시'의 형식)를 넘을 수 있지만 다른 면을 표시할 때, 즉 구별하고 지칭하며 그에 따라 새롭게 '미표시 공간'을 구성하는 한에서 그러하다. 그뿐 아니라 구별 자신의 작동은 미표시된 채로 있다. 구별의 작동 자체는 그 한 면에 있을 수 없다. 또한 구별의 작동은 미표시된 영역에 속하며, 관찰자 자신이 그 안에 있는 미표시된 영역에서 작동한다고 할 수 있다.[8] 자기 자신을 그 자신의 구별의 계기로서, 구별의 한 면으로서 되찾을 수 없기 때문에, 관찰자는 관찰할 수 없는 것이다.

사회이론을 말할 때는 보통 이렇게 추상적인 용어를 사용하지 않는다. 프랑스혁명 이전 시대에 대해서는 역사적인(예를 들면, 구유럽적인) 의미론을, 19세기에 대해서는 이데올로기를 말했는데, 코젤렉에 따르면 표현의 이데올로기화 가능성 자체가 역사적 의미론에서 변환점이었다.[9] 어쨌든 의미론과 이데올로기는 일차 등급 관찰자가 어떻게 그리고 무엇을 관찰하는지 기술하는 이차 등급 관찰자의 표현이다. 일차 등급 관찰자는 그가 마음 먹은 것을 직접 구별하고 지칭한다. 그 관찰자는 자신에게 경우인 것을 말하며, 다른 관찰자의 이데올로기를 말할 때는 다른 사람이 이데올로기 척도에 따라 체험하고 행위하는 것이 사실이 되기 때문에 그렇게 한다(이는 이데올로기에 대한 의혹이 보편화되는 경우에도 여전히 타당할 것이며, 그때는 자유부동하는 지성으로서 이차 등급 관찰자의 첨예화를 말할 수 있다).

무엇보다도 관찰과 기술이라는 개념과 그에 따라 사회체계의 자기기술이라는 개념으로 획득하는 추상은 역사적인 구속과 특수한 사회적 상황(사회적 계급, 사회적 지위, 사회적 이해관계)으로부터 독립적이게 하는 장점이 있다. 모든 관찰자는 지칭할 수 있기 위해서는 해야 하는 구별을 통해서, 관찰자에게는 보이지 않는 세계와 거기서부터 작동하며 그 작동으로 자신이 속하게 되는 미표시 공간을 구성한다. 그것은 그 자체로 역사적으로 중요한 현상이 아니라(진화의 산물로서 관찰하는 작동의 가능성을 관찰하고자 하지 않는 한), 모든 상대주의의 아프리오리와 같다. 역사적인 의미론과 이데올로기가 그렇게 분석될 수 있다는 것을 여기서 개별적으로 따로 다룰 수는 없다. 우리에게 흥미로운 것은 사회체계의 생태학적인 기술에 따르는 표시된 것과 표시되지 않은 것 간의 관계다.

구별을 하지 않는다면 서술할 수 없는 인과적인 상호의존이 중요하게 되었기 때문에, 사회이론의 역사에서 처음으로 사회의 생태학적인 기술과 더불어 체계와 환경 간의 명확한 구별의 기반이 구축되었다. 교육에서 그런 것처럼, 사회는 생태학적인 재생산조건들의 중대한 변화를 야기하고 그런 변화가 다시 사회에 영향을 끼치는 방식으로 자신의 환경에 개입한다. 이것이 지칭의 위치화가 수행하는 구별이다. 그러나 그 미표시된 공간은 어디에 있는가?

사회기술이 문제이기 때문에, 미표시 공간은 사회체계의 환경에 있다. 그렇게 우리는 점점 더 많은 생태학적인 지식을 수집한다. 그러나 바로 그것이 사회와 그 생태학적인 환경 간의 관계에 대한 무지로 이끈다. 심지어 비현실적으로 작은 복잡성에도 불구하고 예측불가능성과 대면하기 위해서라도 우리는 시나리오와 시뮬레이션모델의 도움을 받는다. 마치 올바른 지식이나 그 적용이 부족하기만 한 것같이 우리는 교란을 오류로 범주화한다.[10] 그 계산근거가 여전히 미해결이고, 경우에 따라 수정되어야 하는 개연성이나 비개연성에 관한 진술이 우리를 제약한다. 우리는 전쟁의 형식 또는 나중에야 인식할 수 있는 상황과 부주의의 연쇄를 통해서 생기는 기술적인 재앙의 형식 등으로 파괴를 아주 잘 예측할 뿐 아니라 야기할 수도 있다.[11] 그러나 그에 대한 지식이 충분하더라도 우리는 파괴를 원하지 않는다.

이러한 무지는 그 자체로 미표시 공간이 아니다. 무엇보다도 그것은 지식 형식의 다른 면, 즉 경계를 넘을 것을 권하고 그에 따라 하나의 관점 또는 다른 (지칭능력이 있는) 관점에서 더 많이 알고자하는 노력을 자극하는 하나의 다른 면일 따름이다. 무지의 지는 그 편에서 쿠자누스의 박학한 무지docta ignorantia와 마찬가지로 모든 구별들을 넘어서는 영역을 은폐한다. 진화로 증명되는 생태학적인 균형에 대한 개입이 지속적으로 강하더라도, 모든 관찰들에서 벗어나 있는 미표시 공간은 재생산의 조건에 대한 지/무지 방식의 접근가능성으로는 접근할 수 없다. 그러나 예전에는 우주나 자연의 창조를 기술할 때, 설명할 수 없는 질서의 순간—이러한 질서가 있다는 것—이 관련된다는 것과 모든 구별(그때는 분할)의 통일성을 관찰할 수 없다는 것이 은폐되었던 반면, 오늘날에는 무지는 말하자면 지의 다른 면일 따름이다. 그리고 그때는 우주적인 세계와 인간세계의 자연평등의 승인과 존재의 유비로 안심할 수 있었던 반면, 사회체계와 환경의 관계에 관한 명료성을 획득하고자 하는 무용한 시도는 오늘날 불안을 야기한다. 왜냐하면 사회가 곧 오늘날 자신의 생태학적인 문제를 받아들인다면, 본질형식, 필연성과 불가능성, 유와 종에 고착하는 것이 아니라, 잘 되고자 하면 변할 것이며, 또 변해야 한다는 가정에서 출발해야 하기 때문이다.

다른 상황은 다른 관찰자를 필요로 한다. 그러나 이것이 관찰과 기술의 작동에서 관찰자가 자기 자신을 관찰할 수 없다는 것을 바꿀 수는 없다. 이제 관찰자가 자신의 고유한 관찰을 자신이 사용하는 구별에 포함시킬 수 없고, 마치 밖에서, 미표시된 공간에서부터 관찰할 수 있는 것처럼 정식화해야 한다면, 어떻게 관찰자는 관찰하는가라는 질문이 제기된다.

생태학적인 사회기술은 적어도 그 구별의 통일성을 매번 자신의 쪽에서 명명할 수 없는 이원적인 첨예화의 경향이 있다. 이는 생존이냐 몰락이냐라는 첨예한 양자택일에 있어서는 타당하다. 역사상 처음으로 전체 세계의 인구와 지구상의 모든 생명들이 한 번의 타격으로 사라질 수 있다는 말을 듣게 되었다. 그리고 이를 막아야한다는 결론이 따라나온다. 명백히 옳다! 보다 작은 범위의 모든 주제에서 반복되는 내용적인 첨예화는 도덕적인 첨예화를 수반한다. 이는 생태학적인 재앙에 반하는 것은 좋은 것으로, 의도한 것은 아니지만 그렇게 되게 한 것은 나쁜 것으로 분류한다. 이제 변경되지 않은 채 지속되는 결과를 경고하는 것이 과제가 되며, 이는 그런 경고를 경청해야 하거나 생태학적인 파국이 불가피하게 들이닥친다는 이원적인 극단을 수반한다. 또한 오랫동안 알려져 있었지만 실제로는 어떤 것도(또는 어쨌든 결정적인 어떤 것도) 발생하지 않았다는 것을 지적하는 경향도 있다. 이런 경고가 옳다는 것에 대해서는 의심의 여지가 없지만 사회를 이런 방식으로 기술할 때 경고가 보지 못하는 것에 대한 물음을 제기할 수 있는 것이다.

그리고 그것은 옳은 만큼이나 진부하다. 그것은 구별의 통일성을 볼 수 없으며, 파괴와 생존의 통일성 그리고 좋은 관련자와 나쁜 관련자의 통일성 역시 볼 수 없다. 또한 경고는 그 서술과 계산에서 다가치多價値적인 논리를 필요로 하는 복잡한 활동이라는 것도 볼 수 없다(그런 논리가 없거나, 기껏해야 '진리표' 형식으로 있을 뿐이다).[12] 통일성을 볼 수 없다는 것은 그에 상응하는 구별을 거부할 수 없고, 다른 구별로 대체할 수 없다는 것을 말한다. 고트하르트 귄터의 용법으로 정식화하면, 관찰자는 '초연적'(결합하고 분리하는 작동과 구별되는) 작동의 층위로 넘어갈 수 없다.[13] 세계와 관찰 그리고 관찰을 가능하게 하기 위해서 두 면에서 미표시 공간으로 사라져야 하는 것 사이에 직접적인 연관이 있다는 것은 명백하다.

이는 상응하는 기술에 대한 어떠한 정치적인 비판도, 어떠한 도덕적인 비판도 아니다. 모든 비판은 정확히 같은 문제를 초래하며, 실제로 생태정치적인 공세에 대한 반응도 다르게 판단될 수 없다. 그에 따른 사회기술은 논쟁의 형식, 즉 자신의 고유한 통일성을 성찰할 수 없는 구별의 형식을 취한다. 이런 논쟁이 오랫동안 진부해진 자본주의/사회주의 간의 논쟁을 계승할 것이라는 시각에 대해서도 많은 논의가 있다. 정치적인 정당과 정치적인 선택의 체계가 그러한 새로운 대립에서 결정할 수 있는 정치적인 주제를 끄집어내는 데 성공할 것인지는 전혀 평가할 수 없지만, 정치적으로는 환영받을 것이다.

그러나 보이지 않게 있는 것에 대한 증명의 시도는 그 시도를 통해서 보여질 수 있는 것에 있다. 지금까지의 성과에 따라 무지와 급진적인 이가二價성을 은폐하는 것은 그만한 보람이 있었는

가. 그에 대한 판단은 명백히 부정적일 수밖에 없으며 이렇게 여기서 비판에 도달한다.

사회의 생태학적인 연관은 인간 신체와의 연관을 통해 매개된다. 결국 지각과 선취, 즉 심리적인 메커니즘을 통해서 증가한다. 몰락을 생각할 때, 인간과 사회를 분리해서 생각하는 것은 아무 의미가 없다. 커뮤니케이션 가능성의 파괴는 더 많은 이의 죽음으로 이끌 것이다. 교통체계, 화폐경제 또는 의료적인 돌봄의 붕괴를 생각하게 된다. 전체 인간의 삶의 소멸은 다음의 경우를 말한다. 즉, 방송이 없는 시간, 모든 커뮤니케이션의 종말, 사회의 종말. 그런 관점에서는 유기적인 체계, 심리적인 체계 그리고 사회적인 체계를 분리할 수 없다. 다른 어떤 인본주의적인 전통보다도 더 많이 오늘날 생태학적인 관점은 사회와 인간을 하나의 개념으로는 아닐지라도 그렇게 운명공동체로 결합한다. 생태학으로 사회를 주제화하는 이들은 사회를 의식의 능력이 있는 인간과 그 외에 물리적-화학적-유기체적인 조건들이라는 서로 간에 복잡하게 뒤얽힌 두 개의 환경들과 연관된 체계로 기술하려 하지 않는다. 기술技術에 기반한 사회로의 비가역적인 발전에서 인구변동이 어떤 역할을 하는지 철저히 인식하고 있을지라도 그렇다.

그에 따라 생태학적 기술의 배치는 이론가능성들을 가로지른다. 이는 또한 이론발전이 생태학적인 서술의 분기점에 빠져든 위험한 상황에 처해 있다는 것을 말한다. 우리 편이 아닌 자는 우리에 반대하는 자로 다루어진다는 보기를 따르는 것이다. 그러나 명백히 구조위기에 빠져 있으며 의미론적으로도 또 구조적으로도 이전에 해오던 방식으로는 영위할 수 없는 사회는 이에 대해 할 수 있는 것이 없다. 그 때문에 우선은 거대한 이론구상 없이 그 뒤에 미표시된 공간이 지금 놓여 있는 형식을 따르는 기술인 무지의 생태학에서 시작하는 것이 현명할지 모른다.

III

가장 일반적인 형식에서 생태학적인 문제는 공간과 시간 간의 관계와 연관된다. 자기 자신이 공간경계를 설정하는 체계만 그 문제에 관여하는 것이다. 그리고 이 체계는 더 이르거나 더 늦지 않은 특정한 시점이라는 시간 차원에서만 그 문제에 관여한다. 그러나 생태학적인 사태가 관찰되고 기술될 수 있기 위해서 공간과 시간은 어떻게 이해되어야 하는가?

우리 역사에서 대략 300년에서 400년 정도 되돌아가보면, 전체 지구를 포괄하지만 다룰 수 있는 사물들에 의해 정착된 인구의 공간세계를 발견하게 된다. 이미 만원경과 현미경이 있었지만, 그것은 오직 더 정확하게 조사하고 사물들의 표준에 따른 오랜 방식으로 생각했던 것을 더 잘 인식하기 위한 것이었다. 그에 따라, 특히 베이컨에서 로크를 거쳐 비코에 이르는 전통 속에서는 인식을 생산(즉 사물들의 생산)으로 간주할 수 있다. 이 경우, 능력의 한계는 오류(실패)를 피하기 위해서 자연법칙을 고려해야 한다는 것에서 생긴다.

세계는 (세계창조 후에 창조된) 사회가 그렇듯이 고작 수천 년이 되었을 뿐이다. 세계는 신이 계획한 것에 따라 앞으로 수천 년 더 지속할 수도 있지만, 곧 (무엇보다도 1600년경 명백한 해체의 현상—'모든 일관성이 사라졌네'[14]—으로 사람들을 두렵게 했듯) 멸망할 수도 있다. 시작과 끝은 신의 손에 달려 있고 나쁘게 의도될 수 없다는 확실성 역시 그에 달려 있다. 18세기 중반이 되어서야 처음으로 시간지평이 확장된 것을 볼 수 있으며, 처음으로 그렇게 복잡한 사태 때문에 신 자신도 시간을 사용하며 세계를 계속 창조하고 있을 것이라는 생각이 출현했다.[15] 이는 진보에 대한 기대를 정당화했으며, '교육의 세기'에 교육자들은 이런 전망을 세대에 걸쳐 더 나은 인간, 다시 더 나은 교육, 다시 더 나은 인간이라는 고유한 과제로 전환했다.*

그러나 이 세계 역시 사라졌다. 새로운 수학과 새로운 물리학이 세계를 교체한 것이다. 공간관계와 시간관계는 이제 그들의 연관을 구성하는 변이들, 즉 관찰자의 속도와 그의 가속이나 지체에 의존하게 되었다. 객관적인 지식을 위한 조준점의 한 양식으로서 속도에 대한 물리학적인 최종한계와 더불어서, 아인슈타인의 세계에서는 수학적인 전환의 가능성이 존재했다. 그러나 그사이에 물리학은 자기관찰과 결부된 세계의 가능성의 조건들이라는 매우 급진적인 질문으로 이 역시 문제화했다.

* 하지만, 이는 개선에 대한 전망이 클수록 회의도 같이 커지는 현상을 수반한다. 장 파울의 "그러니까 인류는 영원한 개선 능력이 있다. 하지만 그럴 희망도 있는가?"라는 질문이 가능한 것이다. 루소 역시, 프랑스 아카데미 현상논문 1등 수상작인 「과학과 예술론Discours sur les sciences et les arts」(1749)에서 "도덕과 매너의 통일이라는 전래의 사고를 무너뜨리고, 그렇게 해서 문명 발달이라는 생각과 도덕적 완전성이라는 생각을 분리했다." 즉, "인간은 더이상 (타락할 수는 있지만) 본성적으로 완전한 존재가 아니다. 인간은 완전해질 수 있긴 한데, 그 가능성의 실현은, 『에밀』이 보여주게 될 것처럼, 극히 인위적인 조처들을 필요로 한다"는 것이다. 니클라스 루만, 『사회의 사회』 2, 장춘익 옮김, 새물결, 2014, 1137쪽. 18세기를 계몽과 합리성이 일괄적으로 관철된 세기라고 보는 것은 역사적인 인식이 아닐 뿐 아니라, 계몽과 합리성을 오늘날 현재화하는 데에도 도움이 되지않는 통념이다. 이런 점에서 앞서 언급한 것처럼(38쪽), 계몽의 세기이자 정서의 세기로서 18세기는 뉴턴의 세기이자 동시에 뮌히하우젠의 세기로서, 이성의 세기이면서 동시에 역사의 세기다. 따라서 18세기는 계몽의 세기이자 이성을 통해 새로운 사회질서를 창출하려 한 노력이 있었던 세기라는 점에서, 그런 18세기적인 합리성의 반대 개념을 항상 수반한 세기이기도 했다. 즉, "정치, 즉 합리적 사회질서의 주권뿐만 아니라 사랑의 주권도 존재했다. 사랑의 주권은 자신의 제국은 오로지 자신이 지배한다고 주장하면서 학문적, 정치적 또는 가족적 구속이 누가 누구를 사랑하는가라는 물음에 개입하는 것을 철저히 거부했다. 향유나 '기쁨Pläsier'은 결코 합리적으로 정당화할 수 없는 것에 대한 개념으로 등장했다"고 말할 수 있는 세기였다. 니클라스 루만, 『체계이론 입문』, 239쪽. 커뮤니케이션의 관점에서 보면, 18세기는 무엇보다도 '커뮤니케이션 불가능성'이 발견된 시대라는 사회학적인 의미를 갖는다. 사랑의 의미론과 관련해서 이 문제를 다루는 것으로는 다음을 참고. 니클라스 루만, 『열정으로서의 사랑』, 정성훈 · 권기돈 · 조형준 옮김, 새물결, 2009, 183~193쪽.

세계가 자기 자신을 관찰할 수 있게 돕는 관찰자가 이 경우에는 물리학자이며, 더 정확하게 말하면 그 구성을 생각해내고 지도하며 그 결과를 해석할 수 있는 (살아 있는) 물리학자가 있다고 전제하는 복잡한 물리학적인 장치가 관찰자다. 그러나 커뮤니케이션을 통하지 않는다면 세계는 자기 자신의 관찰을 어떻게 경험할 것인가? 그런 이유에서 사회학은 자기 자신을 관찰하는 세계의 이론을 한번 더 전환하며 세계의 관찰이 세계 안에서 어떻게 커뮤니케이션되는가라는 질문을 제기한다.

부피, 복잡성, 저장능력과 템포에서 커뮤니케이션이 증가했다는 것은 잘 알려져 있다. 그것은 더 많은 지식을 상기할 수 있으며, 바로 그런 이유에서 지식을 더 빨리 낡은 것으로 할 수도 있다. 원거리 커뮤니케이션은 공간의 의미를 무화시키는 경향이 있다(그럼에도 어디에 있는가에 의존하면서 결국은 예기치 못한 전화로 침대에서 일어나게 되는 식으로 지구는 이전과 마찬가지로 낮과 밤이 동시에 있다). 앤서니 기든스는[16] 이러한 공간과 시간의 거의 완전한 분리를 근대의 중요하고 고유한 특징으로 보았고, 이런 측면이 사회에 끼치는 파급효과를 매우 강조한 소수의 인물들 중 한 명이다.[17] 그러나 더욱 난처할 수 밖에 없는 것은 사회의 커뮤니케이션에서의 이러한 공간적-시간적인 변화가 오늘날 상상할 수 있는 세계의 거대한 확장과 어떤 식으로든 직접적인 연관을 갖지 않는다는 점이다. 시간과 공간에 있어서 가장 작은(경우에 따라서는 볼 수 없는) 차이들뿐 아니라 동시에 마찬가지로 간접적으로만 추정할 수 있는 상당한 거리와 오랜 변동 역시 파악할 수 있게 되었다. 무엇보다도 기술적으로 해결된 생태학적인 문제들과 그 변이의 측량가능성은 크기도 하고 작기도 한 공간/시간-지평의 거대한 확장을 야기했다. 파국은 더이상 건물의 파괴, 증기기관의 폭발, 비행기의 충돌이나 댐의 붕괴처럼 시간적이고 공간적으로 한계지을 수 없다. 그런 손상의 경우는 자연의 느슨한 결합에 구속된다. 오늘날 근심거리이면서 생태학적인 의미에서 실제로 파국인 것은 미세하거나 거대하게 공간적이고 시간적인 크기로 발생하는 더 빠르거나 더 느린 방식의 변화들인데, 미세하고 거대한 크기가 동시적이라는 점이 매우 전형적이다. 이 변화는 사물과 인과성에 지향된 개별 인간과 사회의 커뮤니케이션 (언어적인) 실천의 실재에 대한 표상을 파괴한다. 계산과 반감기 등이 있다고 하더라도, 관리될 수 있고 연결능력이 있는 지식으로는 더이상 제시될 수 없다.

커뮤니케이션기술의 이런 변화들이 공간적이고-시간적으로 낯설어진 세계를 더 잘 재현하는 데 기여하지 않는다는 것은 분명하다. 사회를 재생산하는 커뮤니케이션 작동은 동시에 이 사회가 생산하는 세계지식을 공간/시간 차원에서 확장하는 변화로 되돌아가지 않는 그 고유한 진화를 따른다.

공간과 시간에 대한 기술의 수단을 원리적으로 분할(존재의, 세계의)에서 구별(관찰자의)로 전환할 때, 그 기술은 이러한 변화를 따를 수 있다. 아리스토텔레스에서 헤겔에 이르기까지의 전통은 시간을 존재와 비존재의 구별로 제시하고자 했고 그에 따라 정확히 이런 구별의 통일성, 그 역설에 주목했다.[18] 또한 전체의 부분으로의 분할은 시간의 특성으로 좌초되었다. 그러나 존재와 비존재의 구별을 역설로 정식화하기 위해서 그리고 시간의 분할을 '지금'의 비존재로 좌초시키기 위해서는 언제나 시간이 무엇인지를 알아야 했다. 알려진 것처럼 출구는 운동, 과정, 변증법 같은 개념들을 경유하는 것이지만, 시간 자체를 파악하기 위해서는 이러한 명칭들 역시 충분하지 않다는 것을 알게 된다. 데리다를 빌려 정식화하자면, 시간은 시간과 관련한 현상에 부재한 채로 있는 어떤 것으로 지칭될 수 있을 뿐이다.[19] 왜 관찰자가 특히 존재와 비존재의 구별로 시작하는지, 왜 관찰자는 역설의 형식을 초래하는 이런 구별을 사보타지하기 위해서 시간이라는 현상의 특수함을 사용하는지, 왜 관찰자는 시간을 기술하는 데 충분하지 않다는 것을 알면서도 운동을 구원개념 삼아 시간을 파악하고자 하는지와 같은 질문들은 지금까지 제기되지 않았다.

이처럼 완고하게 존재론에 정초하고 있는 관점의 명백한 결과를 고려해서 '피지카의 배후와 이후metà tà phýsika'를 관찰로 상정해보면, 분할에서 구별로의 관찰방식의 전환이 강제된다. 그럴 때만 관찰은 자신을 작동 자체로 성찰할 수 있기 때문이다. 무엇보다도 이는 다음을 말한다. 아리스토텔레스의 언어용례를 따른다면 범주는 존재의 분할이기 때문에, 세계를 통해서 주어진 차원들로 세계를 범주적으로 해체하는 것이 단념되어야 한다는 것이다. 따라서 이런 차원을 하나의 조망(언제나 단편적일 뿐 그 무한성에서 바라보는 것은 아닐지라도)으로 파악할 수 있다고 제안하는 직관 개념 역시 의심스러워진다. 그에 따라 유한/무한의 구별이 회피될 수 있다. 대신 구별할 때, 두 면(즉, 구별)이 분리되는 단면이 어떻게 설정되는가에 모든 것이 달려 있다.* 곧 현재는 과거와 미래를 구별할 수 있는 면으로 작용한다. 공간은 방향과 거리를 구별할 수 있는 면으로 작용한다. 구별을 부과하는 절단의 선택이 관찰자의 일이다. 어떻게 선택되었는지를 알고자 한다면, 관찰자를 관찰해야 한다. 이전에 직관이라 주장되었던 것은 (다른 것과의 구별 속에서) 어떤 것, 즉 어떤 것과의 거리에서 하나의 장소를, 어떤 것의 방향에서 하나의 길을, 오늘 바라볼 때 (그러나 오늘 과거나 오늘 미래의 시점에서도 볼 수 있는) 지나갔거나 미래에 있을 사건을 지칭할 수 있는 가능성으로 대체되었다.

* 1993년 2월 9일 빌레펠트대학에서 있었던 퇴임강연 「'무슨 일이 일어났는가?' 그리고 '무엇이 그 뒤에 있는가?'—두 사회학과 사회이론」에서 루만은 이를 다음처럼 명료하게 정리한다. "그 뒤에 무엇이 있습니까? 무엇이 물리학의 메타입니까? 그것은 더이상 존재의 참된 분리들, 범주들이 아닙니다. 그것들은 구별들입니다. 관찰자의 구별들입니다. 즉 우리는 사회학이 이미 늘 제기했고 혼자서 대답했던 질문, 즉 '누가 관찰자입니까'라는 질문에 되돌아와 있습니다." 니클라스 루만, 『사회이론 입문』, 479쪽.

세계는 이러한 단면 중 어떤 것도 우선시하지 않는다. 관찰자에게 단면은 상이한 방식으로 목적에 부합할 수 있다. 그러나 세계가 공간과 시간을 통해 설명되는지 그리고 어떻게 그런지에 대해서는 더 알 수 없다. 구별과 지칭, 현재와 공간 위치의 선택이 거기서 관찰될 수 있거나 될 수 없는 것에 결과를 초래한다는 것을 관찰할 수 있을 뿐이다. 어떤 경우에도 공간과 시간 자체는 가능한 구별을 위한 매체, 가능한 관찰을 위한 매체일 뿐이며, 세계를 세계로 관찰할 수 없는 것과 마찬가지로 그 역시 관찰할 수 없다.[20]

전통적인 시선은 이런 파악을 완전히 상대주의라고 지칭한다. 그러나 객관적 상대주의, 주관적 상대주의 모두 문제가 아니며, 모든 경우에 자신의 반대개념을 상실한 상대주의가 문제다. 그것이 배제한 것을 특정할 수 없기 때문에, 상대주의라는 지칭은 더이상 말할 수 있는 것이 없다(순수하게 역사적으로, 존재론적인 형이상학을 제외하면). 그러한 논쟁에 참여할 수도 있고, 아닐 수도 있다. 사회학적으로는 지와 무지의 관계가 그에 따라 새롭게 규정되어야 하는가라는 질문이 더 중요할 것이다.

IV

무엇이 더이상 변화될 수 없으며 무엇이 여전히 미래에 놓여 있는지를 어떤 현재에서 규정해야 하는가? 어떤 공간위치가 관계된 존재를 규정하는가? 공간과 시간에서 무엇이 멀고 무엇이 가까운가? 어떠한 변화잠재성이 지금 숨겨져 있는 미래를 준비하고 있는지 현재에 알지 못하고 알 수도 없다면, 지금 하는 것이 미래의 과거가 되고 더이상 변화될 수 없다는 것을 지금 얼마나 고려해야 하는가? 경우에 따라 가능한 것에 상응한 준비작업을 지금 저지하지 않는다는 것에 어떻게 대비할 수 있는가? 여기서 누가 결정하는가? 자연은 침묵한다. 관찰자는 논쟁한다.

공간과 시간으로부터 지식의 퇴각은—기든스가 공간과 시간이 공허해지는 것의 사회적 결과를 지칭하기 위해, '탈착화'라고 말한[21]—전기電氣 커뮤니케이션 기술로 소급될 수 없다. 대신 여전히 지식이 재현적으로 대표될 수 있고, 그에 상응한 권위로 커뮤니케이션될 수 있는 사회의 위치가 있는지를 물어야 한다. 근대학문을 생각해볼 수 있다. 그리고 실제로 근대학문이 그 위치의 첫번째 주소다. 연구자에게 '유사학문적인' 지식의 원천을 매번 제시한다 하더라도, 자칭 지식은 그 위치를 감당할 수 없다.[22] 이러한 학문적 선고의 중요성은 오직 입증된 비진리와 관계할 뿐이다. 학문적 지식 자체는 가설적으로만 타당한 것으로 대표된다. 이는 칸트가 말한 것처럼,[23] 오성뿐 아니라 커뮤니케이션에도 대안적인 설명을 시험할 수 있는 자유를 제공한다. 또한 학문은 다른 기능체계들을 실제로 정복할 수 없을 뿐 아니라, 때로는 그 체계들과 분리되어 자기발견의 과정을 자극한다.[24] 초기 사회주의자들은 지식을 생산요소로 간주할 것을 제안했으나, 지식은 소유능력이 없고 그런 이유에서 잉여가치의 배분에 참여할 수 없기 때문에 실제로는 경제이론으로 되지 못했다. 정치-법적인 발언은 학문적인 조언을 구하지만, 결정을 결정하는 것에 대해서 학문은 어떤 말도 할 수 없다.[25] 동시에 다른 기능체계들 측면에서 '사용할 수 없는' 지식의 거부뿐 아니라, 학문 자신의 측면에서 요구와 자제의 고유한 증가 역시 문제가 된다. 법정이나 생태학적 질문, 새로운 기술이나 새로운 삶의 방식의 발전 같은 압력 하에서만 학자는 자신이 엄격하게 학문적으로 책임질 수 있는 것을 넘어선다. 토크쇼는 TV에만 있는 것이 아니다. 다소간 인식 가능한 지식의 할인-판매가 중요하다.

조금 더 추상하는 것으로도 같은 현상이 다른 기능체계들에서도 나타나는 것을 볼 수 있다. 기능체계들이 독립분화되자마자 이런 모든 체계들에서는 보편성과 특수화가 나란히 진행한다. 각기 고유한 기능에 따른 관할권의 보편성과 고유한 체계에서 수용할 수 있는 커뮤니케이션으로 타당한 체계지시와 조건의 특수화가 그것이다. 모든 (또는 적어도 가장 중요한) 기능체계들에서 그러하다면, 커뮤니케이션 구조(파슨스의 이론에서는 그에 대해서 '유형 변수들'이라 말하는)의 이러한 특색은 기능적 분화, 즉 근대사회의 구조와 직접적으로 연관된다는 것에서 시작할 수 있다.

커뮤니케이션 형식으로 전환해보면 이는 질서, 세계의 본질형식의 질서에 대한 재현이 더이상 없다는 것 그리고 그에 상응하여 이렇게만 옳지 다르게는 잘못된 인간 행동의 질서에 대한 재현 역시 없다는 것을 의미한다. '대표/재현Repräsentation'은 대리할 수 있다는 것과 현재화한다는 이중의 의미를 갖는다.* 그러나 (1) 존

* 중세의 상이한 사상들이 융합된 대표개념은 한편으로는 '복합적인 단위, 가령 단체를 외부에 대해 구속하는 법적 능력'이라는 의미와 다른 한편으로는 '현재적이지 않은 것을 다시 현재적으로 만드는 것'을 의미한다. '다양성의 통일성unitas multiplex'을 표현하는 개념이 되는 것이다. 이런 이중구조에 따라 대표는 부분과 전체의 대립을 '다양성의 통일성'으로서 어떻게 현재화하는가라는 역설적인 문제를 제기한다. 전체의 통일성을 서술하기 위해서는 전체를 대표하는 부분과 다른 부분들 간의 차이가 산출되는 것이다. 그런데 근대적인 용법인 경우, 부분과 전체의 관계와 그 차이를 위계적인 구조를 통해 해소하지 않는다는 것이 전제된다. 현실적으로 과거의 신분구조와 무관하게 근대에 대표자는 선출된 대표일 뿐이며, 그런 점에서 "오늘날 우리는 그 사람들이 우리보다 더 낫지 않다는 것을 상당히 확신"하고 있는 것이다. 즉, 대표 개념의 역사적이고 구조적인 성격에 따르는 역설은 위계적으로 해소될 수 없다는 데, 오늘날 대표 개념이 갖는 중요성과 난점이 있다. 이런 이유에서 체계이론에서 대표는 체계의 통일성Einheit의 체계 내로의 재진입이자, '체계의 한 부분을 통한 체계의 통일성의 서술'이다. '법적인 효력이 있는repraesentatio'에 대한 로마법의 규정 방식에 따라 '동일성의 대표repraesentatio identitatis' 개념이 출현하고, 그 정당화를 둘러싼 논쟁이 이후 전개된다. 이에 따라 '참여'의 문제가 제기된다. 대표는 전체가 되는 개별 부분들에 관여하지만, 참여는 모든 부분들의 전체와의 관계를 기술한다. 전자는 위에서 아래로, 후자는 아래에서 위로 사고하는 것이다. 이에 대한 보다 상세한 설명은 다음을 참고. 니클라스 루만, 『사회이론 입문』, 415~417쪽 및 『사회의 사회』 2, 1045~1057쪽. 정치체계의 구조변동과 자기기술의 맥락에서 부분들로 이루어져 있는 전체의 역설이라는 대표 개념에 대해서는 다음을 참고. 니클라스 루만, 『사회의 정치』, 405~417쪽. 또한 다음 저작 참고. 모니카 브리투 비에이라 · 데이비드 런시먼, 『대표 : 역사, 논리, 정치』, 노시내 옮김, 후마니타스, 2020, 30~66쪽.

재에 대해 말하고, 사물res을 말verba로 옮기는 것이 경쟁없이 정당화되는 상태를 더이상 특정할 수 없다면", (2) 사회의 커뮤니케이션 시간구조가 너무 변해서 현재가 현전할 수 있는 기회를 더 이상 제공하지 않고, 단지 과거와 미래의 차이로서만 현재가 문제가 된다면, 대표/재현 개념은 그 두 의미해석을 모두 상실한다.

재현의 가능성과 함께 권위를 요구할 수 있는 가능성도 감소한다. 권위는 커뮤니케이션에서 설득의 근거를 증가시키고, 성장하게 하는augere 능력이다. 제임스 마치와 허버트 사이먼은 '불확실성흡수'에 대해 말했다.[26] 이는 특수화와 밀접하게 연결된 현상이다. 그렇지 않은 경우 처음부터 끝까지 증명해야 하기 때문에, 우리는 전문가나 권한을 소유하고 있는 자의 커뮤니케이션이 신중하게 검증된 것으로 간주한다. 우리는 그와 같은 정보의 원천이나 그 결과를 요구하는 대신 사실로서, 주어진 정보응집으로서의 커뮤니케이션에서 시작한다. 그에 상응하여 책임(=불확실성흡수)과 권위, 즉 '합당한 상술 능력'으로 개념화될 수 있는 권위[27] 간의 결합이 나타난다. 이어지는 커뮤니케이션에서 권위가 부과된 커뮤니케이션은 해명되고 근거가 될 수 있다고 가정되지만, 그에 대한 질문은 시간이 부족하거나 질문을 정식화할 능력 또는 용기가 부족하기 때문에 단념하는 것이다.

불확실성흡수를 지속적으로 사보타주하는 것에 대한 동기는 없다. 그 밖에, 권위와 책임의 통일성은 책임이 있는 사람이 그 결과에 대해서는 말할 것도 없고 모든 실수에 대해서도 책임지지 않아도 된다는 것에 기반했다. 위기상황을 제외하면 그 지위를 통해 보호받은 것이다. 그에 대한 반대를 커뮤니케이션할 수 없었고, 면전에서 상호작용하는 상황에서는 어쨌든 그랬다.

이미 제시한 사회구조적인 조건들하에서 권위와 책임 간의 이러한 커뮤니케이션적인 통일성은 붕괴되었다. 그러한 통일성은 (당연한 것으로 전제된) 신분질서의 해체와 무엇보다도 보편주의와 특수화 간의 긴장으로 붕괴되었다. 공식 조직에서 이는 어렵게 그리고 깨어지기 쉽게 재구성되었다. 사회의 권위원천이 요구되어야 하는 한, 이는 더이상 성공할 수 없다. 나이도 출생지위도 도움이 되지 않는다. 그 대신 우리의 주제에 있어서는 무지의 커뮤니케이션(조직 안에서는 비권한의 커뮤니케이션)이 정당화된다가 중요한 테제가 된다.

그래서, 결론적으로 사회가 대표/재현 그래서 권위를 탈정당화하는 것은 충분하지 않다. 달리 말하면, 비판과 저항을 자유롭게 하는 것은 충분하지 않다. 더구나 사회는 무지의 커뮤니케이션을 지속시킬 수 있어야 한다. 그러나 불확실성흡수가 기능해야 한다면 어떻게 이 기능을 다른 방식으로 충족시킬 수 있는가? 불확실성에 대한 관용으로? 그리고 커뮤니케이션이 점점 더 수신인의 불확실성을 증가시키며 전개될 때, 어떤 사회적 형식을 제시할 수 있는가?

이런 질문은—사회에 의해 가능한 조직체계의 경우와 마찬가지로 사회체계의 경우에도—작동상 폐쇄된 체계를 다루는 것으로 시작할 때, 폭발력을 획득한다. 커뮤니케이션에서 출현하는 모든 문제들은 오직 커뮤니케이션을 통해서만 계속 다루어질 수 있고, 그에 대해서 같은 것이 타당한 다음 문제로 전환될 수 있다. 괴델에도 불구하고, 외부의 자원들은 존재하지 않는다. 단지 내부의 문제를(논리의 문제와 같은) 외부화를 통해 내부적으로 '해결할 수' 있는 가능성만이 있을 뿐이지만, 외부화 자체가 문제로 되는 결과가 될 수 있다.[28] 따라서 권위는 언제나 어떻게든 지속하는 커뮤니케이션의 체계내적인 부가생산물이다. 그러한 참고(가령, 귀족이나 나이에 대한 참고와 같은)를 내부로 옮길 수 있을 경우에 권위는 어느 정도까지는 외부의 출처를 '동원한다'. 예를 들어 현명한 자의 삶의 영위 또는 눈에 띄는 커뮤니케이션 방식이 그것을 그 자체로 증명할 때, 권위는 '현명함'을 형성할 수 있다.[29]

그러나 용이하게 수용할 수 있었던 그러한 커뮤니케이션의 타자지시는 적어도 17세기 이후에는 어려움에 봉착했다. 현명한 자는 우습게 비춰지는 것에서 스스로를 보호해야 하고, 그렇게 커뮤니케이션을 성찰해야 한다. 귀족은 잠시 동안은 귀족적일 수 있지만, 더이상 커뮤니케이션에서 자유롭게 그럴 수는 없다.[30] 마지막으로 나이든 사람은 너무 많아서 연금으로 그들을 부양하는 것은 근심을 유발하지만, 연금생활자는 어떤 권위도 없다.

그러한 변화를 설명하기 위해서 사회구조적인 변화에 주목할 수 있다. 그 설명을 위해 제시된 이론과 마찬가지로 그 현상 역시 전적으로 어떤 커뮤니케이션 가능성을 열거나 닫는지에 따라 그 의미를 갖는 사회 내부적인 생산물이고 그렇게 남는다. 다시 반복하자면 문제는 사회가 스스로 발생된 권위의 박탈 및 폭넓게 작용하는 무지의 커뮤니케이션에 어떻게 대처하는가에 있다.

V

무지의 커뮤니케이션은 책임으로부터 자유롭다.[31] 지식을 커뮤니케이션하는 자는 불확실성을 흡수하고, 그 결과 그에 따른 자신의 지식이 진리이고 비진리가 아니라는 책임을 져야 한다. 무지를 커뮤니케이션하는 자는 그에 따른 책임을 면제받는다. 지식의 원천으로 되돌아가서 세심하게 정보를 획득하거나 연구할 수도 있을 것이다. 그러나 이는 그 과정을 따르는 자가 무엇을 알아야 하는지를 이미 알 때에만 의미를 갖는다. 마찬가지로 불필요한 것으로 보이지 않으려면, 연구과제 또는 정보과제는 무작정 주어지고 지식의 곤경과 불확실성흡수의 필요만을 표현하는 것처럼 정식화된다. 즉, 이는 무지의 커뮤니케이션이라는 일반적인 표제하에 일어나는 것이다.

오늘날 사회가 그러한 재귀적인 무지의 커뮤니케이션 네트워크를 어떻게 다루는지 이해하기 위해서 살펴보면, 그 문제가 윤리적인 문제로 정식화된다는 점이 눈에 띈다. 그렇게 인지적인 맥락에서 규범적인 맥락으로 문제가 이동한다. 각자에게 고유한 무지를 전달하고 동시에 다른 이가 알고 있다고 주장하는 것을 폭로할 수 있을 때, 커뮤니케이션의 총합으로 무지가 남는다는 것이 받아들여지지 않고, 그 대신에 결과에 대한 책임을 질 것이 요구되는 것이다. 더욱 거리를 두고 보면 이는 매우 주목할 만한 의미론적인 조작이다. 필요에서는 어떠한 덕도 생기지 않지만, 다른 이들의 덕에 호소하는 것이다. 운명, 그것은 타자들이다.*

거리의 확보를 위해서는 여기서도 마찬가지로 역사적인 비교가 도움이 된다. 이는 오늘날에도 기꺼이 윤리적-정치적 시민사회를 반복적으로 꿈꾸는 것과 같은 구유럽적인 윤리와 아무 상관이 없다. 구유럽적인 윤리는 17세기, 늦어도 18세기에 끝났다.[32] 그와 동시에 철학과 수사 간(또는 역사기술과 포에지)의 커뮤니케이션상의 경쟁도 끝났는데, 이 둘의 경쟁은 참/거짓-도식을 부과했고, 그 때문에 어째서 수사와 포에지가 은폐되거나 속이 들여다보이는 기만으로 작업해야 했는지를 정당화하기 위해 커뮤니케이션 문제를 이용해야 했다.[33] 그때는 문제가 증폭되었다면, 우리는 이를 앞서 언급한 불확실성흡수 개념으로 대체한다. 그러나 이러한 커뮤니케이션 전제를 갖는 세계는 모든 점에서 시대에 뒤떨어진다. 그에 관해서는 그 어떤 것도 오늘날 직접적으로 중요하지 않으며 따라서 이를 재현재화하려는 모든 시도는 보상적인 기능을 한다는 혐의를 받는다.

* 루만은 통일성 안에서 통일성에 반해 경계를 설정하는 '항의운동'에 대해, "반성하지 않은 채 자신을 더 나은 자로 여기는" 효과를 수반한다고 지적한다. 즉, 항의운동들은 관찰자로서 자신을 더 나은 자로 여기면서, 자신에 대한 반성 대신 타자들의 잘못을 지적하는 방식으로 작업한다는 것이다. 이런 사태에 대해 루만은 "사회의 운명은 불가해한 신의 의지에 있지 않다. 사회의 운명, 그것은 타자들이다"라고 말한다. 니클라스 루만, 『사회의 사회』 2, 968~969쪽.

윤리에서는 이러한 변화가 18세기 후반의 사회의 변화에 적응하는 것으로 표현되었다. 행동학은 도덕적 판단을 정초하는 이론이 되었다. 좋은 매너와의 연관 및 그에 따른 17세기에 여전히 중요한 행동의 아름다운 모습과의 연관은 상실되었고 그렇게 사회적인 계층과의 연관 역시 상실되었다. 윤리와 미학은 서로 분리되었고 다시 두 분과는 신학, 법학, 정치적 수사 또는 거래에 대한 고전적인 전문지식인 '사려 깊음'과도 분리되었다.* 기능적 분화를 통해서 조건화된 기능체계들의 자율성 요구가 영향을 끼친 것

* '사려 깊음'은 인간과 동물을 구별하는 시간적인 계기이다. 즉, "인간만이 사태를 과거와 미래에 비추어, 경험과 기대에 비추어 고찰하며, 그래서 현재의 것을 일정한 거리를 가지고 다룰 능력이 있다"고 할 수 있다. 이처럼 비현재적인 것을 현재화하는 잠재력 때문에 키케로는 엄격하게 제한해서 사용할 것을 제안했다. 그러나 이러한 고전적인 관점은 18세기 들어 기능적인 체계분화가 진행되면서 시간화의 압박 속에 놓인다. '확실성 탐침Sicherheitssonde'인 시간은 체계의 구조에 따른 선택적인 관계화 능력으로 더욱 복잡해지고 추상화된다. 복잡성을 증가시키면서 기능적으로 분화하는 체계는 시간을 고유하게 사용하면서 시간화되며 요소들을 시간적인 순서에 따라 결합시키는 선택적인 질서를 구축하는 것이다. 루만은 이를 '복잡성의 시간화'라고 하며, 이런 사회구조적인 맥락에서 '사려 깊음' 의미론의 역사적인 의미를 확인할 수 있다. 니클라스 루만, 『사회적 체계들』, 154쪽 및 601~602쪽 참고. 예를 들어, '사려 깊음'이라는 의미론은 정치의 자율성의 맥락에서 결정될 수도, 회피될 수도 있고, 결정 이후 멀리 내다보지 않는 결정들을 매번 바라보는 합리성이자, 그런 '순간'을 위해 고안된 장치로서 '국가이성'이라는 주제와 연관된다. "근대 초기 용어학에서 '신중함Prudentia(분별, 신중)'은 현재 시점에 중요하다는 점에서, 과거와 미래에 대한 지식입니다. 그러나 이 지식은 바로 국가이성의 영역에서 언제나 새로운 현상들, 의외성들, 정치적인 변경들에 맞추어나가야 합니다. 마키아벨리의 『군주론』은 새로운 제후들에 관한 가르침입니다. 그것은 고결한 제후들이 아니라, 자신의 영지를 정리하고 안정시키고자 하며 이때 새로운 제후로서 자신의 지위를 유지하기 위해 가능한 모든 속임수를 활용해야 하는 새로운 제후들에 관한 가르침입니다. 그것은 도덕적으로 흠 없는 제후들의 특성에 관한 것이 아닙니다." 니클라스 루만, 『사회이론 입문』, 295~296쪽. '사려 깊음' 또는 '분별Prudentien'이 마키아벨리의 정치이론에서 갖는 의미에 대해서는 다음을 참고. 곽차섭, 『마키아벨리의 꿈』, 길, 2020. 특히 제4장 및 제7장 참고.

이다. 이런 변화는 사회학적으로 비가역적인 것으로 평가되어야 하며, 그에 따라 기능적 분화가 약속했던 것을 이행하지 못하고 더이상 진보에 대해서 말할 수 없을지라도 그러하다. 모든 의미에서 '방향상실'을 기록할 수 있고[34] 앞서 말한 무지의 커뮤니케이션 가능성과 관계가 있다면, 더이상 필연성과 불가능성의 고정된 우주적인 구조물에 결부되어 있는 사유세계로 되돌아갈 수 없다.

같은 토대에서 도덕적 판단을 근거짓는 윤리는 그 고유한 문제, 특히 근거를 근거짓는다는 문제를 제기한다. 그에 대해서는 오늘날 '절차화'라는 (완전히 '시민적인') 표어가 제기된다. 이는 이차 등급 관찰이라는 결과를 야기한다. 무엇이 좋은 토대인지 더이상 알지 못하더라도, 적어도 좋은 토대가 좋은 토대인지, 즉 (그것에 특화된) 커뮤니케이션 자체에서 어떻게 증명할 수 있는지에 대해서는 적어도 말할 수 있기를 원할 것이다.

그것을 위해 특별하게 준비된 유형의 커뮤니케이션이 매체의 가능성을 일정한 시간 동안 구속하는 형식이 기입될 수 있는 매체로서 준비되어 있다. 19세기 중반 이후 그 연관점은 '가치'로 불린다. 그에 상응하여 실질적인 가치윤리가 선언되었다. 철학분과에서는 더이상 설득력이 없게 된지 오래되었지만, 가치가 갈등하는 경우처럼 매우 흥미로운 경우에 가치를 확정하는 것과 가치를 확정하지 않는 것 간의 독특한 결합이라는 커뮤니케이션의 특수한 장점에 기여하는 것이 분명하기 때문에, 가치지향은 사회의 커뮤니케이션에서 파괴되지 않고 지배한다. 그러나 무엇보다도 가치(=선호)에 대한 (의미론적으로 결코 자명하지 않은) 규범적인 이해는 타자들의 행동에 대한 지속적인 실망에 직면해서도 견지될 수 있는 도덕적인 요구를 윤리로 정식화한다.

분명히 이런 식의 가치의 윤리화가 요구하는 것은 강한 지향이다. 그에 대해서는 기술技術의 결과와 생태학적인 문제가 지난 몇십 년간 주요한 역할을 했다. 이 문제들을 초래하는 원인을 고려하지 않고는 처리할 수 없을 뿐 아니라, 제안할 수 있는 모든 변화는 매우 사소해 보인다. 그러나 그 결과 역시 수용할 수는 없는 것이다. 그리고 실제로 문제가 되는 경우, 지가 무지로 되어버린다(관료가 권한이 없는 상태로 되는 것처럼)는 점이 더해지면 곤란함은 명백하다.

따라서 저널리즘에서 큰 성공을 거둔 한스 요나스는 필요로부터 덕에 대한 호소를 할 수 있었다.[35] 메시지는 다음과 같다. 기술적으로든 다른 식으로든 초래된 결과에 대해서 우리는 책임을 져야 한다는 것이다. 우선 이에 반대해서 말할 수 있는 것이 없다. 그러나 결과를 초래한(또는 행위를 감행한) 사람이 자신이 초래한 결과를 알지 못하고 또 알 수 없을 때 그리고 그렇다고 말할 수 있는 것이 허용될 때, 딜레마는 명백하다. 행위하지 않거나(그러나 그 경우 누가 그러한 단념의 결과에 대한 책임을 질 것인가?) 알 수 없는 상태에 빠지게 되는 것이다. 우리는 받아들일 수 있는 위험의식의 세계에 있으며 적어도 지금까지 윤리는 그에 대해서 어떠한 기준도 제공하지 못했다.[36] 니콜라스 레셔는 다음처럼 말한다. "도덕적으로 말해서, 실행자는 다른 이를 위해서가 아니라 '자기 자신의 고려에 따라 계산된 위험을 감수한다는' 것에 부여된 이름이다."[37] 그러나 그것은 (동의하지 않은) 다른 이에게 피해를 주지 않는다는 전제하에 자유롭게 자기이익을 추구하는 오래된 자유주의 이론의 반복일 뿐이다. 오늘날 알고 있는 그러한 원칙의 적용범위는 사라지는 경향이 있다. 이는 윤리는 윤리적으로 허용되지 않는 금지약물을 복용하고 있다고 한번 더 말하는 것이다.

거대한 세계정치적인 제스처[38]에서부터 합리적 선택 문제라는 섬세한 분석에 이르기까지 언제나 목적합리적인 행위에 기반한다. 다른 경우라면 생기지 않았을 상태에 도달하기 위해서 행위가 투입된다. 그것이 벌어졌다는 것, 대규모로 벌어졌다는 것 그리고 성공적으로 그리되었다는 것은 전혀 논쟁거리가 아니다. 물론 전체적으로 보았을 때 걱정을 초래할지라도 사회를 행위로 설명하는 것이 문제가 아니다. 그럼에도 불구하고, 어떻게 행위가 커뮤니케이션되는지 그리고 동시에 무지에 대한 커뮤니케이션 가능성이 증가할 때, 어떻게 행위의 의미론이 설득력을 가질 수 있는지 물을 수 있다.

행위이론은 행위의 수단/목적/비용 복합체와 그 예측할 수 없는 결과를 구별하면서 자신을 변호한다. 그러나 그러한 구별은 낡은 것이다.[39] 이는 사회학에서 누구보다도 머튼을 통해서 발견되고 갱신되었다.[40] 구별 자체에 무지에 대한 용인이 있다. 무지가 행위의 가장 중요한 자원이 되는 지점까지 지와 무지의 관계를 변화시킬 수 있는 조건이 있는가 하는 것이 문제다.[41] "인간이 행위할 수 있는 것은 그가 무지할 수 있고 인간에게 특별한 기이함인 이 앎의 일부만으로도 만족할 수 있기 때문이다."[42]

예견한 행위결과와 예견하지 않은 행위결과 간의 관계는 행위할 때 어림잡게 되는 시간지평에 의존하는 것으로 보인다. 더욱더 미래를 바라볼수록 예견하지 않은 결과의 우세가 더 개연적이다. 관련된 미래지평의 폭이 그 자체로 하나의 변수다. 한편으로는 오늘날 사회에서 구조는 이전보다 더욱 빨리 변한다.[43] 다른 한편으로는 미래를 진단할 수 없는 한계는 보다 더 현재에 가깝게 근접한다. 따라서 무지의 중요성은 시간적으로도, 사실적으로도 행위와 관련해서 기획되는 지평에서 증가한다. 그러나 그 이후에 무엇이 될지 알지 못하면서 어떻게 상대에게 자신의 행위를 납득시킬 수 있는가?

이런 상황에서 행위이론(조정이론을 포함하여)은 그런 경향에 대항하고자 하는 하나의 선언으로 작용한다. 행위능력이 없다면 사회는 곧 사라질 것이다가 그 중요한 주장이다. 그러나 1960년대에 이미 그런 것처럼, 목적설정에 따라 예견한 결과와 예견하지 못한 결과 간의 구별이 그 문제를 파악하기 위해서 이론적으로 충분한 것인가라고 물을 수 있다.[44] 그러한 구별은 일차 등급 관찰자, 즉 행위자의 관점을 복제할 뿐이고, 합리성에 관심을 가지라고 조언한다. 윤리적인 명령의 형식을 갖는 또다른 제약들 역시 그에 추가될 수 있다. 문제는 행위자가 관찰된다는 것, 모든 기능체계들이 이차 등급 관찰의 층위에서 작동하며, 지/무지의 구별을 위해서 사회에서 포괄적으로 수용되는(예를 들면 종교적인) 어떠한 위치도 더이상 없다는 것을 추가로 고려할 때 그것이 충분한가에 있다.

VI

근대적인 조건하에서는 실제로 개연적인 것 또는 비개연적인 것의 양상, 즉 허구적으로 보장된 현실(허구를 통해서 증폭된)의 양상으로만 미래에 대해서 말할 수 있다. 그에 따라 미래의 현재들은 현재의 미래가 나타내는 것과 다를 수 있으며, 미래와 관련될 때 개연성 또는 비개연성에 대해 다루는 것만으로도 이러한 분리가 나타난다. 확실하다고 주장하는 자는 어떤 경우에도 그 확실성이 해체되면서, 믿어주는 동료들로부터만 보호를 기대할 수 있다. 각각의 이해를 근거짓는 대다수의 판단은 그때그때 변할 수 있는 것이다. 대규모로 기능하는 이해가 있지만, 이러한 이해가 (또는 적어도 그것들 중 몇몇은) 모든 미래에 타당할 것이라고 보장할 수 있는 선험적으로 주어진 어떠한 토대도 없다.[45]

자기책임의 전체 영역은 이러한 사태에서 침해받지 않은 채 남겨져 있는 것으로 보인다. 약속한 것은 준수되어야 한다. 고대 로마의 신의fides 는 언제나 타당하다. 확신이 무지의 바다에서 헤엄칠지라도, 적어도 계약에 관해서는 확신이 창출될 수 있다는 것을 기대할 수 있었다. 식별할 수 있는 사기와 은폐된 사기를 구별하고자 복잡하게 짜여 있는 로마 계약법은[46] 언제나 그렇듯이 타당하며 문제에 봉착한 '쌍무적인' 구속의 처분을 규정했다. 그럼에도 불구하고 과거 세계의 위대한 문명적인 발명인 이러한 계약기술이 미래의 불확실성을 현재에 보장되는 확실성으로 전환하는 사회적인 형식을 오늘날에는 어느 정도 제공하는가를 물어야 한다.

새로운 시대로서 근대는 인간 행동의 자연적인 질서에서 신뢰의 붕괴로 발생한 불확실성을 제거하기 위해 새롭게 사회계약의 형상에 기대었다. 물론 여기에는 인지적인 보장에서 규범적인 보장으로의 이행이 있다. 그러나 그것은 기껏해야 홉스에서 루소까지의 100년 동안 통용되었을 뿐이다. 계약의 자유를 만개시킨 자유주의는 이미 다른 입장을 취했다. 즉 자유주의는 개인, 자유, 평등 그리고 계약이라는 의미론으로 과거의 질서를 무너뜨렸지만, 새로운 질서는 자신을 내버려두려 한다. 사회는 폭력이나 역사에 근거하게 된다. 사회는 자신이 창출하는 것에 의존하는 것이다. 기원은 더이상 흥미가 없으며, 기회는 미래에 놓인다. 그러나 이를 위해서는 구속도구로서 계약이 사회에 불가피해 보인다. 계약이 자유와 평등의 토대에서만 생겨나는 것이라면, 구속(비자유)과 불평등 산출이 허용되어야 하는 인간들 상호 간의 관계에 문제가 있다.

자연법을 포기한 이래로 법기술적이지만 또한 경제적으로도 불가피한 계약의 형상은 자기 자신을 계약이 초래하는 결과로 개념화하지 않으면서, 법과 그에 따른 계약의 자유를 구성하는 법적-정치적 헌법 이념에서 자신의 보장을 찾았다(그것은 이의 제기, 취소, 저항권 등과 같은 잘 알려진 문제들을 겪지 않기 위해 아주 신중하게 회피되어왔다. 자기 자신에게 헌법을 '부과'하는 '인민'의 당혹스러운 구성이 그 출구로 제시되었다). 이 모두와 더불어, 여전히 확실성을 보장하기 위해 변화될 수 있는 타당한 규범으로 되돌아간다. 동시에 예술에 대한 반성은 그것이 텍스트이든, 조형예술이든, 무대공연이든 간에 지각으로 되돌아간다. '취향'에 대한 논쟁적인 판단들 이후, 예술에 대한 이론은 '미학'으로 새롭게 근거지어졌다.[47] 이처럼 법과 예술에 대해 논쟁의 여지가 있는 개인의 타당성요구는 이해관계 또는 감수성으로 인정되었고, 동시에 자유주의적인 '무관심의 시학'[48]으로 중립화되었다. 그리고 이 둘은 (근대) 사회에 대한 어떠한 확실한 지식도 필요로 하지 않는다. 지식이 필요로 하는 방향은 '근대(즉 헌정주의적인) 국가'와 반성미학에서 찾을 수 있다. 그와 달리, 사회는 경제로 개념화된다.

하지만 계약은 어떠한 포괄적인 확실성도 제공하지 않으며, 개인의 경우에도 마찬가지다. 어떤 식으로든 무기한의 그리고 해약할 수 없는 계약은 법에 의해 인정되지 않으며, 그 외에도 계약은 요구의 충족이 아니라 요구만을 보장할 따름이다. 예술 역시 지각에 있을 수 있는 확실성 약속을 새로운 예술작품만 예술작품으로 인정하는 것을 통해서만 사보타지한다. 규범화 또는 예술적으로 가공된 지각에 확실성 등가가 있을 수 있는가라는 질문이 이미 독자를 당황스럽게 했을지 모른다. 비록 지식이 자기 자신을 평가절하하고 더 많은 지식은 필연적으로 더 많은 무지로 이끈다 하더라도, 지식은 이런 식으로 대체될 수 없다.

그러나 무엇보다도 이러한 논의의 전체적인 토대는 더이상 다른 개인이 사회의 불확실성의 주요한 원천이 아니라, 사회체계가 진화하는 생태학적인 맥락이 그 원천이라는 사실과 관계된다. 이제 추가적으로 모든 사회적 형식들은 사회의 커뮤니케이션이 사회의 환경과 그에 따라 사회의 커뮤니케이션의 지속 가능성에 간접적으로 어떤 영향을 끼칠지 알 수 없다(적어도 충분하지는 않은)는 불확실성의 부담을 갖게 되었다. 계약은 그에 대한 보장이 될 수 없다. 언제나 그런 것처럼 사기, 오류 또는 예방하고

자 하는 다른 이의 의견변화가 문제다. 또한 언제나 그런 것처럼 사회체계의 인간환경에 기인하는 불확실성이 문제다. 또한 이러한 관계에는 고전적인 사회적 테크닉(예를 들면 세대들 간의 관계)을 기대할 수 있는지 의심하게 되는 변화가 있다. 그 밖에 사회 생태학의 상호의존으로부터 초래되고 지금까지 알려지지 않은 것들을 사회가 염두에 두어야 한다고 강제하는 다른 문제들이 더 있다.

그에 대해서 사회의 커뮤니케이션은 놀라울 정도로 빨리 그리고 놀라울 정도로 성공적으로 주제들을 형성한다. 그러나 무엇보다도 행동이 변화하거나 변화하지 않을 때, 무슨 일이 생길지 알지 못한다는 것만이 주제화에 대해서 알려졌을 뿐이다. 무지는 테마 주위로 결정화된다. 따라서 이 답변은 무지를 사회적으로 처리하는 우리의 문제로 되돌아오며, 동시에 생태학적인 문제를 드러내고 주제화하는 것에 어떠한 이득이 있는가라는 물음을 제기한다. 오히려 그 이득은 주로 어떤 식으로든 활동적인 사회의 불확실성에 있을지 모른다.

지식 없이 어떻게 질서가 생기는가 하는 것은 그동안 모방 개념으로 해명되었다. 이에 대해서는 가브리엘 타르드가 결정적인 고전이며, 르네 지라르는 오늘날 가장 독보적인 저자다.* 이에 상

* 흥미롭게도 루만은 모방이론을 모방하려는 이들과의 동일성을 추구한다는 의미에서 동일성 이론이 아니라, '차이 이론'의 맥락에서 검토한다. "타르드는 모방 이론을 구상해 사회성의 확산과 정착이 모방을 통해 이루어진다고 생각했고, 이와 관련해 통일성이 아니라 차이를 갖고 이론을 구성했다. 왜냐하면 누군가를 모방하려면 모방할 누군가 다른 사람이 있어야 하기 때문이다. 자기 스스로를 지속적으로 모방할 수는 없는 일이다. ……하지만 그렇게 하려면 자기 자신을 어떤 다른 사람으로 상정하고, ……즉 어떠한 경우든 차이가 전제되어야 하고, 1890년에 출간된 타르드의 책 『모방의 법칙』에서는 바로 이 점을 원칙적인 사회 이론으로 구성했다. 오늘날에는 지라르가 타르드와 비슷한 생각을 펼치고 있다. ……지라르 역시 모방과 관련된 갈등을 출발점으로 삼는다. 즉 모방하는 사람은 모방하고자 하는 대상과 갈등에 빠진다는 것이다." 니클라스 루만, 『체계이론 입문』, 89~90쪽.

응하여 경제 이론에서도 모방을 통해서 결정불가능성이 결정가능성으로 전환된다는 고찰이 있다.[49] 질문은 다음과 같다. 누가 또는 무엇이 모방되는가? 이에 대해서는 우선 권위나 사회적 지위를 생각하게 되지만, 그것으로 이론은 다시 구질서를 지시하게 될 것이다. 어떻게 이러한 비공식적인 위치가 채워지는가에 대해서는 남겨둔 채, 대중매체 연구는 '게이트-키퍼'에 대해 말한다. 유행 현상에 대한 분석은 그보다 좀더 나아간다. 계층에 대한 가정에서 분리된다면, 모방에 대한 성찰이라는 고유한 현상이 남는다. 비모방(즉 이탈)이 모방에 대해 숙고하고 모방될 때, 유행이 생긴다. 오늘날 옷의 유행뿐 아니라 지성에서의 유행, 예술의 스타일의 유행 또는 Post-, Neo-, Bio-, Öko- 등과 같은 접두사로 제시되는 모든 경우처럼, 유행의 변화가 빠른 경우 모방과 비모방이 동시적이라는 것을 고려해야 한다(또는 유행에 따르자면, 모방과 비모방이 동시에 알려진다). 유행에 의존적인 커뮤니케이션은 이제 주제변화, 복잡성의 시간화, 커뮤니케이션의 민감성의 증가를 위한 매체가 된다.* 그리고 그런 환경에서 모든 개별 인간은 유행에 보조를 맞출 수 있기 위해서 너무 오래 그리고 너무 천천히 살고 있다는 것을 깨닫는다.[50] 태도와 선호, 이야기할 만한 전기와 함께할 때 유행에 뒤처지게 된다. 침묵하는 것 자체도 이미 오랫동안 더이상 아무에게도 흥미를 유발하지 않으며, 다른 한편 말하는 것은 갑자기 당혹스럽게 작용한다(오늘날 '검둥이'라고 말하는 경우가 그런 것처럼). 스타일은 유행에서 벗어난 것 그리고 알아볼 수 있게 자신을 분리하는 것에 있다. 유행이 단지 유행일 뿐이라는 것을 표시하는 것에 스타일이 있는 것이다. 그러나

* "유행의 발견(유행la mode은 양식le mode과 달리 시간적으로 제한된 의미를 띤다)은 형식들의 지속적인 타당성을, 그리고 그와 함께 또한 인간의 위계하 가능성을 무너뜨린다. 시간적 상황에 따른 능숙함이 위치보다 더 중요해진다." 니클라스 루만, 『사회의 사회』 2, 1223쪽.

이것조차도 변화와 비모방을 모방하는 지배적인 경향 또는 모방의 비모방을 가능하게 하는 하나의 형식일 뿐이다.[51]

선택수용과 불확실성흡수을 위해 커뮤니케이션에 필요한 준비는 이런 상황에서 더이상 심적인 능력들의 결합 형식을 취할 수 없다. 그것이 '동의'를 의미하는 것이라면, 동의는 가능하지도 않고 의미도 없다. 그러면 곧 다음의 질문이 제기될 것이다. 어떻게 그것을 제거할 수 있으며, 희생자는 얼마나 고통스러울 것인가? 관여하지 않지만, 어떤 조건하에서 타당하고 어떤 변화가 '관계된 일의 토대'에 영향을 끼치는지를 특화하는 상호이해에 커뮤니케이션은 만족해야 한다. 분별을 실천하는 사회적 스타일이 이에 해당하며, 이해해야 하는 누군가의 자기 확신을 단념하게 하거나 개종시키고 어떤 식으로든 변화시키려고 하지 않는다.[52] 아무튼, 참석자는 자기 자신으로서 참석한 것이 아니라 기능인, 사신, 대리자로 행위하며, 이해되는 자가 상호이해로 이해되고 있는지에 대해서만 염려할 뿐이다. 이해관계가 상호대립할 때에는 휴전만이 중요하다. 아무도 다른 이의 동의를 강제하는 지식을 처리할 수 없기 때문에, 그에 대해서 이해에 도달할 수 있는 의제와 지점이 중요하다. 순간의 정보상태에 근거한 커뮤니케이션의 과정화와 그다음 정보가 수정을 유발한다는 것을 나타내는 진단의 과정화가 중요하다.

무엇보다도 도덕화를 단념하는 것, 즉 자기존중과 타자존중의 조건을 커뮤니케이션 안에 포함시키지 않는 것이 이해에 유리하게 될 것이다.[53] '존중'은 언제나 사회 안에서 인물의 도덕적 포함에 대한 지표이며, 그에 따라 존중이 거절될 때는 배제의 지표가 된다. 이는 개별적인 태도나 행위가 실제로 그러한 지표의 가치를 가질 수 있다는 것을 전제한다. 근대사회에서 이것 자체는 원리적으로 배제되어서는 안 되며, 오히려 그에 대한 일반적인 이해가 점점 더 어려워진다는 것에서 시작할 수 있다. 상호이해를 위한 커뮤니케이션에서는 더욱더 도덕을 절제할 필요가 있고, 커뮤니케이션을 중단시키고자 할 때 도덕을 끌어들이게 된다. 포함/배제의 도식은 도덕적인 커뮤니케이션으로 현재화된다. 상호이해를 추구하거나 그것이 가능하다고 여기는 한, 포함에서 시작해야 한다. 그러나 우선 이런 대안으로 커뮤니케이션에 부담을 지우지 않는 것이 목적에 부합한다.

오늘날 이러한 경계는 명확하지 않다. 이는 또한 인지적이고 도덕적인 질문이 종종 섞이고, 개연적인 것 또는 비개연적인 것에 관한 의견이 도덕적인 의무처럼 다루어진다는 것을 말한다. 도덕적으로 더 좋은 의견은 그 고유한 논증으로 입증되기 때문에, 무지의 명증성에 반해서 도덕으로 면역된다. 중대한 사건이 벌어지는지 언제 그런지 그리고 그 결과가 무엇일지 모른다는 것을 알고 있음에도, 산업투자는 '안전'하다고 주장되기도 하고 다른 이들에 의해 안전하지 않은 것으로 기술되기도 한다. 원자력 에너지생산에 대한 태도는 '도덕적으로 자명한 것'이 되며, 그에 따라 이 질문을 제기한 자는 이해능력이 없다는 표시가 된다.[54] 도덕은 커뮤니케이션에서 과장을 강제하고, 과장은 상호이해를 성급하게 가망 없는 것으로 간주한다. '그들이' 사물에 대한 우리의 시각을 받아들이게는 할 수 없기 때문에, "그들과는 말할 수 없어"라고 말하는 것이다.

따라서 상호이해를 목적으로 하는 커뮤니케이션은 우선 불확실성을 증가시켜야 하고 무지라는 공통의 지를 육성해야 한다. 무지가 풍부하게 있기 때문에, 이것이 특히 어려운 것으로 되어서는 안 된다.

VII

여하튼 이번 세기의 마지막에 남은 것은 문화로 보인다. 문화 개념은 모든 이질성을 포괄하는 데 적합해 보인다. 이 개념이 의미한 것, 그것이 포함하고 그것이 배제한 것은 언제나 명료하지 않았고 논쟁적이었다. 문화 인류학자들은 사회 인류학자들과는 다른 주제를 강조하는 것으로 보인다. 파슨스의 일반 행위이론에서도 그에 상응하는 구별이 있는데, 이는 사회적 의미관련과 문화적인 의미관련이 없다면 어떤 행위도 생길 수 없다는 것을 명확히 해야 하는 분석적인 중요성으로 귀결될 뿐이다. 18세기 후반 이래로 문화 개념은 재귀적인 구성요소를 수반했다. 적용할 때마다 그 개념은 다른 문화 역시 있을 수 있다는 것을 의미했다. 그에 따라 한편으로는 다양한 문화들, 다른 한편으로는 비문화와의 관계 속에서 문화가 의미하는 것이라는 이중의 구별이 실행되었다. 그에 대해서는 과거 세계의 다민족의식 또는 문화와 문명, 문화와 자연 또는 문화와 기술을 구별할 수 있는 가능성과 같은 그간 소진된 은밀한 도움이 있었다. 문화 개념은 분할을 근거지을 수 있고 동시에 반대개념의 다양성을 통해서 그 개념이 실제 의미하는 것의 여지를 남길 수 있었다.

19세기 후반 이래로 주목할 만한 확장, 즉 아래로의 확장이라는 두번째 물결이 일어났다. 문화로부터 더 아래에도 역시 문화들이 있다는 것이 발견되었다. 토착문화에 대해서는 이미 오래전에 말했었다. 노동자 문화에 대한 관심도 그에 추가할 수 있다(문화를 갖고 있다 하더라도 그것은 그렇게 급진적이지 않을 수 있고, 그렇게 나쁘지 않을 수 있다). 오늘날에는 약물문화와 그와 유사한 것들이 있다.[55] 그 개념의 기능적인 추상은 더이상 아래를 향한 어떠한 경계도 허락하지 않으며 그에 따라 광고에서만이 아니라 육체문화도 말한다.

아래로의 편향을 동기화하는 것처럼 보이지만, 그 개념에는 위를 향한 시선이 남아 있다. 문화개념은 포마드처럼 개인적인 취향이더라도 '더 좋은' 어떤 것을 약속하는 것이다. 부르디외가 많은 사례들로 설명한 것처럼, 그것은 구별의 정당화를 수행한다. 문화는 적어도 최근까지는 중산층의 개념이었고, 또 지금도 그러하다. 그러나 위계적인 함축에 따른 이러한 내재적인 제약은 해체중이다. 그러한 제약은 점점 더 잊혀가는 전형적인 삶의 경로나 제한된 환경과 같은 표준화를 전제한다. 통상적인 의미에서 문화는 놀라게 할 수 있어야 한다. 문화는 그 경계를 넘으려는 요구와 마찬가지로, 이러한 '그것도 아니고/저것도 아닌'–경험에서 그 경계를 확인한다. 문화는 개인의 문화로 개념화되지만, 이는 그에 상응하여 개인은 자신을 조탁해야 한다는 것 역시 함축한다.

사회적 질서와 상호적인 기대가능성이 가능하다면, 개인의 문화를 완전히 파괴할 수 없을 것이다. 그러나 그 경향은 자기 자신에 대해서 자기 자신과 관계하는 '프레임'의 개인화 방향에 있는 것으로 보인다.[56]

이런 의미에서 사람들은 기능상실과 같아질 때까지 정체성, 대안 정체성, 저항 정체성을 추구하며, 복잡한 사회가 어떤 식으로든 제공하는 모든 양식의 틈새 정체성 역시 추구한다.* 문화는 놀라게 하고 놀라움에 대한 저항이기만 한 것이 아니라, 자신이 초래한 놀라움의 충격을 다른 곳으로 옮긴다. 이런 전개방식의 정

* 이런 의미에서 정체성이 아닌 것을 통해서 정체성 규정을 시도하는 다음의 흥미로운 연구가 있다. 루만의 문제의식으로 하면 'A는 정체성이 아니다'라는 형식은 오늘날 '기능상실'에 이른 정체성의 형식에 다름아니다. 부정을 통해서만 정체성을 규정할 수 있는 한 정체성을 '특정Identifikation'할 수 없지만 그런 만큼 '(A 정체성이 아닌) B 정체성'의 형식의 새로운 정체성들이 계속 산출된다. 무질의 '특성 없는 남자'가 사회학적으로 중요한 이유들 중 하나가 여기에 있을 것이다. 나탈리 하이니히, 『정체성이 아닌 것』, 임지영 옮김, 산지니, 2021 및 로베르트 무질, 『특성 없는 남자』 1~3, 안병률 옮김, 북인더갭, 2021 참고.

당화는 공식적인 예술사업에서 관철되어왔고, 그런 만큼 의심할 것 없이 문화 역시 그러하다. 오늘날에는 길거리에서, 미적인 것에서 그리고 정치적인 것에서도 문화를 볼 수 있다.[57] 문화는 이를 충분히 의도적으로 행할 수 있다. 그리고 개별적인 자기-프레이밍으로 요구되고 달성되는 자유는 어떤 식으로든지 문화의 그런 시도가 전체적으로 사실이라는 것을 표현한다.

이미 매우 이론적인 숙고(자기-프레이밍?)를 통해서 관찰자와 세계 모두 관찰될 수 없는 상태임에도, 그 둘은 구별되고 지칭된 것을 통해서 분리된다고 주장한 바 있다. 문화는 그에 대한 적합한 도구인가? 또한 문화는 무지에 대한 벽을 쌓았는가? 그리고 더욱더 개인에 따라 프레임이 재단될 때에도 이렇게 말할 수 있고, 또 말해야 하는가?

마지막으로 가능한 개념으로 올라가보면, 체계와 환경 간의 구별이든, 지와 무지 간의 구별이든, 관찰자와 관찰된 것 간의 구별이든 관찰자가 사용하는 구별의 통일성에 대해 물을 때면 관찰자가 마주하게 되는 역설의 전개에 기여하는 모든 것이 문화다. 역설의 전개는 다음 작동을 가능하게 하는 동일성의 재진입이다. 역설은 그 편에서 보자면 문화의 하나의 양식, 즉 계산 장치라는 목적에 따라 역설을 전개하는 양식인 논리의 경계 바깥에 있기 때문에, 역설의 전개는 논리적으로 일어날 수 없다. 그에 대해서는 존재도 사유도 명확한 방향을 지정할 수 없다. 역설전개는 비약적으로만, 창조적으로만(이것을 자의적이라고 말해서는 안 된다) 일어날 수 있다. 그리고 문화는 역설전개형식이 안정적이고 매 순간 그럴듯한 동일성을 취할 수 있는 매체인 것으로 보인다. 문화는 역설전개를 위한 선택지들이 거래되는 거래소다.

많은 주목을 받은 분석에서 울리히 벡은 사회에서 촉발된 위험의 지각과 '새로운 개인주의' 간의 연관을 드러냈다.[58] 또한 '새로운 사회 운동'에서 새로운 것은 변화된 개인성의 상황에서 시작하거나, 이 운동이 대규모로 각자 자신을 위해서 개인적으로 정체성을 추구하는 바로 그 개인들에게 의존한다는 점에 있다고 할 수 있다. 헬무트 베어킹은 다음의 역설진단을 추가했다. "개인화는…… 실제로 역설적인 행동요구를 다루는 것을 배운다는 말이다. 왜냐하면 개인화는 주관적인 자유의 공간의 증가 그리고 전적인 시장의존, 주관화 그리고 표현행동의 표준화, 상승된 자기성찰성 그리고 압도적인 외부통제를 의미하기 때문이다."[59] 그리고 다음을 덧붙일 수 있다. 자기파괴적인 경향이 나타날지라도 그 다르다는 것에서 상대를 사랑하기, 또한 사랑이 치료로 변질되는 것을 막고 적어도 이 구별을 유지하기.

그 질문은 사회와 그 문화에 제기되어야 한다. 심리적 체계는 지금까지 안정적인 병리학 안에서 이례적으로 견고했고, 그 점은 생명의 유기적 체계에도 역시 타당하다. 또한 그에 대한 문화적인 기술, 예를 들면 병에 대한 형상이 있다. 그러나 근대사회는 은폐된 역설의 형식으로 개인에게 요구하는 정체성에 대한 근심을 창출하는데, 이는 중대할 뿐 아니라 근대사회의 생태학과 같은 층위에 있는 고유한 문제다. 달리 말하면 문제와 동기에 있어서 개인적으로 획득할 수 있어야 하는 문화적인 형식들이 있는 것이다. 생태학적인 질문에서 무지의 은폐가 그런 문제로 보인다. 이것에 마련된 동기는 이미 더이상 공식적인 기관들이 생각하는 그런 것이 아니다. 그것은 이런 저런 방식으로 사회 운동 또는 대중매체에서의 표현으로 공고해질 수 있는 걱정, 경고 그리고 저항의 동기들이다.

저항운동은 반드시 자신만의 지식을 주장하지 않는다. 저항운동은 무지가 조바심으로 급변하는 것에서 기인한다. 저항운동은 어떤 지식이더라도 너무 늦게 올 것이기 때문에 어쨌든 더이상은 고대할 수 없다는 지식으로 무지를 대체한다. 저항운동은 이렇게 성찰될 수 있다는 점에서 저항운동에 반대하는 모든 것을 능가한다. 그러나 바로 이것으로부터 무책임에 빠질 수 있는 미규정성이 산출된다. 다듬어진 불안을 말하기 위해서가 아니라, 목표를 추구하는 걱정의 문화가 이미 있다. 이것이 확신할 수 없는 상호이해의 문화로 귀결될 것인가는 지금으로서는 열려 있을 수밖에 없다.

VIII

지금까지의 논의로 이제 사회의 체계라는 층위에 도달했다. 그러나 생태학적인 문제들을 효과적으로 다룰 수 있다고 기대한다면, 우리 사회에서 이 기대의 주소는 조직이다. 추측하는 바와 같이 조직은 불확실성흡수라는 내적인 기술을 갖고 있다.[60] 조직은 알려지지 않은 사태를 '가공할 수 있는' 가능성에 특화되어 있으며, 그럴 수 있는 조직은 적어도 더 나은 생존기회를 갖는다.[61] 사회체계와 조직체계의 구별의 의미는 만약 그렇지 않았다면 할 수 없을 불확실성흡수를 사회는 조직의 설치를 통해서 할 수 있다는 데 있다.*

이에 대해 의심할 필요는 없지만, 알 수 없는 어떤 것을 조직이 어떻게 다룰 수 있는지 물어볼 수 있다. 이미 확립된 연구영역은 교육적이고 치료를 담당하는 조직, 즉 정상적인 경우 또는 병리적으로 정의되는 비정상적인 경우에 인물변화에 몰두하는 조직을 다룬다. 이에 대해 일반적인 조직이론은 크게 도움이 되지 않으며 단지 특수한 문제상황, 즉 기능하는 기술이 없는 조직의 특별한 유형만 창출할 뿐이다. 그 외에 문제해결에 대한 기대를 조직에서 직업으로 이전하고, 알 수 없는 것을 특별한 전문지식

* 불확실성흡수의 문제의 맥락에서 조직과 사회의 구별을 정식화하는 것으로는 다음을 참고. 니클라스 루만, 『사회의 사회』 2, 956~961쪽.

으로 다루며 동기와 개별 인물의 투입에 대한 질문으로 간주하는 것이 도움이 된다.[62] 이러한 문제이행전략은 생태학적인 문제의 경우에는 적용될 수 없다. 생태학적인 관점에서는 폐기물들을 개선하는 데 제한적이며 많이 비판받은 '사후처리' 이데올로기만이 대안으로 보인다.[63] 문제를 간략히 검토하는 것으로는 당연히 어떤 조직의 제안도 처리될 수 없다. 그러나 조직이 무지를 어떻게 다룰 수 있는가라는 곤혹스러운 질문을 제기한다면, 조직이론, 특히 조직사회학은 무엇을 제시할 수 있는가라는 물음이 제기될 수 있다.

그에 대해서 고전적인 조직이론은 기계모델 또는 사소한 기계, 투입-전환-산출 모델 또는 긴밀한 연결tight coupling 개념으로 기술된 모델을 제시했다. 그 전제는 요구되는 투입을 처리할 수 있고 그 과정이 방해받지 않는다면, 주어진 목표(산출)가 특정한 규칙(프로그램)에 따라 성취된다는 것이다. 자동차공장을 계획하고 공장을 짓고, 생산을 시작하며 결국에는 판매가능한 자동차가 공장에서 출고하는 것이다. 일련의 과정이 이렇게 기능할 것이라고 가정하는 것은 비현실적이지 않다.

그와 유사하게 발전된 조직사회학은 사소한 것(수행동기와 같은)에 관심을 가졌고 비록 '인간 관계'를 말한다 하더라도, 이런 사소한 것을 그 모델에 종속시켰다. 그 모델이 요구하는 것처럼, 경제적으로 또는 인간적으로 보더라도 그렇게 완벽하게 돌아가지 않는다.[64] 그러나 그사이에 비판은 강해졌고, 급진적으로 되었으며 불확실성흡수의 내적인 기술의 수용이 그 반대모델에 포함되었다. 여전히 계획에 따라 자동차가 생산된다는 것이 의문시되지 않으며, 여전히 인간에 대한 더 많은 고려와 의제에 대한 더 많은 구조적인 유연성을 따르는 추가적인 요구들이 있다. 그러나 무지를 다루는 조직화된 방식에 대한 질문은 완전히 다른 관점을 펼쳐 보인다. 그 이론적인 제안들은 다음과 같다.

(1) 조직은 목표를 실현하는 것이 아니라 목표를 추구하는 체계다.[65] 조직은 자신의 고유한 작동에 대한 지속적인 해석(관찰)과 관련되며, 목표 또는 경우에 따라서는 발생한 것 또는 발생했던 것을 이해할 수 있고 결정할 수 있게 하는 새로운 목표를 추구한다. 계획은 체계 기억의 광범위한 가공이다.

(2) 모든 계획, 프로그램화, 조정은 체계 안에서 완수되어야 하고, 또한 체계 안에서 관찰되는 작동으로 이루어진다. 계획에 기반해서 일어난 것은 그 계획 자체에 의해서 발생한 것이 아니라, 계획의 관찰, 경우에 따라서는 관찰되는 계획에 대한 관찰로 발생한다. 현실은 '이차 등급 사이버네틱스'의 모델을 따라 움직인다. 조직은 관찰하는 체계의 관찰이다.[66]

(3) 조직은 사소하지 않은 기계, 다시 말해서 자신에게 고유한 산출 또는 자신에게 고유한 순간적인 상태에 반응하고 그런 이유에서 불확실하게 기능하는 기계다. 조직은 투입을 산출로 전환하는 사소한 기술을 포함할 수 있지만, 자기지시적인 과정의 척도, 즉 그 순간 상황의 척도에 따라서 이러한 기술의 투입을 결정할 수도 있다. 이런 의미에서 조직은 매순간 새로운 기계로 스스로를 구성하는 역사적인 기계이지만, 이는 당연히 조직이 언제나 같은 것을 하고, 확실하게 기능하며 그런 이유에서 목표추구라는 자신의 가능성을 완전히 소진하지 않는다는 것을 배제하지 않는다.[67]

(4) 복잡한 체계는 상호작용의 탈연결을 통해서만 안정성에 도달할 수 있다. 보다 오래된 사이버네틱스는 층위의 기능과 초안정성을 말했다.[68] 허버트 사이먼은 작동의 수평적인 탈연결에 대해서 수직적인 층위분화의 의미를 강조했다.[69] 오늘날은 느슨한 연결loose coupling 대 긴밀한 연결tight coupling 이라는 용어가 선호된다.[70] 느슨한 연결은 교란을 국지화하며, 문제를 격리시키고 결정적인 결과를 막는다. 다른 한편, 기술적으로 커다란 파국의 계

기에 대한 연구는 느슨한 연결이 기술적으로 조건화된 현실을 보상하는데, 즉 그런 현실에의 관여가 그다지 적합하지 않다는 것을 보여준다.[71] 그렇게 되면 미지의 조건하에 있는 특정한 (그러나 흔하지 않은) 기회에서 확실히 기능할 것을 요구할 것이기 때문이다. 느슨한 연결과 긴밀한 연결 간의 이러한 구별 때문에 위험한 기술에 대한 만족스럽고 조직적인 '억제'가 계산될 수 없다.

(5) 사소하지 않은 (자기지시적인) 조직에서 계획과 조정은 체계의 미래 상태를 미리 규정할 수 없으며, 체계와 환경 사이의 미래의 관계 역시 전혀 규정할 수 없다. 오히려 조정은 목표에 따라 표시되는 차이 감소의 과정이며, 또한 목표와 현실 간의 차이를 줄이고자 시도한다. 그에 따른 결과는 체계 안에서 예측될 수도 통제될 수도 없지만, 지속되는 이후의 조정, 즉 다른 차이들의 표시를 통해서 영향을 받는다. 계획은 진행중인 관심going concern이며, 그에 따라 진단은 지속적인 수정에 대한 관점을 특화한다.

(6) 조직은 결정에 기초하고 있는 자기생산적인 체계다. 체계 안에서만 그렇게 연결할 수 있기 때문에, 작동은 조직에 대해서 오직 결정의 형식으로만 중요하다.[72] 모든 조직구조는 이러한 작동유형을 통해 산출되거나 변경된다. 모든 구조발전은 자기생산의 전개에 달려 있다. 그렇지 않으면 분해나 해체만이 남는다. 그에 적합한 구조유형은 조직적인 질서의 변화뿐 아니라 결정프로그램의 변화와 인물의 교체를 가능하게 하는 자리에 기반해서 결정전제들을 확인한다. 다시 한번 말하자면 자리가 체계 상태를 규정할 수 없어도, 자리의 수에 의존하면서 결정들 간 연결의 매우 높은, 통제불가능할 정도로 높은 복잡성에 도달할 수 있다.

여기서 간략히 요약한 조직의 대안이론은 생태학적 문제들의 해결이라는 관점에서 생긴 것은 아니다. 대신, 해결하지 않는 것으로 문제를 해결하는 임무, 다시 말해서 지속적인 목표추구와 구조의 방향전환(낙관주의자들에게는 학습이 되는)을 통해 체계의 자기생산의 계기로 문제를 유지하는 것이 중요하다. 문제가 더욱 해결 불가능할수록, 재생산가치는 더욱 커진다. 무엇보다도 그에 따라 생태학적인 문제들을 무리하게 조직의 과제로 강제하고 이런 식으로 합당하게 처리될 수 있도록 신경쓸 수 있다는 희망이 저지된다. 오히려 제시된 조직이론은 조직에 대한 고전적인 합리성 요구의 해체와 동시에 고전적인 관료제 비판의 갱신에 관한 것이라고 할 수 있다.

그러나 무지의 생태학에서 출발해야 한다면, 고전적인 이론보다 이런 조건들을 더 잘 고려하는 조직이론에 기대를 걸 수 있다. 합리적인 문제해결의 모델에서 결함으로 나타나는 것은 현실적인 분석에 자리를 내어줄 수 있다.[73] 조직 안에서 생태학적 문제들이 어떻게 다루어지는지, 어떤 형식을 유지하는지, 얼마나 안정적인지, 즉 변화에 얼마나 저항하는지, 내부적으로 타당한 프로그램으로 이것이 어떻게 관찰되는지, 조직이 기타 여러 사항들을 준비해서 무엇인가 생겼을 때 어떻게 조직에 어떤 일도 생기지 않게 하는지를 보다 더 선입견 없이 관찰할 수 있어야 한다.

무지를 다루는 문제는 조직이론에서도 역시 새로운 문제설정이다. 보스와 그들의 조력자들 그리고 조직연구자들이 그들의 능력을 보여주고 향상시키는데 가치를 두는 것은 이해할 수 있다. 그러나 능력은 무능력을 다른 면으로 갖는 형식의 한 면일 따름이다. 조직을 자기생산적인 체계로 개념화한다면, 조직이 알 수 없는 세계에서 조직의 이례적인 견고함과 관철능력을 해명할 수 있다. 자기생산 이론은 지금까지 무엇보다도 인식이론적으로 평가되어 왔다.[74] 그렇게 말할 수 있다면, 이는 논쟁이 되어버린 인식이론적인 구성주의에 관한 토론을 제기했다. 그러나 고전적인 인식이론의 문제로 제약하는 것은 이 이론적인 모험의 범위를 은폐하는 것이다. '작동상 폐쇄' 같은 개념이나 모든 문제를 관찰자라는 질문으로 되돌리는 것은 유럽의 '능력에 대한 의식'[75]이 그 자신의 비개연성을 의식하기 시작했다는 것을 예감하는 태도변경을 암시한다.

그러나 결정과 관계된 것이라면, 이는 당연히 사회 안에서만 정식화될 수 있고 사회의 조직 안에서만 정식화되어야 한다. 오늘의 상황에서는 과거 그 어느 때보다도 자연이 물리학적으로 또는 존재가 형이상학적으로 도움이 된다고 기대할 수 없다. 사회는 고유한 작동으로만, 즉 커뮤니케이션을 통해서만 스스로를 도울 수 있다. 만약 우리가 원하기만 한다면 할 수 있고, 그 때문에 도덕적인 훈계라는 형벌에 호소한다는 가정에 대해 계속 검증하지 않는다면, 모든 비판은 공허해진다. 그래서 조직의 안과 밖에서 '통제의 환상'[76] 유지와 커뮤니케이션을 결합하는 대신에, 무지의 커뮤니케이션으로 커뮤니케이션을 시작하는 것이 오히려 현명하다.

IX

아쉬운 어조로 마주하게 되는 이러한 확인에 근거가 있는지 최종적으로 물어봐야 한다. 그리고 이 질문으로 실질적인 이론발전을 검토해보면, 실제로 풍부한 근거를 확인하게 된다. 결론적으로 오늘날 논의되고 있는 이론-디자인은 투명성은 비생산적이다는 관점과 연관 지을 수 있다. 따라서 우리의 사회학적인 주장은 특정한 사유배치의 확산을 설명할 수 있는 자극은 없거나, 매우 제한적인 상호 간 자극이 있을 뿐이라는 것이다. 진화이론가가 말하는 것처럼 상이한 출발점에서부터 하나의 결과가 나온다는, 전통적인 존재론적 형이상학을 해소하는 등종국적인 과정이 있다.[77] 사회학자의 추정은 근대사회는 그에 적합한 사유로 실험을 시작했다는 것이다.

(1) 체계이론은 작동 상 폐쇄적인 체계이론으로 이행하는 경

향이 있다.[78] 그에 대해서는 특히 경험적인 연구, 무엇보다도 고도의 수행능력을 갖는 체계 (특히 신경체계)는 고유한 작동의 층위에서 자신의 환경과 어떠한 접촉도 유지할 수 없다는 것을 보여주는 세포와 신경생리학 연구가 결정적이다. 그런 체계는 자신의 환경에서는 작동, 즉 조금도 작동할 수 없을 뿐 아니라 내부의 작동을 환경으로 확장할 수도 없다. 또한 체계는 자신의 고유한 작동으로 환경에 영향을 끼치는 인과성 역시 통제할 수 없다.*

(2) 엄밀하게 작동하는 체계이론에 대한 평가 (언어 같은 기호사용의 모든 이론에 있어서도)는 발생한 모든 것은 동시에 발생한다는 가정에 따른다.[79] 자기 자신이 현재화하는 동안 다른 것이 이미 그 과거 또는 그 미래에서 진행된다면 어떤 작동도 불가능하다. 동시성은 엄밀히 말해 시간이 아니라 매번 현재가 어디에 있는지 장소화할 수 있는 토대이며, 이전/이후 또는 과거/미래와 같은 구별로 작업하는 시간에 대한 모든 관찰의 토대다. 곧 모든 발생한 것의 동시성은 모든 발생한 것의 통제불가능성을 말한다.

(3) 소쉬르와의 연관에서 기호학은 말/사물verba/res 이라는 오랜 구별을 폐기하는 것이 필요하다고 보면서 이를 기호 자체의 사

* 이는 체계이론에서 자기생산의 구조적인 결과로서 '구성물'과 '구성주의'의 문제를 제기한다. "구성물은 환경 면에서의 영향력 행사를 통해 만들어지는 것이 아니라, 구성물의 도움으로 변환되는 작동들의 연결 능력에서 만들어진다. 또한 구성물은 환경을 재현하는 과제를 갖고 있는 것도 아니다." 니클라스 루만, 『사회의 학문』, 617~618쪽. 다른 한편 '자기생산'은 에너지나, 물질적 조건, 생물학적, 심리학적 조건으로부터 완벽하게 분리될 때, 창발성을 획득하게 된다고 설명할 수도 있다. 즉 자기생산은 환경으로부터의 "완벽한 분리' '완벽한 차단' 없이는 불가능하다. "이 완벽한 분리가 다른 차원에서 체계를 형성하도록 만드는 결과를 낳는다. 이 점에서 자기생산은 완벽한 차단, 완벽한 분리를 전제하며, 자기생산에 근원적인 변화를 불러일으키는 영향을 배제한다. 만일 그와 같은 근원적인 영향이 존재한다면 그것은 곧 자기생산의 파괴를 의미할 것이다." 니클라스 루만, 『체계이론 입문』, 347쪽. 이에 대해서는 다음의 입문서 역시 참고할 수 있다. 헬가 그립하겔슈탕에, 『니클라스 루만—인식론적 입문』, 이철 옮김, 이론출판, 2019, 제2장 「태초에 차이가 있다」.

용에서 산출되는 기표/기의의 구별로 대신했다.* 모든 차이는 기호들 간의 차이에 불과하다. 그렇게 구별된 것은 작동적으로 사용될 수 있다. 그러나 기호는 어떻게 출현하는가? 이에 대해서 기호학은 재귀적으로, 즉 기호 자신의 개념을 기호로 개념화하는 것으로 답할 수 있다.[80] 그러나 라눌프 글랜빌은 이러한 기호의 마지막 기호가 최종적인 기호가 될 수 있는지 급진적으로 물었고, 그 질문과 함께 이미 답은 "아니다"다.[81] 무엇보다도 우선 기호는 지칭될 수 없는 것—텅 빈 것으로부터, 표시되지 않은 공간으로부터, 종이의 흰색으로부터, 소리에 대한 모든 지각에 전제되어 있는 침묵으로부터 구별되어야 한다. 이는 기호가 기표와 기의의 구별에 다름 아닐 때 특히 타당하다.

* 루만은 기호학에서도 이차 등급 사이버네틱스와 관찰하는 체계에 관한 이론과 유사한 발전이 이루어진다고 조심스럽게 평가한다. 퍼스의 기호학적인 논의에서 발전된 구문론, 의미론, 화용론의 '삼각구조triadische Struktur'에 주목하면서, 지칭하는 것/기표와 기칭된 것/기의 간의 구별을 기호의 구별로 파악할 수 있다는 것이다. 즉, 기호는 어떤 구별을 지칭하는 것으로서, "하나의 구별의 통일성에 대한 기호"라는 의미를 갖는다. 즉 기호를 지칭하기 위해서는 다시 기호를 가져와야 한다는 점에서 이차 등급의 논리, '재진입'의 형식으로 파악할 수 있다. 기호는 동시에 그 자체로 기호인 것이다. 이런 상황에 대해서, 전통적인 '말/단어verba'와 '사물res'의 구별 역시, 지칭하는 것과 지칭되는 것의 구별로서 언어 안으로 복사된다. 이제, "우리는 외부 세계와 단절되고, 소쉬르와 마찬가지로 체계가 세계의 변화에 대해 무관심하게 만들고, 오로지 차이를 생산하고 기호학 또는 기호 이론 내부에서 그리고 언어 내부에서 차이를 갖고 작업하기 위해서만 체계를 이용한다. 구유럽의 이론이 작업할 때 이용했던 원래의 구별(단어/사물)은 이제 재진입의 형식을 거쳐서만 사용된다"고 체계이론으로 재정식화할 수 있다. 니클라스 루만, 『체계이론 입문』, 375~377쪽 참고. 이에 대한 보다 상세한 설명은 다음을 참고. 니클라스 루만, 『사회의 사회』 1, 247~253쪽. 푸코의 『말과 사물』에서의 논의를 포함하여, '사물/말' 구별의 역사에 대한 논의로는 다음을 참고 할 수 있다. Dirk Rose, "Res und verba : Literaturhistorische Anmerkungen zu einer rhetorischen Beziehungsgeschichte", in *Das Verhältnis von 'res' und 'verba' : Zu den Narrativen der Dinge*, Martina Wernli · Alexander Kling (Hrsg.), Rombach Verlag, Berlin/Wien, 2018, 33~51쪽.

(4) 산술과 불대수* 간 연관의 수학적인 재구성을 추구하면서 조지 스펜서브라운[82]은 유일한 작동인 '표시' 만으로도 그 연관을 보장하는 데 사용될 수 있다고 주장한다. 이는 자신의 편에서 다른 면이 아닌 한 면을 지칭하는 데 사용될 수 있는 구별을 지칭한다. 그러나 어떻게 최초의 그리고 최후의 구별, 즉 구별과 지칭의 구별을 할 수 있는가. 이에 대해 스펜서브라운은 형식 안으로의 형식(구별된 것 안에서의 구별)의 '재진입'이라는 형식을 제안한다.† 그러나 이러한 재진입은 계산 자체에 편입될 수 없고, 그 시작과 끝을 표시한다. 달리 표현하면, 그것은 상상적인 공간('미표시된 공간')에서 형식들, 비대칭성들, 끝없는 반복들과 재진입들을 자신에게서 벗어나게 하는 가능성을 발생시킨다.[83]

(5) 재진입 형식은 그 모든 난처함에서도 작동상 폐쇄적인 체계와 자기반성적인 기호사용 이론의 풀리지 않은 문제를 해명하는 데 기여한다. 작동의 층위에서 환경과 접촉이 전혀 없고 어떤 기호도 사물을 지시하지 않는다면, 이 상황은 재진입, 즉 자기

* 불대수Boolescher Algebra(代數). 불대수는 조지 불의 『논리의 수학적 분석』(1847)에 따라 논리를 대수의 기초로 이해하며, 어떤 명제의 참과 거짓을 이진수 0과 1에 대응시켜 명제와 명제 간의 관계를 수학적으로 표현한다. 루만은 스펜서브라운의 '계산에 대한 서술'로서 '형식의 법칙'을 "어쨌든 단 하나의 표시를 사용해 불대수학의 이치적 도식을 수리 계산과 결합시키려는 시도"라고 본다. 니클라스 루만, 『체계이론 입문』, 92쪽. 스펜서브라운이 불대수에 대한 산술을 발견하면서 자기 자신을 고려하는, 즉 자기포함의 형식이 가능해진다. 이에 따라 더 분명한 단순성과 개방성이 펼쳐지면서 "상상적 값의 발견을 끝까지 끌고 나가면, 그 발견을 불대수의 확장으로 파악"할 수 있게 된다. 펠릭스 라우, 『역설의 형식 : 조지 스펜서브라운의 『형식의 법칙들』의 수학과 철학에의 입문』, 이철 · 이윤영 옮김, 이론출판, 2020, 159쪽. 이를 루만은 "스펜서브라운이 대처하는 방식은, 출발의 역설을 무시하고 계산을 하나의 지침('구별을 행하라')에 근거해서 계속해 나가, 마침내 형식의 형식 내로의 상상적 '재진입reentry' 가능성이 출현하게 하는 것이다."라고 정리한다. 니클라스 루만, 『사회의 사회』 1, 78쪽.

† 루만 역시 차이를 산출하는 이런 작동을 형식으로 파악하면서, "형식이란 결국 자기 자신 속에서 구별된 것으로 다시 등장하는 구별이다."라고 정식화한다. 니클라스 루만, 『사회의 사회』 1, 78쪽.

지시와 타자지시의 구별을 통해 내적으로 자극받는다. 체계는 체계와 환경의 차이를 자신 내부로 복사하며 그 차이를 고유한 작동의 전제로 사용한다. 그리고 기호는 기표와 기의의 구별로서 기호 안에서 지칭할 수 있는 사물만을 복사한다. 임시변통은 보기에 그럴 뿐이다. 그러나 이런 식으로 유럽전통의 편견을 생각한다면 기만적인가?

(6) 후설의 초월론적 현상학을 해석할 때, 초월론적 주체에서도 동일한 구조가 발견된다. 주체의 통일성은 노에시스와 노에마,* 자기지시와 타자지시의 작동적인 동시사용의 차이이며,† 자기

* 노에시스Noesis와 노에마Noema. 노에시스와 노에마는 현상학 전체를 포괄하는 주제로서 지향성 문제를 제기한다. 의식의 흐름은 서로 다른 두 가지 구성요소를 포함하는데 하나는 일련의 감각들, 감각적 질료이고, 다른 하나는 의미를 부여하는 구성요소의 지향적 차원이다. 이때, 이러한 내재적인 지향적 형식을 노에시스라 하고, 그에 따라 구성된 초월적 상관자, 즉 지향된 것으로서 대상을 노에마라 한다. 즉, "후설은 '무엇에 관한 의식'으로서의 지향성을 '사유'라는 의미를 지닌 희랍어 명사를 빌어 '노에시스'라 부르고, 의식이 향하고 있는 '그 무엇', 즉 지향성의 대상적 상관자를 '사유된 것'이라는 의미를 지닌 희랍어 명사를 빌어 '노에마'라 부르면서 노에시스와 노에마 사이에는 '상관관계'가 존재한다고 말한다." 이 상관관계, 즉 '선험적인 보편적 상관관계das universale Korrelationsapriori'와 그에 대한 논쟁에 대해서는 다음을 참고. 이남인, 『현상학과 해석학』, 서울대학교출판부, 2004, 91쪽 이하(인용은 91쪽) 및 단 자하비, 『후설의 현상학』, 박지영 옮김, 한길사, 2017, 105쪽 이하. 노에시스와 노에마의 상관관계와 관련된 지향성 이론은 다음의 저작 제3장 제3절에서 정초되었다. 에드문트 후설, 『순수현상학과 현상학적 철학의 이념들』 1, 이종훈 옮김, 한길사, 2009, 291쪽 이하. 이 국역본에 노에시스는 '인식작용'으로, 노에마는 '인식대상'으로 옮겨졌다.

† 노에시스와 노에마의 상관관계에 있어서, 루만은 전자를 자기지시로 후자를 타자지시로 본다. 이 차이의 통일성을 지향성으로 개념화하는 현상학은 지향적 작용의 형식을 의식 내부의 주관적 성과로 본다. 현상학적인 기획은 주체 개념을 초월론적으로 정당화하며 경험적이고 개인적인 것과 일반적인 것 간의 관계를 모색하면서 상호주관성의 문제를 제기한다. 그러나 루만은 후설의 초월적 현상학은 이 상호주관성의 문제에서 좌초했다고 보며, '개념적 파탄 Begriffsdesaster'에 봉착했다고 본다. 그에 따라 현상학과 사회학을 결부시키려는 일련의 '사회현상학' 역시 그 분석의 깊이에 있어서 피상성에 노출된다고 파악한다. 이에 대해서는 다음을 참고. 니클라스 루만, 『사회의 사회』 2, 1177~1178쪽.

자신을 한 면에서만, 주체 '안'에서만 작동하게 하는 구별의 형식에 따르는 주체 안으로의 세계의 재진입이다. 많은 이들과 마찬가지로 메를로퐁티는 주체의 육체에 주목하면서 그 문제로부터 벗어나고자 했다.[84] 그러나 이는 문제를 다른 차원에서 반복하는 것일 뿐이며, 철학자들의 육체의 신비화 대신 신경생리학을 참고할 수 있다.[85]

(7) 마찬가지로 자크 데리다 역시 주관적인 지시의 난처함에 봉착했다. 후설과 하이데거 연구를 통해 그는 형식으로서 그 특징을 갖는 기호는 (ousìa이든, eídos이든, morphé이든) 기호를 통해 나타나게 되는 그 현전을 가정하고 있다는 것을 알게 되었다.[86] 그러나 형식과 나타난 내용의 이러한 통일성은 우선 차이를 산출하고 나서 통일성으로 제시되는 분리작동을 곧바로 감추는 것은 아닌가? 그리고 차이différence는 무엇보다도 차연différance, 즉 시간 안에서의 작동이 아닌가?[87] 어떠한 현전도 허용하거나 필요로 하지 않고, 지칭할 수 없는 어떤 것에서 자신을 지칭하는 시작도 끝도 없이 차이를 전달하는 작동이 아닌가?

(8) 이 모든 것은 다음 질문을 제기한다. 이 모든 것을 말하는 이는 누구인가? 누가 관찰자인가? 이 질문에는 자기답변, 자기지시의 수립, '동어반복적인' 귀납추리의 경향이 결부되어 있다. 관찰자는 관찰자로 관찰되는 자이다. 이에 대해서는 '이차 등급 사이버네틱스'의 안내를 받을 수 있다.[88] 관찰은 관찰에 대한 관찰이라는 재귀적인 네트워크에서만 가능하다. 다시 말해서 관찰은 개별적이고, 자발적인 '주관적인' 활동이 아니다. 관찰은 이성, 지성, 감정, 상상력, 의지의 척도를 따르는 특수한 역량을 근거로 하지 않는다(왜냐하면 당연히 관찰자는 즉각 누가 그렇게 구별하는 관찰자이고, 왜 다르게가 아니라 그렇게 구별하는가라고 물어보기 때문이다). 관찰은 지칭하는 구별이고, 자기관찰만이 구별된 것 안으로 구별의 '재진입'이라는 자기근거를 고려한다. 또한 스

펜서브라운은 시작을 동시에 언급하는 그의 연구의 마지막에 다음처럼 확인한다. "자신이 차지한 공간을 구별했기 때문에 관찰자 역시 하나의 표시다…… 우리는 첫번째 구별, 표시 그리고 관찰자는 상호교환할 수 있을 뿐 아니라 그 형식에서 동일하다는 것을 이제 안다."[89]

(9) 관찰자가 무엇보다도 피해야 하는 것은 자기 자신과 세계를 보려하는 것이다. 관찰자는 불투명성을 존중할 줄 알아야 한다. 미셸 세르는 관찰자를 기식자로 기술했다.[90] 관찰자는 어디에 기식하고, 어디 곁에 있는가? 옆에 있는 자의 형상이 아래에 있는 자의 형상을 대체한다. 기식자는 주체를 대신한다. 그러나 문제를 암시하는 것이 아니라면, 이러한 메타포는 결과적으로 그렇게 도움이 되지는 않는다. 관찰자는 구별로서 하나의 구별을 사용해야 하며 그렇게 하나의 면을 지칭하지 다른 면을 지칭하지 않는다. 다른 구별의 도움이 없다면, 그것은 구별 자신의 통일성 관찰을 배제한다. 구별된 것의 통일성만, 구별된 것의 비구별성만이 관찰될 수 있다는 점 때문에 이것에서 벗어난 모든 전략은 처벌받는다. 여기서 니콜라우스 쿠자누스를 따른다면, 이는 신의 특권을 침해하는 것이다. 그런 의도는 모든 다른 관찰자에게 역설을 산출한다. 전통적으로 이 문제는 오류에 대한 표식으로 다루어지고, 특히나 그 형상에 관한 학[91]과 당연히 그 논리로 다루어졌다. 진리가 아닌 효과(또는 생산성?)에 주목하는 레토릭만이 역설화되었다.

언제나처럼, 니체와 하이데거와 관련해서 그리고 논리적인 역설회피처방의 좌초와 관련해서 역설은 재발견되었다.[92] 역설은 관찰을 마비시키기 때문에, 전개를 강제하는 계기로 개념화될 수 있다. 다시 말해서 안정적인 동일화를 가능하게 하는 구별의 도움을 받는 재구성에 대한 요구로 개념화될 수 있는 것이다. 돌이켜보면, 철학은 언제나 이를 수행하는 개념 또는 적어도 메타포에 따라 추구되지 않았는지 묻게 된다.[93] 그리고 논리학자와 언어학자는 언제나 '층위의 분화'에 따른 전개를 희망하지만, 그럴듯한 생산적인 구별을 투입하고 그 통일성에 대한 질문을 피할 수만 있다면 매우 상이한 구별들이 이 기능을 충족시킬 수 있다는 것이 그 사이 명백해졌다.

이 모든 숙고들이 올바른지에 대해, 여기서 증명도 시험도 하지 않을 것이다. 그것을 관찰할 수 있다는 것으로도 충분하다. 사회학적으로는 사회의 관찰을 관찰할 때, 관찰이 정식화되는 것에 관심을 갖는다고 말할 수 있다. 지식사회학적인 설명의 통상적인 논법으로 돌아가보면, 사회는 세계의 관찰 불가능성을 견디고 불투명성을 생산적으로 할 수 있는 사유형상들을 발전시킨다고 결론내릴 수 있다.

주

1 근대사회의 근대적인 것

1 이러한 가정은 은폐된 역설, 즉 구별과 지칭으로 형성된 하나의 '구별'을 하라는 명령으로 시작하고, 그것을 고유한 작동자로 다루며 구별된 것 안에 구별의 '재진입re-entry'이라는 열린 역설과 더불어 종결되는 조지 스펜서브라운George Spencer-Brown의 형식의 계산에 상응한다. 이에 대해서는 *Laws of Form*(1969), 신판, New York, 1979 참고.

2 유명한 사례로 다음을 참고. Jürgen Habermas, "Die Moderne-ein unvollendetes Projekt", in: ders., *Kleine politische Schriften* I-IV, Frankfurt 1981, 444~464쪽, 현재의 논의로는 Stephen Toulmin, *Cosmopolis: The Hidden Agenda of Modernity*, New York, 1990, 독역, Frankfurt, 1991. [스티븐 툴민, 『코스모폴리스: 근대의 숨은 이야깃거리들』, 이종흡 옮김, 경남대출판부, 2008]

3 "L'autre cap", *Liber* 5 (1990), S.11-13(11), 『르몽드*Le Monde*』 1990년 9월 29일 판 인용.

4 다음의 논의 참고. Terence Ball · James Farr · Russell L.Hanson (Hrsg.), *Political Innovation and Conceptual Change*, Cambridge England, 1989.

5 역사적 기본개념 사전 프로그램에 대해서는 다음을 참고. *Historisches Lexikon zur politisch-sozialen Sprache in Deutschland*, Stuttgart, 1972. 그 밖에 Joachim Ritter, *Metaphysik und Politik: Studien zu Aristoteles und Hegel*, Frankfurt, 1969.

6 의식과 관련해서는 특히 다음을 보라. Werner Bergmann · Gisbert Hoffmann, "Selbstreferenz und Zeit: Die dynamische Stabilität des Bewußtseins", *Husserl Studies* 6 (1989), 155~175쪽(특히 166 쪽 이하).

7 다음을 참고. Franz-Xaver Kaufmann, "Religion und Modernität", in Johannes Berger (Hrsg.), *Die Moderne-Kontinuitäten und Zäsuren, Soziale Welt, Sonderband* 4, Göttingen, 1986, 283~307쪽(특히 292쪽). 이와 관련하여 다음처럼

정식화하고 있다. "변화가능성과 그에 따른 덧없음이 그 정의에 있어 함께 생각되는 한 사회적 관계는 근대적이다." 그러나 이러한 정식화는 충분히 전개되지 않았다. 그것은 '동어반복적으로' 적용되어야, 즉 근대성 자신의 특징에도 관계해야 한다. 오늘은 어제의 내일이 된다는 것 역시 타당하다.

8 이에 대해서는 다음을 참고. Peter Bürger, *Prosa der Moderne*, Frankfurt, 1988. 또한 18세기에 출현한 근대의 특별한 양식에 대해서는 다음을 참고. Siegfried J. Schmidt, *Die Selbstorganisation des Sozialsystems Literatur im 18. Jahrhundert*, Frankfurt, 1989.

9 이에 대해서는 다음을 참고. Niklas Luhmann, "General Theory and American Sociology", in Herbert J. Gans (Hrsg.), *Sociology in America*, Newbury Park Cal, 1990, 253~264쪽.

10 Anthony Giddens, *The Consequences of Modernity*, Stanford Cal. 1990. [앤서니 기든스, 『포스트모더니티』, 이윤희 · 이현희 옮김, 한국사회학연구소, 민영사, 1991]

11 기든스가 '기능적 분화'에 대한 설명에 동의하지 않고 사회개념을 민족국가의 차원과 결합하기 때문에, 또한 역사법칙적인 방식을 따라서 '행위의 재귀적 모니터링'이 이러한 결과를 초래한다고는 결코 말할 수 없기 때문에, 실제로는 더 광범위한 커뮤니케이션 기술의 발전으로 설명하는 것만 남게 된다. 그러나 근대로의 이행이 인쇄의 발명과 함께 시작되었다고 하면, 그 첫번째 성과는 기원전 2000년에 이집트와 근동지역에서 발생한 여러 민족-의식일지 모른다.

12 Edmund Husserl, *Die Krisis der europäischen Wissenschaften und die transzendentale Phänomenologie, Husserliana,* Bd. VI, Den Haag, 1954. [에드문트 후설, 『유럽학문의 위기와 선험적 현상학』, 이종훈 옮김, 한길사, 2016. 이런 문제적인 상황은 데카르트 이래 새로 등장한 이념으로 학문의 보편성이라는 새로운 이념을 수학의 변혁에서 확보하는 것이었다. 다음의 문장에서 이를 확인할 수 있다. "어쨌든 간에 이 이념—근대초기 이래 '모든 것을 포괄하는 합리적 학문'이라는 위대한 이념, 즉 전체통일성Alleinheit 의 이념—은 새로운 수학만으로 끝난 것이 아니다. 그 합리주의는 곧바로 자연과학에 파급되고 자연과학에 대해 '수학적 자연과학', 즉 훨씬 이후에 정당하게 명명된 바와 같이, '갈릴레이식 자연과학'이라는 완전히 새로운 이념을 창조한다. 그러나 성공적으로 진행 중인 이 수학적 자연과학이 실현되자마자 곧 (세계 전체의 학문, 존재자 전체의 학문인) 철학 일반의 이념은 변경된다." 갈릴레이의 '자연의 수학화'가 갖는 정신사적, 이념적 전환에 대해서는 이 책의 제2부 「근대의 물리학적 객관주의와 선험적 주관주의가 대립한 근원의 해명」 참고(인용은 국역본, 87쪽)]

13 과학체계 내에서 기술과 '제한restrictedness' 간의 연관에 대해서는 Arie Rip, "The Development of Restrictedness in the Sciences" in Norbert Elias et al. (Hrsg), *Scientific Establishments and Hierarchies, Sociology of the Sciences*, Bd. VI, Dordrecht, 1982, 219~238쪽 참고.

14 관찰에 대해 다루는 피란델로의 소설 제목이다. *Opere di Luigi Pirandello*, Neuausgabe, Milano, 1986, Bd.2 참고. [루이지 피란델로, 『아무도 아닌, 동시에 십만 명인 어떤 사람』, 김효정 옮김, 문학과지성사, 1999]

15 중요한 논문들이 다음에 수록되어 있다. Ronald H. Coase, *The Firm, the Market and the Law*, Chicago, 1988.

16 이에 대해서는 다음을 참고. Aaron Wildavsky, *Searching for Safety*, New Brunswick, 1988.

17 Steve Fuller, *Social Epistemology*, Bloomington Ind., 1988, 81쪽.

18 정신분열증 연구로 귀결되는 것에 대해서는 Jacques Miermont, "Les conditions formelles de l'état autonome", *Revue internationale de systémique* 3 (1989), 295~314쪽 참고. [자기지시와 타자지시의 구별과 이항코드의 '직교' 문제와 관련해서, "자기지시와 타자지시의 구별의 '통일성'은 '상상적 공간' 속에서만 생각될 수 있다. 그러니까 이런 구별을 사용하는 체계 안에서는 그 구별의 통일성이 작동의 대상이 될 수 없다. 그럼에도 불구하고 그 통일성은 후속 구별의 한쪽 면으로 기능할 수 있다. 지시와 코드를 구별할 때 구성요소로 기능할 수 있는 것이다"라고 하면서 루만은 기능적으로 분화된 근대사회의 자기기술을 설명한다. 또한 이런 사회학적인 이론화의 맥락에서 정신분열증 연구와 보르헤스가 보여주는 '지도와 영토의 통일성의 사고 불가능성'의 문제를 반복적으로 확인한다. 니클라스 루만, 『사회의 사회』 2, 장춘익 옮김, 새물결, 2014, 866쪽, 각주 304]

19 초월철학과 마찬가지로 객관적 정신, 즉 물질의 변증법적 이론도, 칸트와 마찬가지로 헤겔과 마르크스도 바로 여기서 이론 연관을 파악하고 있다면 그 누구라도 오늘날에는 품을 수 없는 희망을 가졌다. 그 밖에도 칸트와 헤겔에서 볼 수 있는 과도하고, 다시는 누구도 넘어설 수 없는 이론건축 의식은 1800 년대의 전환기에는 어쨌든 더이상 순진하게 존재론적으로 논의될 수 없다는 것, 그러나 다른 한편으로는 세계를 지시하는 형이상학에 대한 희망을 포기할 준비는 되어 있지 않았다는 것을 보여준다. 그러나 고트하르트 귄터에 의한 변증법적 철학의 '고전을 넘어서는transklassischen' 재구성은 존재론과 논리의 엄격한 상응을 고수하며, 그런 이유에서 시간과 사회성을 적절하게 이해하기 위한 다多가치 논리를 요청한다. Gotthard Günther, *Beiträge zur Grundlegung einer operationsfähigen Dialektik*, 3 Bde., Hamburg, 1976~1980.

20 여기서는 더이상 고유한 구별들을 작동하게 하는 (관찰하는 것이 아니라) 논리적인 유형들 간의 위계가 아니라, 단지 매번 기초가 되는 구별들의 교환을 동반하는 이차 등급 관찰의 혼계Heterarchie 가 중요하다는 것을 덧붙이고자 한다.

21 이에 대해서는 Gregory Bateson, *Natur und Geist: Eine notwendige Einheit*, Frankfurt, 1982, 86쪽 이하의 '세계의 다양한 버전들' 장 참고. [그레고리 베이트슨, 『정신과 자연』, 박지동 옮김, 까치, 1998. 111쪽 이하]

22 근대적인 정보이론 분석은 바로 이러한 무한성을 '창의적으로' 작용하지만 시간적으로는 불안정한 제약을 위한 출발점으로 다룬다. 이에 대해서는 다음을 참고. Klaus Krippendorff, "Paradox and Information", in Brenda Dervin · Melvin J. Voigt (Hrsg.), *Progress in Communication Sciences*, 5권, Norwood N.J., 1984, 45~71쪽. 결정불가능성을 통한 구조의 획득이라는 주제에 대해서는 다음을 참고. Robert Platt, "Reflexivity, Recursion and Social Life: Elements for a Postmodern Sociology", *The Sociological Review* 37 (1989), 636~667쪽. 다른 가능성은 모든 기능체계들에서 동일성을 수립하는 코드화와 올바른 코드가치의 할당이라는 시간적으로만 구속력 있는 프로그램화를 구별하는 것이다.

23 이에 대해서는 다음을 참고할 수 있다. Dean MacCannell · Juliet F. MacCannell, *The Time of Sign*, Bloomington Ind., 1982. 모든 지시의 이와 같은 침식에 대해 더 잘 알려진 묘사로는 다음을 참고. Richard Rorty, *Philosophy and the Mirror of Nature*, Princeton, 1979. [리처드 로티, 『철학 그리고 자연의 거울』, 박지수 옮김, 까치, 1998]

24 특히 큰 영향력을 끼친 다음의 논문을 보라. "The Two Dogmas of Empiricism" (1951). 새로 출간된 것으로는 다음을 참고. Willard van O. Quine, *From a Logical Point of View*, 2판, Cambridge Mass., 1961, 20~46쪽. W.V.O. 콰인, 『논리적 관점에서』, 허라금, 서광사, 1993, 35~65쪽. 그 프랑스적인 유사성은 모든 타자지시를 단호히 배제하는 소쉬르의 언어학과 데리다의 급진화에 있다.

25 Charles Bazerman, *Shaping Written Knowledge: The Genre and Activity of the Experimental Article in Science*, Madison Wise, 1988, 187쪽 이하. 또한 지시하는 것을 지시하고 그에 따라 자신을 텍스트로 관찰하는 수사학에서 유래하는 이러한 구별은 그와 유사한 사회학 연구의 기회를 제공한다.

26 콰인, 같은 논문 참고.

27 W. Ross Ashby, "Principles of the Self-Organizing System", in Heinz von Foerster · George W. Zopf (Hrsg.), *Principles of Self-Organization*, New York, 1962, 255~278쪽. 새로 출간된 것으로는 다음을 참고. Walter Buckley (Hrsg.), *Modern Systems Research for the Behavioral Scientist: A Sourcebook*, Chicago, 1968, 108~118쪽.

28 Louis H. Kaufmann, "Self-reference and Recursive Forms", *Journal of Social and Biological Structures* 10, 1987, 53~72쪽.

29 특히 이러한 발전에 대해서는 다음을 참고. Ian Hacking, *Why Does Language Matter to Philosophy, Cambridge Engl.*, 1975. 이런 연관은 합리주의적이거나 합의를 지향하는 진리기준의 일면성을 그 결합을 통해 합리적인 수용가능성이라는 의미로 약화시키려는 시도에 속한다. 그에 대해서는 Hilary Putnam, *Vernuft, Wahrheit und Geschichte*, Frankfurt, 1982 또는 Jürgen Habermas, *Theorie des kommunikativen Handeln*, 2 Bde., Frankfurt, 1981 참고. [힐러리

퍼트넘, 『이성, 진리, 역사』, 김효명 옮김, 민음사, 2002; 위르겐 하버마스, 『의사소통행위이론』 1, 2, 장춘익 옮김, 나남, 2006]

30 Ulrich Falk, *Ein Gelehrter wie Windscheid: Erkundungen auf den Feldern der sogenannten Begriffsjurisprudenz*, Frankfurt, 1989. 그리고 우리 시대의 논쟁에 대해서는 다음의 논박을 참고. Eduard Picker, "Richterrecht oder Rechtsdogmatik–Alternativen der Rechtsgewinnung?", *Juristenzeitung* 43 (1988), 1~12쪽 및 67~75쪽. [오늘날 개념법학과 이익법학을 구별하는 전통은 그 의미를 상실하고, 이를 대신하는 더 추상적으로 설정된 구별들의 구별이 필요하고 또 그렇게 등장했지만, 자기지시와 타자지시의 맥락, 즉 이익보호(타자지시)로 법을 파악하는 것과 개념적용(자기지시)으로 법을 파악하는 것에 대한 상세한 설명은 다음을 참고. 니클라스 루만, 『사회의 법』, 윤재왕 옮김, 새물결, 2014, 511~530쪽(특히 522쪽 이하). 이에 대해 법사회학 역사의 맥락에서 보다 일반적인 수준에서 기술하는 것으로는 다음을 참고. 니클라스 루만, 『법사회학』, 강희원 옮김, 한길사, 2015, 103쪽 이하]

31 이익법학의 주요 대변자인 로스코 파운드Roscoe Pound는 이런 동어반복에 위험할 정도로 근접한다. 주저인 *Jurisprudence*, 5 Bde. St. Paul Minn., 1959 참고. 예를 들면 이 저작에는 다음의 언급들이 있다. "법 체계는 법질서의 목표를 다음을 통해 획득한다. (1)특정한 이익들, 즉 개인적인 이익, 공적이고 사회적인 이익에 대한 인식, (2)그러한 이익들이 인식되고 법적 계율을 통해 효과가 발생하며, 권위를 갖는 당국의 기술에 따르는 법적이고 (오늘날에는 행정적인) 과정에 의해 적용되는 제한들의 정의, (3)그렇게 정의된 제한 안에서 그렇게 인정된 이익들을 보장하기 위한 노력(Bd.3, 16쪽). 그러나 인정 또는 불인정에 대한 법적으로 결정적인 기준은 이익 자체에서 추론될 수 없다는 것 또한 명백하다. 사회는 이러한 구별에 따라 이미 분열된 이익을 생산하지 않는다. 법체계는 이익의 단순한 등록 그 이상을 수행해야 한다. 그러나 이러한 '그 이상'은 어디에 있는가?

32 이에 대한 상세한 분석은 다음을 참고. Niklas Luhmann, "Interesse und Interessenjurisprudenz im Spannungsfeld von Gesetzgebung und Rechtsprechung", *Zeitschrift für Neuere Rechtsgeschichte*, 12 (1990), 1~13쪽.

33 반면 19세기 이래 개념적으로 정식화된 법도그마틱으로 법원천의 지위를 승인하려는 경향 또한 있다. 이에 대해서는 Niel MacCormick, *Legal Reasoning and Legal Theory*, Oxford, 1978, 61쪽 이하; Michel van de Kerchove · François Ost, *Le système juriduque entre ordre et désordre*, Paris 1988, 128쪽 이하 참고. 이에 대해서는 법체계 자신만이 법원천으로서 작동능력이 있다고 이해하는 것이 더 나은 추정일 것이다.

34 그러나 이는 화폐, 수요, 시간성, 코드의존성 등과 같은 함축된 개념성들에 대한 풍부한 해명 없이 거래비용의 구별이라는 관점에서만 중요하다.

35 예를 들어 다음의 설명을 참고할 수 있다. "거래는 내부에서 보자면 전달(지불)이며, 외부에서 보자면 수행이전이다." Michael Hutter, *Die Produktion von Recht: Eine selbstreferentielle Theorie der Wirtschaft, angewandt auf den Fall des Arzneimittelpatentrechts*, Tübingen, 1989, 131쪽. 우리가 지시의 문제로 다루고 있는 것은 내부관점과 외부관점 사이에서 진동할 수 있는 관찰자의 문제로 서술될 수 있다. 그리고 이 관찰자는 또한 경제체계 자신이 될 수 있다.

36 이에 대한 상세한 분석은 Niklas Luhmann, *Die Wirtschaft der Gesellschaft*, Frankfurt, 1988 참고.

37 이에 대해서는 또한 기든스의 논의를 참고할 수 있다. 그는 포스트모던 개념을 급진화된 근대 개념과 대조하면서 후자를 선택한다. Giddens, 같은 책, 149쪽 이하.

38 이에 대해서는 토대이기도 한 역설적인 통일성이 펼쳐진다는 것이 주의 깊게 설명되어야 한다. 사회적 체계들, 즉 커뮤니케이션이 문제가 될 때마다 각각의 작동은 동시에 **관찰**(정보, 전달 그리고 이해의 구별이라는 점에서)이고 관찰을 관찰할 수 있는 수행으로서 **작동**이다. 이와 유사한 개념적인 관계를 **구별**과 **지칭**의 관계인 형식의 계산에서 발견할 수 있다. George Spencer–Brown, *Laws of Form*, New York, 1979. 여기서 계산은 처음에는 관찰되지 않은 채 있는 역설이 계산의 풍부한 복잡성으로 다루어지면서 형식 안으로 형식의 재진입이라는 형상으로 받아들여질 수 있다는 점을 보여준다. 오랫동안 역설의 재구성에 관심을 가져온 치료의 맥락에서 이런 생각을 적용하는 것으로는 다음을 참고. Fritz B. Simon, *Unterschiede, die Unterschiede machen: Klinische Epistemologie: Grundlage einer systemischen Psychiatrie und Psychosomatik*, Berlin, 1988. 또한 다음을 참고. Jacques Miermont, "Les conditions formelles de l'état autonome", *Revue internationale de systémique* 3 (1989), 295~314쪽.

39 이에 대해서는 다음을 참고. Jacque Derrida, *De l'esprit: Heidegger et la question*, Paris, 1987. 그러나 '부르주아' 이론이 자본주의 쪽에 서서 선택한다고 시인하지 않는 것에 대해 최근에 마르크스주의자들이 놀라움을 표현한 것과 같은 단순한 방식도 있다.

40 Gregory Bateson, *Geist und Natur: Eine notwendige Einheit*, Frankfurt, 1982, S.122. 참고.

41 Heinz von Foerster, *Sicht und Einsicht: Versuche zu einer operativen Erkenntnistheorie*, Braunschweig, 1985 참고.

42 Niklas Luhmann, *Erkenntnis als Konstruktion*, Bern, 1988 및 Die Wissenschaft der Gesellschaft, Frankfurt, 1990 참고. [니클라스 루만, 『사회의 학문』, 이철 옮김, 이론출판, 2019]

43 표시된 것/표시되지 않은 것 간의 언어적인 구별의 연결로 정식화한 것은 다음을 참고. John Lyons, *Semantics*, Bd.1, Cambridge, 1977, 305쪽 이하.

44 이는 명백히 자기 자신을 포함하는, '동어반복적인' 이해관심이다. 볼 수 있는 것/볼 수 없는 것의 구별은 그것으로 볼 수 없는 것은 배제하는 하나의 구별이다 (이것은 볼 수 없는 것에 대한 통찰을 통해서 곧바로 해소되는 구제에 대한 성급한 희망에 반하며, 치료 효과에 대한 의문과 함께 심리적인 맥락에서도 역시 그러하다).

45 수학의 예는 Heinz von Foerster a.a.O., 같은 책, 207쪽 이하 참고. 학문체계의 적용에 관해서는 Wolfgang Krohn · Günter Küppers, *Die Selbstorganisation der Wissenschaft*, Frankfurt, 1989, 46쪽 이하 및 134쪽 이하 참고.

46 이에 대해서는 본 책 3장 「근대사회의 고유가치로서의 우연성」 참고.

47 Ernst Cassirer, *Substanzbegriff und Funktionsbegriff*, Berlin, 1910.

48 E.T.A. Hoffmann, *Klein Zaches, genannt Zinnober* 참고.

49 Ewald Wasmuth 편집본에 따른 단장 2167번, *Fragmente* II, Heidelberg, 1957. [루만은 1991~1992년 강의인 『체계이론 입문』에서도 프랑스혁명 이후 새로운 질서에 따른 시간의식에 주목한 노발리스의 유사한 문제의식을 환기하고 있다. "예컨대 노발리스를 읽으면서 나는 다음과 같은 구절을 찾아냈다. '안정된 형태의 시간으로부터 우리는 빠져나왔다.' 프랑스혁명이 가능했다는 것은 곧 적어도 사회적 영역에서는 무엇이나 가능했음을 의미했다." 이제 결정의 압박을 받는 '전환점'으로서 현재, 미래와 과거의 구별점이자 차이로서의 현재라는 시간의식이 등장한다. 니클라스 루만, 『체계이론 입문』, 윤재왕 옮김, 새물결, 2014, 273쪽]

2 유럽적 합리성

1 (회고적인) 진정성에 대한 이러한 요구의 한 측면을 다룬 것으로는 다음을 참고. Dean MacCannell, "Staged Authenticity: Arrangements of Social Space in Tourist Settings", *American Journal of Sociology* 79 (1973), 589~603쪽. 그리고 진정성, 표현의 자생성, 관찰되는 것에 대해 성찰하지 않는 것, 해프닝, 퍼포먼스, 설치 등에 대한 인위적인 시도들 역시 분류될 수 있다. 프레데릭 분젠의 기술과 비교해보라. Niklas Luhmann · Frederick D. Bunsen · Dirk Baecker, *Unbeobachtbare Welt: Über Kunst und Architektur*, Bielefeld, 1990, 46쪽 이하.

2 나는 해체를 강조한다. 17세기에, 특히 데카르트에 의한 합리성표상의 새로운 정식화는 이미 차이에 기반한 재공고화라는 반응이었다. 그 때문에 스티븐 툴민이 그렇게 강조한 16세기와 17세기의 구별은 결정적일 수 없다. Stephen Toulmin, *Cosmopolis: The Hidden Agenda of Modernity*, New York, 1990. 물론 내전과 16세기의 철학적 회의주의가 재공고화를 명확하게 했고, 비록 처음부터 합리성에 대한 새로운 개념화로 시작한 것은 아니지만 16세기 중반부터 그 길로

이끌었다는 것에 대한 논쟁을 지금 하려는 것은 아니다. 이에 대해서는 트리니티 공의회, 예수회의 교과과정, 프랑스의 사법개혁, 이탈리아에서 유래한 귀족의미론의 개정, 우아하고 단순한 방향으로의 사법 개념성의 철저한 작업, 국가이성ratio status과 국가적 결정 중심의 주권이라는 교리를 생각할 수 있다.

3 이러한 정식화로는 다음을 참고. Herschel Baker, *The Wars of Truth: Studies in the Decay of Christian Humanism in the Earlier Seventeenth Century*, Cambridge Mass., 1952, Gloucester, 1969.

4 점점 무시되었을 뿐 아니라 도서관에서도 찾아볼 수 없는 구조와 연관된 가장 흥미로운 제안은 다음의 것이다. Emerie Crucé, *Le nouveau Cynée ou Discours d'Estat*, Paris, 1623, Philadelphia, 1909 신판에서 인용. 인간성은 종교의 미스터리mystère de la Religion를 설명하는 것보다 더 중요하며, 인간은 신앙교리를 믿는 것이 아니라 신을 믿어야 하고, 귀족은 명망에 대한 욕구와 전쟁에 몰두할 것이 아니라 경제에 몰두해야 한다.

5 그에 대한 증거들로는 다음을 참고. U. Wolf s.v. Ontologie in *Historisches Wörterbuch der Philosophie*, Bd.6, Basel, 1984, 1189~1200쪽.

6 이에 대해서는 다음을 보라. Dietrich Schwanitz, "Rhetorik, Roman und die inneren Grenzen der Kommunikation: Zur systemtheoretischen Beschreibung einer Problemkonstellation der 'sensibility'", *Rhetorik* 9 (1990), 52~67쪽. 이러한 재등장이 트리스트람 섄디 텍스트에서 패러디된다는 것은 잘 알려져 있지만, 무엇보다도 장 파울은 소설이 갖는 이야기의 유동성이라는 단점을 이유로 이런 가능성을 제거하고자 하지 않았다. 다시 말해서 『보이지 않는 오두막*Die unsichtbare Loge*』 같은 작품에서 볼 수 있는 끝나지 않는 전개가 그것이다.

7 Ilya Prigogine, "La lecture du complexe", *Le genre humain* 7/8 (1983), 221~233(223)쪽. 이처럼 물리학자 없는 고전적인 세계개념에 대한 풍부한 비판으로는 다음을 참고. Llya Prigogine · Isabelle Stengers, *La nouvelle alliance*, Paris, 1979.

8 이에 대해 더 나은 것으로는 다음을 추천할 수 있다. Friedrich Schlegel, "Signatur des Zeitalters" (1823), *Dichtungen und Aufsätze* (Hrsg. Wolfdietrich Rasch), München, 1984, 593~728쪽.

9 이는 미셸 마페졸리가 관심을 갖는 테마들이다. 다음을 보라. *L'ombre de Dionysos: Contribution à une sociologie de l'orgie*, Paris, 1982; *La connaissance ordinaire: Précis de sociologie compréhensive*, Paris, 1985. [『디오니소스의 그림자: 광란의 사회학을 위하여』, 이상훈 옮김, 삼인, 2013]

10 이에 대해서는 매리 더글러스 또한 다음처럼 말한다. "비합리성은 너무 협소한 합리성 정의를 보호하기 위해 쓰이는 경향이 있다." Mary Douglas, *Risk Acceptability According to the Social Sciences*, New York, 1985, 3쪽.

11 학제 간 시도되는 기호학의 맥락에서 그러하다. Dean MacCannell · Juliet

F.MacCannell, *The Time of the Sign: A Semiotic Interpretation of Modern Culture*, Bloomington Ind., 1982, 18쪽.

12 "……이성이 확실한 지식 획득으로 이해되는 정도에 따라 근대성의 재귀성은 실제로는 이성을 전복한다." 역시 참고. Anthony Giddens, *The Consequences of Modernity*, Stanford Cal., 1990, 39쪽.

13 "미규정은 '확고하게 미리 정해진 양식의 규정가능성'을 필연적으로 의미한다." Edmund Husserl, *Ideen zu einer reinen Phänomenologie und phänomenologischen Philosophie*, Bd.1, *Husserliana*, Bd. 3, Den Haag, 1950, 100쪽(강조는 후설). [국역본에 따르면 이 문장은 다음과 같다. "실로 '규정되어 있지 않음'은 '확고하게 미리 규정된 양식의 '규정할 수 있음'을 필연적으로 뜻한다." 에드문트 후설, 『순수현상학과 현상학적 철학의 이념들』 1, 이종훈 옮김, 한길사, 2009, 155쪽]

14 존재관계의 직접성을 서술하고자 할 때, 생철학은 더이상 삶/죽음의 구별에서 출발할 수 없고, 역학, 체계, 결국은 합리성과 같은 다른 반대개념을 모색한다.

15 다음을 참고. Josef Simon, *Philosophie des Zeichens*, Berlin, 1989.

16 이에 대해서는 다음을 참고. "Why no One's Afraid of Wolfgang Iser", in Stanley Fish, *Doing What Comes Naturally: Change, Rhetoric, and the Practice of Theory in Literary and Legal Studies*, Oxford, 1989, 68~86쪽.

17 많은 것들 중 다음을 보라. Mary Hesse, *Revolutions and Reconstructions in the Philosophy of Science*, Brighton, 1980. [메리 헤시의 작업은 『사회의 사회』에서 '재기술redescription' 개념이 활용된다. 즉, "이것은 사실상 기술들을 끊임없이 재기술하는 데로, 끊임없이 새로운 비유들을 도입하거나 예전의 비유들을 재사용하는 데로, 그러니까 메리 헤시가 말하는 재기술로 나아간다"는 것이다. 이렇게 사회의 자기기술은 자기 자신에 대한 재기술이어서 사회의 자기기술은 자기포함적이며, 이를 사회적 현실로 하는 근대사회는 자기기술에 대한 이론을 요구한다. 니클라스 루만, 『사회의 사회』 1, 장춘익 옮김, 새물결, 2014, 26쪽. 흥미로운 점은 로티 역시 헤시의 같은 논문을 참고하면서 '재기술'로 자신의 '아이러니'개념을 구축하고 있다는 점이다. 아이러니스트는 미완성에 대한 불안을 갖는데, 이는 인류의 연대보다는 사적인 완성을 목표로 하기 때문이다. 하지만 그 목표는 완성될 수 없는 것이어서, 자신의 과거를 자신의 어휘로 '재기술'하면서 불가능하다는 것을 알고는 있지만, 그 목표에 도달하고자 하는 하나의 '프로젝트'가 된다. 이런 점에서 "세계와 과거를 재기술하려는 어떠한 프로젝트도, 또 각자의 특이한 메타포를 부과함으로써 자아창조를 하려는 어떠한 프로젝트도, 주변적이며 기생적이라는 점을 면할 수 없다는 사실과 상관관계에 놓여 있다. 메타포들은 낡은 낱말들을 낯선 방식으로 사용하는 것이지만, 그러한 용법은 이미 친숙한 방식으로 사용 중인 다른 낡은 낱말들을 배경으로 해야만 가능한 것이다." 리처드 로티, 『우연성, 아이러니, 연대』,

김동식 · 이유선 옮김, 사월의책, 2020, 104쪽. 헤시에 관한 직접적인 논의는 같은 책, 58, 122쪽 참고]

18 Ronald Dworkin, "No Right Answer?", in P.M.S. Hacker · J. Raz (Hrsg.), *Law, Morality, and Society: Essays in Honor of H.L.A. Hart*, Oxford, 1977, 58~84쪽. ["영미의 보통법에서는 이와 유사한 문제를 '판결하기 어려운 사건hard cases' 이라는 표제어로 논의한다. 사회학자의 관점에서는 일단 다음과 같은 측면을 파악해야 한다. 즉 '판결하기 어려운 사건'은 법원이 결정을 내려야 하는 전체 사례들 가운데 극소수의 사례에 국한된다는 사실이다. 하지만 법의 발전 및 이를 동반하면서 이를 정당화하는 법이론에게는 이러한 '판결하기 어려운 사건'이 결정적 의미를 갖는다. 왜냐하면 이 예외적 사례들은 의심의 여지 없이 효력을 갖고 있는 기존의 규범을 논리적으로 정확한 연역적 방법에 따라 적용하더라도 명확한 결론에 도달할 수 없는 사례이기 때문이다. 다시 말해 의문의 여지 없이 효력을 갖고 있는 현행법에 대한 지식만으로는 누가 법의 편에 있고 누가 불법의 편에 있는지의 전제가 되는 사실관계를 제대로 서술할 수 없는 경우이다. '그럼에도 불구하고 법원은 이러한 사례에 대해서도 결정을 내려야 한다.'" 니클라스 루만, 『사회의 법』, 420~421쪽. 또한 영미 법학에서 '판결하기 어려운 사건'에 대한 법학적인 정립에 대해서는 다음을 참고. 로널드 드워킨, 『법과 권리』, 염수균 옮김, 한길사, 2010, 187~269쪽]

19 Ronald Dworkin, *The Law's Empire*, Cambridge Mass., 1986, viii 이하. [로널드 드워킨, 『법의 제국』, 장영민 옮김, 2004, 아카넷. '결정근거' '판결이유'로서 도덕적 정당화가 '판결하기 어려운 사건'의 결정에 영향을 미칠 수 있는가에 대해서 루만은 다음처럼 회의적인 입장을 표명한다. "도덕적 정당화가 결정 규칙에 대한 '인정 가능성'을 어느 정도 높일 수 있을지는 모르지만 오늘날의 상황에 비추어 볼 때 결정 규칙의 효력에 대해 의문의 여지가 없는 확실한 토대를 마련해줄 수는 없다. 이 밖에도 도덕을 원용하는 것은 결정의 강제의 압박을 받는 상황에서 거부 대상이 되는 법적 견해들에 대해 도덕적 타당성마저 박탈해야 한다는 (참기 어려운) 단점을 안고 있다." 루만, 같은 책, 421~422쪽. 드워킨은 이에 대해 '규칙rules'과 '원칙principles'의 구별을 통해서 결정 규칙의 근거를 정초할 수 있다고 본다. 즉, 유일하게 정당한 결정이 가능하다고 본다. 또한 이는 다른 한편으로 '헌법적 도덕constitutional morality'에 대한 논의로 이론화된다.]

20 이 주제에 대해서는 다음을 보라. Elena Esposito, *L'operazione diosservazione: Teoria della distinzione e teoria dei sistemi sociali*, Diss., Bielefeld, 1990.

21 특히 다음을 보라. George Spencer–Brown, *Laws of Form*, Neudruck, New York 1979; Heinz von Foerster, *Observing Systems*, Seaside Cal., 1981; Gotthard Günther, *Beiträge zur Grundlegung einer operationsfähigen Dialektik*, Bd.I~III, Hamburg, 1976~1980.

22 이 문제에 대해서는 많은 논쟁이 야기되었다. 특히 Nigel Howard, *Paradoxes of Rationality: Theory of Metagames and Political Behavior*, Cambridge Mass., 1971 참고.

23 Michel Serres, *Le Parasite*, Paris, 1980. [미셸 세르, 『기식자』, 김웅권 옮김, 동문선, 2002]

24 이에 대해서는 다음을 보라. Niklas Luhmann, "Wie lassen sich latente Strukturen beobachten?" in Paul Watzlawick, Peter Krieg (Hrsg.), *Das Auge des Betrachters–Beiträge zum Konstruktivismus: Festschrift für Heinz von Foerster*, München, 1991, 61~74쪽.

25 Amartya K. Sen, "Rational Fools: A Critique of the Behavioral Foundations of Economic Theory", *Philosophy and Public Affairs* 6 (1976–1977), 317~344쪽.

26 Paul Valéry, "Mélange", *Œeuvres*I, Paris (éd. de la Pléiade), 1957, 329쪽.

27 '인식론적 장애obstacles épistémologiques' 개념은 다음에서 유래한다. Gaston Bachelard, *La formation scientifique: Contribution à une Psychanalyse de la connaissance objective*, Paris 1938, Neudruck, 1947, 13쪽 이하. [루만은 정확히 이런 맥락에서 '인식론적 장애'를 다음과 같이 정리한다. "이 개념이 뜻하는 것은 적절한 학문적 분석을 방해하고 충족될 수 없는 기대를 산출하지만, 그러나 이렇게 약점을 알면서도 대체할 수 없는 전통의 부담이다." 니클라스 루만, 『사회의 사회 』1, 37~38쪽]

28 이에 대해서는 다음을 보라. *Revue internationale de systémique*, 1(4), 1990.

29 이러한 합리성 이해에 대한 이의는 이익의 극대화와 이성적인 이해라는 둘 사이의 어떠한 가교도 없는 상이한 두 개의 입장이 형성되었다는 데서 찾을 수 있다.

30 과거와 미래의 대칭의 파괴로서의 비가역성에 관한 관점으로는 다음을 보라. Ilya Prigogine, *Vom Sein zum Werden: Zeit und Komplexität in den Naturwissenschaft*, München, 1979; "Order out of Chaos" in Paisley Livingston (Hrsg.), *Disorder and Order: Proceedings of the Stanford International Symposium* (Sept. 14.–16. 1981), Saratoga Cal., 1984, 41~60쪽.

31 이에 대해서는 George Spencer–Brown, *Laws of Form*, 1979, 56쪽 이하, 69쪽 이하 참고. 그렇지만 스펜서브라운에게는 이 개념의 효과가 충분히 명확하지 않았다. 자기지시가 구별에 의해 제약받는 것처럼, 반대로 자기지시에 의해 구별능력이 제약받는다는 점을 고려할 때, 이후 더 많은 적용이 가능하다. 그 구별가능성의 진행을 상실할 만큼 순환적인 과정이 반복된다면, 형식 안으로 형식을 복사하는 것은 대칭현상과 반복현상 그래서 모든 무한성의 기초가 된다고 할 수 있다. Louis H. Kauffman, "Selfreference and Recursive Forms", *Journal of Social and Biological Structures* 10 (1987), 53~72쪽.

32 소쉬르에 대한 문제제기는 다음을 참고. Roman Jakobson, "Zeichen und System

der Sprache" (1962), in Roman Jakobson, *Semiotik: Ausgewählte Texte 1919–1982*, Frankfurt, 1988, 427~436쪽.

33 기호signe를 기표signifiant와 기의signifié의 구별로 정의할 때, 문제를 기술적으로 정식화할 수는 있지만, 그것으로는 문제가 해결되는 것이 아니라 단지 불확실해지고 회피될 뿐이다. [이에 대한 상세한 설명은 다음을 참고. 니클라스 루만, 『사회의 사회』 1, 250쪽 이하]

34 이에 대해서는 다음을 참고. Dean MacCannell · Juliet F. MacCannell, *The Time of the Sign: A Semiotic Interpretation of Modern Culture*, Bloomington Ind., 1982. 이미 다음에서 이와 유사한 논의를 확인할 수 있다. Julia Kristeva, *Semiotikè: Recherches pour une Sémanalyse*, Paris, 1969, 특히 19, 21쪽 이하, 279쪽. 이 작업의 목표는 기호구조를 포기하지 않고서, 그 작동적 실천(노동)의 방향을 갖는 '기호분석sémanalyse'를 통해 기호구조를 넘어서는 것이다.

35 이에 대해서, 형이상학이 없을 수 없다는 것을 명백히 하는 주장으로 존재론적인 형이상학을 복권하려는 시도가 있다는 것을 간과할 수 없다. '기호Zeichen' 의 경우에는 다음을 참고. Josef Simon, 같은 책, 1989. 초월적 철학으로의 회귀로는 다음을 참고. Gerhard Schönrich, *Zeichenhandeln: Untersuchungen zum Begriff einer semiotischen Vernunft im Ausgang von Ch.S. Pierce*, Frankfurt, 1990.

36 여기에 허치슨, 흄 그리고 스미스와 더불어 추구되었던 자연적인 사회적 충동, 자연적인 '연민Sympathie' '상상력Imagination'을 통해 보장되고 조정되는 규칙의 준수라는 이론의 곤경이 있다. 여기서 합리성에 대한 불충분한 개념으로 시작하는 것을 안전하게 하기 위해서는 어떤 시도라도 해야 한다는 것을 새삼 확인하게 된다.

37 Spencer–Brown, 같은 책, 1쪽.

38 이에 대해서는 다음을 참고. Joseph A. Goguen · Francisco J. Varela, "Systems and Distinctions: Duality and Complementarity", *International Journal of General Systems* 5 (1979), 31~43쪽 참고. Ranulph Glanville · Francisco Varela, "Your Inside is Out and Your Outside is In" (Beatles 1968), in G.E.Lasker (Hrsg.), *Applied Systems and Cybernetics*, Bd.II, New York, 1981, 638~641쪽.

39 이에 대한 보다 상세한 설명은 다음을 참고. Niklas Luhmann, *Soziale Systeme: Grundriß einer allgemeinen Theorie*, Frankfurt, 1984, 15쪽 이하. 니클라스 루만, 『사회적 체계들』, 이철 · 박여성 옮김, 한길사, 2020, 75쪽 이하.

40 E.T.A. Hoffmann, *Prinzessin Brambilla* 참고. [에른스트 테오도어 아마데우스 호프만, 『브람빌라 공주』, 곽정연 옮김, 책세상, 2004] 또한 다음도 참고. Winfried Menninghaus, *Unendliche Verdopplung: Die frühromantische Grundlegung der Kunsttheorie im Begriff absoluter Selbstreflexion*, Frankfurt, 1987.

41 스펜서브라운과의 연관에 대해서는 다음을 참고. Jacques Miermont, "Les conditions formelles de l'état autonome", *Revue internationale de systémique* 3 (1989), 295~314쪽, 특히 303쪽 이하.

42 이것이 철학적 체계의 통상적인 방식이라는 것에 대해서는 다음을 참고. Nicholas Rescher, *The Strife of Systems: An Essay on the Grounds and Implications of Philosophical Diversity*, Pittsburgh, 1985.

43 법역사적인 주제에 이 문제를 적용한 것으로는 다음을 참고. Niklas Luhmann, "The Third Question: The Creative of Paradoxes in Law and Legal History", *Journal of Law and Society* 15, 1988, 153~165쪽.

44 형식 안으로 형식의 재진입을 완전히 추상적으로 지칭하고 구획하는 형식합리성 개념처럼 이와 동일한 기반에서 규정되는 더 추상적인 합리성 개념이 배제되어서는 안 된다.

45 Edmund Husserl, *Die Krisis der europäischen Wissenschaften und die transzendentale Phänomenologie, Husserliana*, Bd. VI, Den Haag, 1954. 파시즘이 영토적으로 확장되어간 시대뿐 아니라 전쟁 직후에도 이 저작의 매력이 완전히 이해되고 평가될 수 있었다는 점을 덧붙여야 한다. [에드문트 후설, 『유럽학문의 위기와 선험적 현상학』]

46 그에 대한 비판은 다음의 작업으로 충분하다. Henri Atlan, *A tort et à raison: Intercritique de la science et du mythe*, Paris, 1986.

47 존재의 설명과 언어 사용 간의 이런 연관에서 유럽적(그리스적) 전통의 독자성이라는 문제를 다루는 것으로는 다음을 참고. Jacques Derrida, "Le supplément de copule: La philosophie devant la linguistique", in *Marges de la philosophie*, Paris, 1972, 209~246쪽. 그 표시가 무엇인가 부재하는 것을 지시하는 형식의 해체 역시 데리다에게 중요하다. 그러나 그것은 더이상 특별히 유럽적인 것이 아니다.

48 이에 대해서는 다음의 탁월한 텍스트를 참고. Alois Hahn, "Zur Soziologie der Weisheit", in Aleida Assman (Hrsg.), *Weisheit: Archäologie der literarischen Kommunikation* III, München, 1991, 47~57쪽. 상당히 많은 점에서 이 분석에 대체로 동의하며 (내게는 결정적이기도 한) 일차 관찰과 이차 관찰의 구별과 그에 따라 더 첨예해지는 역사화만 덧붙이고자 한다. ["지혜들에 관해 말하는 텍스트들에서 눈에 띄는 것으로, 텍스트로 인해—현자에 대해—생겨난 기대 방식을 결정지은 것은 무엇보다도 다음과 같은 점이다. 즉 지식은 이제 자기지시적으로 파악되는데, 하지만 아직 일차 관찰 수준에서 세계에 대한 직접적인 견해에 머물러 있다." 지혜는 원시 사회에서 고도문명 사회로의 이행기, 특히 메소포타미아와 중국에서 생겨났다. 점술에 바탕한 지혜는 문자를 사용하면서 고도로 복잡한 형상으로 발전하게 되고 커뮤니케이션된다. 이 문제를 종교의 비밀과 도덕에서의 커뮤니케이션 기능의 역사적인 변화 속에서 살펴보는 것으로는 다음을 참고. 니클라스 루만, 『사회의 사회』 1, 283쪽 이하 (인용은 285쪽)]

49 유럽 전통에서 순수함의 명령에 관해서는 다음을 참고. 플라톤, 『크라튈로스』,

396 E-397. 이는 사물과 이름의 연관을 통찰하기 위한 전제가 된다. [루만은 한 강연에서 플라톤의 텍스트를 특정하지 않고, "플라톤이 올바른 이름을 알기 위해서는 반드시 순수해야 한다고 썼던 구절을 기억하고 있다"고 말했는데 이 대목일 개연성이 높다. 니클라스 루만, 『체계이론 입문』, 373쪽. 루만이 언급한 대화의 한 대목은 다음과 같다. "……그렇다면 모든 생물들에게 언제나 삶의 원인di hon이 되는 이 신의 이름은 올바르게 붙여진 셈이네. 그러나 내가 말했듯이 그의 이름은 하나인데도 '디스'와 '제우스' 둘로 나뉘어 있네. 제우스가 크로노스의 아들이라는 말은 얼른 들으면 무례하다는 생각이 들 수도 있겠지. 그러나 그Dia가 어떤 위대한 사유dianoia의 자손이라는 말은 일리가 있네. 왜냐하면 크로노스의 이름이 가리키는 '코로스'는 소년(koros)를 뜻하는 것이 아니라 그의 지닌 지성(nous)의 깨끗함과 순수함을 뜻하기 때문이지……" 플라톤, 『크라튈로스』, 김인곤 · 이기백 옮김, 이제이북스, 2007, 67~69쪽]

50 인쇄와 학문의 독립분화의 결과로서 이 형식의 역사에 대해서는 다음을 참고. Charles Bazerman, *Shaping Written Knowledge: The Genre and the Activity of the Experimental Article in Science*, Madison Wisc., 1988.

51 Humberto Maturana, *Erkennen: Die Organisation und Verkörperung von Wirklichkeit: Ausgewählte Arbeiten zur biologischen Epistemologie*, Braunschweig, 1982, 35쪽 이하.

52 전체적으로 보면 신문 기사 형식 역시 마찬가지라는 점은 우연이 아니다. 이에 대한 20세기의 위대한 사례 중 하나는 다음을 참고. Willard van O. Quine, "The Two Dogmas of Empiricism", in *From a Logical Point of View*, Cambridge Mass, 1961, 20~46쪽. [W.V.O. 콰인, 「경험주의의 두 가지 도그마」, 『논리적 관점에서』, 35~65쪽]

53 Dirk Baecker, *Information und Risiko in der Marktwirtschaft*, Frankfurt, 1988.

54 Niklas Luhmann, "Gesellschaftliche Komplexität und öffentliche Meinung", in *Soziologische Aufklärung* 5, Opladen, 1990, 170~182쪽.

55 Niklas Luhmann, "Weltkunst", in Niklas Luhmann · Frederick D. Bunsen · Dirk Baecker, *Unbeobachtbare Welt*, Bielefeld, 1990.

56 "……합리주의적인 전통은…… 문제를 정식화하는 방식에 내재된 맹목성을 설명하지 못하면서 문제가 객관적인 존재처럼 인정하는 경향이 있다." Terry Winograd, "Fernando Flores", *Understanding Computers and Cognition: A New Foundation for Design*, Reading Mass, 1987, 77쪽 및 97쪽 이하 참고. 유사한 관점은 Klaus Peter Japp, "Das Risiko der Rationalität für technisch ökologische Systeme", in Jost Halfmann · Klaus Peter Japp (Hrsg.), *Riskante Entscheidungen und Katastrophenpotentiale: Elemente einer soziologischen Risikoforschung*, Opladen, 1990, 34~60쪽. "합리적인 결정의 비합리적인 효과들을 고려할 수 있는 장착된 무능력에서."(51쪽) 이런 대목은 합리적인 결정을 선호하는 것이 갖는 위험에 대한 것이다.

57 그렇게 나는(나는!) Stanley Fish의 앞의 논문을 해석한다(해석한다!).

58 이와 매우 유사한 생각은 다음을 참고. Dean MacCannell · Juliet F. MacCannell, 같은 책, 1982, 121쪽. "'포스트합리적인postrational' 관점은 그 분할의 필연성에 대한 이성의 근본적인 주장을 절대적으로 존경할 수 없는 위치에 있다는 점에서 합리적인 관점과 다르다. 그 관점은 그 분할들이 자의적이라는 것을 아는 것이다."

59 덜 알려진 이 개념성의 출발점으로는 다음을 참고. Fritz Heider, "Ding und Medium", *Symmposion* 1 (1926), 109~157쪽. 더불어 Niklas Luhmann, "Das Medium der Kunst", *Delfin* 4 (1986), 6~15쪽 및 Frederick D. Bunsen (Hrsg.), "ohne Titel", *Neue Orientierungen in der Kunst*, Würzburg, 1988, 61~71쪽.

60 이에 대해 구체적인 연구로는 다음을 참고. David Bohm, "Fragmentierung und Ganzheit" in Hans-Peter Dürr(Hrsg.), *Physik und Transzendenz: Die großen Physiker unseres Jahrhunderts über ihre Begegnung mit dem Wunderbaren*, Bern, 1986, 263~293쪽. 또한 다음도 참고. Ken Wilber (Hrsg.), *Das holographische Weltbild*, Bern, 1986.

61 다음의 인용에서 볼 수 있는 제약(?)과 함께 이를 확인하게 된다. "개인이나 공동체 차원에서 통일성을 가정하는 것은 자연 상태로 되돌아가려는 욕구에 기반한다." Dean MacCannell · Juliet F. MacCannell, 같은 책, 1982, 149쪽 참고.

62 George Spencer-Brown, *Laws of Form*, 1쪽.

63 이에 대해서는 다음을 참고. Niklas Luhmann · Peter Fuchs, *Reden und Schweigen, Frankfurt*, 1989, 46쪽 이하.

3 근대사회의 고유가치로서의 우연성

1 Emile Boutroux, *De la contingence des lois de nature*, Paris, 1874, 1915년 8판 참고.

2 이에 대해서는 우연성 개념에 대한 강조가 없긴 하지만 다음을 참고. Josef Simon, *Philosophie des Zeichens, Berlin*, 1989.

3 다음에서 인용. Elisabeth Mensch, "The History of Mainstream Legal Thought", in David Kairys (Hrsg.), *The Politics of Law: A Progressive Critique*, New York, 1982, 18~39쪽(여기서는 18쪽).

4 이에 대한 '일반적인 진술'은 다음을 참고. Talcott Parsons · Edward A. Shils (Hrsg.), *Towards a General Theory of Action*, Cambridge Mass, 1951, 14쪽 이하. 또한 James Olds, *The Growth and Structure of Motives: Psychological Studies in the Theory of Action*, Glencoe Ill., 1956, 특히 198쪽 이하. 파슨스의 우연성 개념에 대해서는 다음을 참고. Niklas Luhmann, "Generalized Media and the Problem of Contingency", in Jan J. Loubser 외 (Hrsg.), *Explorations in General Theory in*

Social Science: Essays in Honor of Talcott Parsons, New York, 1976, 2권, 507~532쪽. 그 외에도 거의 동일한 문제가 이전에 자기애(자기애를 통한 자기애임에도 불구한 질서)라는 표어하에 다뤄진 바 있다. "Traité de la charité et de l'amour propre", in Pierre Nicole, *Essais de Morale*, Bd.III, Paris, 1682, 특히 2장 ("Comment l'amour propre a pû unir les hommes dans une mesme societé"). 누구나 자기애를 볼 수 있었고 그에 따라 다른 이에게서 질서에 대한 위협 또한 볼 수 있었기 때문에, 자기 자신을 유지하기 위해서는 자기 자신을 훈련해야만 했다. 그러나 당연히 그것은 종교가 '자선charité' 으로 요구하는 것이 아니다. 이러한 질서의 출발점은 명시적으로 홉스에 이의를 제기한 것처럼(Nicole, 같은 책, 149쪽), 자연적인 권리가 아니라 죄다.

5 다음의 텍스트 참고. Siegfried J. Schmidt(Hrsg.), *Der Diskurs des Radikalen Konstruktivismus*, Frankfurt, 1987. [지크프리트 J. 슈미트, 『구성주의』, 박여성 옮김, 까치, 1995]

6 결정적인 텍스트의 진위가 무엇이든 간에 이 규정은 아리스토텔레스에게 귀속된다. 'endechómenon'의 다양한 의미에 대해서는 다음을 참고. A.P. Brogan, "Aristotle's Logic of Statements about Contingency", *Mind* 76 (1967), 49~61쪽.

7 여기서는 필연성과 불가능성이 명확한 개념이라는 이유로 단순화를 가정했다. 그리고 이에 대해서는 칸트적인 질문기술의 독법으로 이러한 명확성을 해소하고, 필연성과 불가능성의 조건들에 대해 물을 수 있다는 것, '즉 양상이론적인 개념 자체를 우연화할 수 있다'는 것에 대해 충분히 알고 있다.

8 이와 같은 시도에 대해서는 다음을 보라. Aristoteles, *Peri hermeneias*, 12, 13. 그러나 우연하지 않은 것이라는 우연한 것에 대한 부정은 그 부정이 필연적인 것뿐 아니라, 불가능한 것도 의미할 수 있기 때문에, 다의적이다. ['명제에 관하여'로 옮길 수 있는 이 저작에 대해서는 다음을 참고. 아리스토텔레스, 『범주들 / 명제에 관하여』, 김진성 옮김, 이제이북스, 2009, 177~193쪽]

9 다음을 참고. Gotthard Günther, *Idee und Grundriß einer nicht-Aristotelischen Logik*, Hamburg, 1959 및 *Beiträge zur Grundlegung einer operationsfähigen Dialektik*, 1~3권, Hamburg, 1976~1980.

10 George Spencer-Brown 과 Gotthard Günther에 기반한 Elena Esposito의 박사논문 역시 참고할 수 있다. *L'operazione di osservazione: Teoria della distinzione e teoria dei sistemi sociali*, Bielefeld, 1990.

11 자세한 것은 Niklas Luhmann, *Die Wissenschaft der Gesellschaft, Frankfurt*, 1990, 제2장 참고. [니클라스 루만, 『사회의 학문』]

12 이 용어는 조지 스펜서브라운의 저작에서 정식화되었다. George Spencer-Brown, *Laws of Form*, New York, 1979.

13 이러한 의미차원의 구별과 그 분화의 진화에 대해서는 다음을 참고. Niklas Luhmann, *Soziale Systeme: Grundriß einer allgemeinen Theorie*, Frankfurt, 1984, 특히 127쪽 이하. [니클라스 루만, 『사회적 체계들』, 219쪽 이하]

14 누가 관찰'되는가'라는 정식화가 결정적이다. 그것은 누가 관찰하는가에 모든 것이 달려 있는 주체주의라는 알려진 문제의 재판再版이 아니다.

15 이에 대해서는 다음을 참고. Niklas Luhmann, "Wie lassen sich latente Strukturen beobachten?", in Paul Watzlawick, Peter Krieg (Hrsg.), *Das Auge des Betrachters : Beiträge zum Konstruktivismus. Festschrift für Heinz von Foerster*, München, 1991, 61~74쪽.

16 George Spencer-Brown, *Laws of Form*, New York, 1979 및 Louis H. Kauffman, "Self-reference and recursive forms", *Journal of Social and Biological Structures* 10 (1987), 53~72쪽.

17 다음의 논문 참고. Heinz von Foerster, "Objects: Tokens for (Eigen-) behaviors", in *Observing Systems*, Seaside California, 1981, 274~285쪽. 독일어 번역본으로는 다음을 참고. *Sicht und Einsicht: Versuche zu einer operativen Erkenntnistheorie*, Braunschweig, 1985, 207~216쪽.

18 이에 대한 사유 진행의 재구성과 그 문제에 대한 근대적인 분석은 상당히 많지만, 다음을 참고할 수 있다. Dorothea Frede, *Aristoteles und die Seeschlacht: Das Problem des Contingentia Futura in De Interpretatione* 9, Göttingen, 1970. [아리스토텔레스, 『범주들 / 명제에 관하여』, 158쪽 이하]

19 이에 대해서는 다음을 참고. Konstanty Michalski, "Le problème de la volonté à Oxford et à Paris au XIVe siècle", *Studia Philosophica* 2 (1937), 233~365쪽(285쪽 이하), Philotheus Boehner (Hrsg.), *The tractatus de praedestinatione et de praescientia Dei et de futuris contingentibus of William Ockham*, St. Bonaventura N.Y., 1945; Léon Baudry (Hrsg.), *La querelle des futurs contingents(Louvain 1465–1475)*, Paris, 1950; Guy Thomas, "Matière, contingence et indéterminism chez saint Thomas", *Laval Théologique et Philosophique* 22 (1966), 197~233쪽. 자본주의적인 근대의 동기표준 형성에 있어서 막스 베버가 매우 중요하다고 간주한 신의 미래처리의 인식불가능성이라는 주제의 기원 중 하나가 여기에 있다는 것은 명백하다. 우리는 이에 대해 다룰 것이다. ['미래 우연자futuris contingentibus'에 관한 중세 이후의 오랜 논의는 참/거짓이라는 두 가치를 갖는 코드화에 따라 배제되어야 하는 '확정 불가능'이라는 제3의 가치가 미래 속에는 가능할지 모른다는 것을 포함한다. 그래서 이 제3의 가치가 적용될 때 "만일 그렇게 된다면 어떻게 될까?"라는 형식에 대한 사회학적인 검토가 가능해진다. 그 법적인 논증과 효력에 대해서는 다음을 참고. 니클라스 루만, 『사회의 법』, 윤재왕 옮김, 새물결, 2014, 510~511쪽]

20 Aristoteles, *Peri hermeneias*, 16a, 3이하. [아리스토텔레스, 『범주들 / 명제에 관하여』, 135쪽 이하]

21 Thomas von Aquinas, *Summa Theologiae* I, q.14 a.13. 그것은 당연히 신이 '우연한 것'의 하나의 '필연적인' 원인이라는 것을 배제하지 않는다. 우연한 것의 의미는

신의 관찰을 통해서'만' 연역된다고 할 수 있다. [이에 대해서는 다음을 참고. 토마스 아퀴나스, 『신학대전』 2, 정의채 옮김, 바오로딸, 2014, 제14문제 13항 「하느님의 지식은 미래의 우연적인 것들에 관계되는가」]

22 이에 대해서 쿠자누스는 다음처럼 말한다. "당신(신)의 봄은 당신의 존재이기 때문에, 제가 존재합니다. 왜냐하면 당신이 저를 쳐다보시기 때문입니다Et cum videre tuum sit esse tuum, ideo ego sum, quia tu me respicis." Nicolaus Cusanus, *De visione Dei* IV. 독역본 *Philosophisch-theologische Schriften*, Bd.III, Wien, 1967, 93~219쪽(여기서는 104쪽) 참고. [니콜라우스 쿠자누스, 『신의 바라봄』, 김형수 옮김, 가톨릭출판사, 2014, 87쪽. 이하 이 저작의 인용은 국역본을 따른다.]

23 "당신이 저를 보심으로써, 숨은 신이신 당신이 저로부터 보이도록 허락하십니다Videndo me das te a me videri, qui es Deus absconditus." 쿠자누스, 같은 책, V, 108쪽. [쿠자누스, 같은 책, 92쪽. 루만과 다른 맥락에서 베버는 쿠자누스의 '숨은 신'을 언급한다. 베버는 정치와 윤리, 특히 선한 것에서는 선한 것만, 악한 것에서는 악한 것만 나온다는 신념으로 세계의 윤리적 비합리성을 견디지 못하는 신념윤리를 정치현실에서 고수하는 것은 정치적으로 어린아이에 불과하다고 본다. 이는 정치에서 '목적에 의한 수단의 정당화'라는 문제를 제기하며 종교적으로는 이미 '신정론'으로 제기된 오랜 문제라고 확인한다. 세계의 비합리성을 경험하고 그런 불가피한 상황에서 행위해야 하기 때문에 정치와 윤리, 종교에서 이 문제는 필연적이다. "이 문제, 즉 세계의 비합리성의 경험이라는 문제가 모든 종교발전의 원동력이었던 것입니다. 인도의 업보이론, 그리고 페르시아의 이원론, 원죄설, 예정조화설 그리고 〈숨어 계신 신〉 등 이 모든 것들은 바로 세계의 비합리성에 대한 경험에서 발전한 것입니다." 막스 베버, 『직업으로서의 정치』, 전성우 옮김, 나남, 2007, 124~125쪽]

24 "Visio enim praestat esse quia est essentia tua." 쿠자누스, 같은 책, XII, 142쪽. [쿠자누스, 같은 책, 132쪽]

25 "dico quod contingentia non est tantum privatio vel defectus entitatis(sicut est deformitas in actu illo qui est pecatum), immo contingentia est modus positivus entis(sicut necessitas est alius modus), et esse positivum", Duns Scotus, *Ordinatio* I, 39, q. 1-5; "Ad argumenta pro tertia opinione", Opera Omnia, Bd. VI, Civitas Vaticana, 1963, 444쪽. 이와 관련해서 스코투스는 우연성이 기형 같은 제2원인 causa secunda에 기인하지 않는다는 주장과 함께, 제1원인 causa prima과의 연관 속에서 상세한 논의를 이어간다. 즉, 우연성은 신의 지식의 직접적인 상관물로 간주되어야 한다는 것이다. [이 구절은 'Ad argumenta pro tertia opinione (세번째 견해와 관련된 논증들에 대하여)'에 포함되어 있다. 스코투스는 누군가의 입을 빌려 세번째 견해를 제시했고, 이 견해를 다시 권위(보에티우스 Boethius)에 따라 생각해보고, 자신이 교정하고 있다. 인용하고 있는 정본

Ordinatio에서 이 문장은 앞서 제시한 세번째 견해를 다루는 논의의 문맥에 속해있으며, 이런 점을 고려하여 루만은 이 논증들 전체가 아닌 스코투스의 판단과 주석을 자신의 논거로 삼고 있다고 할 수 있다.]

26 이에 대해 토마스 아퀴나스는 "신 안에는 지성intellectus이 존재하기 때문에 신 안에는 의지가 존재하기 마련이다. 자신이 이해한다는 것intelligere이 자신이 존재한다는 것이듯, 자신이 의지한다는 것도 이와 마찬가지다oportet in Deo esse volutatem, cum sit in eo intellectus. Et sicut suum intelligere est suum esse, ita suum velle"라고 말한다. Thomas von Aquino, *Summa Theologiae* I, q.19 a.1. 당연히 이러한 구별이 무엇 때문에 유지되는지 물을 수 있다. [이 문장은 'De voluntate dei(신의 의지에 대하여)'를 다룬 『신학대전』 1권 19문 1항에 제시되어 있다. 아퀴나스는 "신 안에는 의지가 없다고 생각된다videtur quod in deo non sit voluntas"라는 세간의 견해를 제시하고 이에 대한 자신의 생각을 비판적으로, 즉 루만의 인용에서 보듯이 그 견해와 반대되는 생각을 주장하고 있다. 이에 대해서는 다음을 참고. 토마스 아퀴나스, 『신학대전』 2, 제19문제 1항 「하느님의 의지에 대하여」]

27 Plato, *Sophistes*, 254 A–B. 철학자들의 관찰위치가 가장 밝은 빛을 요구한다는 그 이유 때문에 철학자들을 관찰하기 어려울 수 있다dià tó lampròn aû tês chóras oudamôs eupetès ophthênai고 말할 때, 이는 이차 등급 관찰의 주제와 맞닿아 있다. [플라톤, 『소피스트』, 이창우 옮김, 아카넷, 2019, 116쪽 이하]

28 머리를 흔들면서 단념하는 마크 트웨인Mark Twain의 대천사는 더 적게 결정한다. 그는 그 점을 알아야 하지만, 그것이 우리의 관심사는 아니다. 1938년 사후 최초로 출간된 다음의 판본 참고. Mark Twain, *Letters from the Earth*, New York, 1962. [마크 트웨인, 『지구로부터의 편지』, 윤영돈 옮김, 베가북스, 2005]

29 또한 반대로 모든 구별은 이미 언제나 자기지시와 결합되어 있다. 적어도 오늘날의 관점에서는 그렇다. "……자기-지시와 구별이라는 관념은 분리불가능하다(그러므로 개념적으로 동일하다)." Louis H. Kauffman, "Self-Reference and Recursive Forms", in *Journal of Social and Biological Structures* 10 (1987), 53~72쪽. [사회학에서 관찰자의 문제를 제기하면서 루만은 수학과 사이버네틱스를 자기지시로 합치고자 한 카우프만의 같은 구절을 인용한다. 더불어, 철학적인 맥락에 익숙한 독자는 피히테Fichte를 염두에 둘 수도 있다고 첨언한다. 즉 "마찬가지로 자신의 '나'를 내가 아닌 것으로부터 구별되도록 함으로써 작동시킬 수 있었습니다. 관찰자로 수립할 수 있었다는 것입니다." 니클라스 루만, 『사회이론 입문』, 이철 옮김, 이론출판, 2015, 474쪽]

30 쿠자누스, 같은 책, VI, 106쪽.

31 "Et hoc scio solum, quia scio me nescire.", 쿠자누스, 같은 책, XIII, 146쪽. 번역 오류를 피하기 위해서 라틴어 문장을 그대로 인용했다. 해당 편집 본 맞은편에 있는 독일어 번역은 "나는 내가 알지 못한다는 것을 안다는 '것'을 알 뿐이다."

(강조는 루만) 그러나 흥미로운 점과 근대 구성주의와의 유사성은 바로 그 '것 quia'에 있다. [루만이 인용한 이 구절을 포함하고 있는 전체 문장은 다음과 같다. "저는 제가 보는 것을 알지 못하고 그것을 결코 알 수 없다는 것을 안다는 그것만을 알 뿐입니다Et hoc scio solum, quia scio me nescire, quid video, et numquam scire posse." 쿠자누스, 같은 책, 136쪽. 본문에서 루만은 '때문에weil'에 주목하지만, 쿠자누스의 원문은 그런 적극적인 계기보다는 가능성의 조건이 되는 '것daß'에 주목하고 있다는 점을 주목할 필요가 있다. 물론, 루만은 이 두 가지, '때문에'와 '것' 모두를 고려하고 있다. 라틴어의 이 문장이 1인칭 단수, 즉 '나'와 관련해서 서술되었다는 것과 이러한 번역의 문제까지 포함하여 루만이 세심하게 강조하는 'quia'의 '것'은 "내가 모른다는 것을 내가 안다는 것"이라고 풀어 쓸 수 있다. 루만은 이 점을 강조하고 있는 것이다. 그가 주목하는 '구성주의'는 관찰개념을 통해서 "내가 모른다는 것을 내가 안다는 것"에 주목하는 '무지의 지'를 넘어 '근대적인' 의미에서 '무지의 생태학Ökologie des Nichtwissens'과 연관된다. 이에 대해서는 5장「무지의 생태학」참고]

32 이를 토마스 아퀴나스는 다음처럼 말한다. "자신 속에 어떤 필연적인 것을 갖는 만큼 우연한 것은 아무것도 없다nihil enim est adeo contingens, quin in se aliquid necessarium habet." 토마스 아퀴나스,『신학대전』1, q.86, a.3. [신학대전 1부 86문의 제목은 '우리 지성은 질료적인 것에서 무엇을 인식하는가Quod intellectus noster in rebus materialibus cognoscat'이다. 루만이 인용하고 있는 86문의 제3항(a.3)은 '지성은 우연자를 인식하는가Utrum intellectus sit cognoscitivus contingentium'를 다루고 있다. 이에 대해서 토마스 아퀴나스는 아리스토텔레스의『니코마코스 윤리학』을 전거로 하는 '지성은 우연자를 인식할 수 없는 것처럼 생각된다'는 견해 및『자연학』에서도 이를 확인할 수 있다는 견해를 정리하고 그에 대한 논박 '모든 학문은 지성 속에 있다. 그런데 어떤 학문(특히 윤리학)은 우연자에 관한 것이다. 그러므로 지성은 우연자를 인식할 수 있다'를 정리하면서 자신의 답변을 다음처럼 제출한다. "우연자는 두 가지 의미로 말해진다. 첫번째 의미에서 우연자란 우연한 일이 있다는 점에서 말해진다. 두번째 의미에서는 우연자 속에 필연적인 것들이 발견된다는 의미에서 말해지는데, 자신 속에 어떤 필연적인 것을 갖는 만큼 우연한 것은 아무것도 없다." 루만은 아퀴나스의 답변 중 이 마지막 문장을 인용한 것이다. 이에 대해서는 다음을 참고. 토마스 아퀴나스,『신학대전』12, 정의채 옮김, 바오로딸, 2013, 제86문제「우리 지성은 질료적 사물들에 있어 무엇을 인식하는가」참고]

33 쿠자누스, 같은 책, IV, 104쪽.

34 이 질문에 대한 출구로는 다음을 참고. Anselm von Cantebury, "De casu diaboli", *Opera Omnia*, Seckau–Rom–Edinburgh, 1938쪽 이하, Stuttgart–Bad Cannstatt 신판, 1968, 1권 233~272쪽 참고. 여기서 예술적인 순환을 확인할 수 있다.

수용될 수 없기 때문에 악은 주어지지 않으며, 이는 결국 신학자들이 앞서 말한 것처럼 악마가 되는 천사는 신에 복종하기 위해서가 아니라, 신처럼 되기 위해서 신을 관찰하고자 하기 때문이다. 그러나 오직 귀족사회만이 그와 유사하게 되고자 하는 것을 그토록 날카롭게 비난하고 제재할 수 있다. 우리는 진정 다음처럼 물을 수 있다. 실제로 그렇게 하면 왜 안 되는가?

35 Benjamin Nelson, *Der Ursprung der Moderne: Vergleichende Studie zum Zivilisationsprozeß*, Frankfurt, 1977.

36 자연법과 만민법이 '어떠한 성찰과 다른 사례를 따르지 않고 모든 인류에게 공통적인 방식으로 서로를 확인하는 민족들의 관습에서 비롯되었다senza alcuna riflessione e senza prender esemplo l'una dall'altra'는 것은 다음을 참고. Giambattista Vico, *La scienza nouva* lib.I, II, CV, 1982, 225쪽. 그러나 그 자체는 이미 역사에 관심을 갖는 일차 등급 관찰에 대한 이차 등급 관찰이다. [잠바티스타 비코, 『새로운 학문』, 조한욱 옮김, 아카넷, 2019]

37 진화이론 내부의 논의는 다음을 참고. Eve-Marie Engels, *Erkenntnis als Anpassung? Eine Studie zur evolutionären Eerkenntnistheorie*, Frankfurt, 1989, 187쪽 이하. 다른 연관에서도 유용한 것으로 입증하기 위해서는 특정한 맥락(여기서는 신학적으로 성찰된 종교)에서 발생한 새로 발전된 성과의 기능전환에서 시작할 수 있다. ['전적응적 발달'은 의도하진 않았지만, 이전의 발달이나 낡은 질서가 부과했던 제약이 이후의 발달의 조건 또는 새로운 종류의 합리성을 창출한다는 진화론적인 의미를 갖는다. 따라서 이를 위해서는 성취된 것을 안정화시킬 수 있는 잠정적인 맥락이 중요하다. 프로테스탄트 종교개혁이 잘 보여주는 것처럼, 인식되지 않은 혁신을 도입하는 데에는 전통의 해석이나 전통의 발명이 도움이 되는 것이다. 이렇게 "선행 발달, 또는 '전적응적 발달'을 통해 진화적 성취의 창발이 유리하게 되는 것은, 아니 비로소 가능하게 되는 것은, 아주 정상적인 경우인 것으로 보인다. ……이렇게 해서 혁신은 자신을 혁신으로 정당화하고 관철시켜야 하는 부담을 덜게 된다. 혁신은 그에 맞는 과거의 외투를 입고 등장한다." 여러 가능성들 중에서 다른 것보다 더 유리한 가능성을 제한하면서 복잡성을 다루는 새로운 방식이 출현하고 이것이 안정화될 때, 즉, 진화의 결과를 견고하게 할 때 '진화적 성취'라고 한다. 이에 대해서는 다음을 참고. 니클라스 루만, 『사회의 사회』 1, 제3장 8절 「진화적 성취」(인용은, 596~597쪽).]

38 이에 대해서는 탤컷 파슨스의 '유형 변수pattern variables'를 사용할 수 있다. Talcott Parsons, "Pattern Variables Revisited", *American Sociological Review* 25 (1960), 467~483쪽.

39 같은 주제이지만 베버의 개념에 의존하지 않는 연구로는 다음을 참고. Benjamin Nelson, *The Idea of Usury: From Tribal Brotherhood to Universal Otherhood*, Chicago, 1949. 넬슨의 작업 이후에는 특히 윤리적인 문제에 있어서 종교보다는 오히려

윤리적-정치적, 시민인본주의적인 전통에 주목하는 강한 연속성테제가 등장했다. John G.A. Pocock, *The Machiavellian Moment: Florentine Political Thought and the Atlantic Republican Tradition*, Princeton N.J., 1975. [존 그레빌 에이가드 포칵, 『마키아벨리언 모멘트』 1,2, 곽차섭 옮김, 나남출판, 2011.]; Istvan Hont, Michael Ignatieff(Hrsg.), *Wealth and Virtue: The Shaping of Political Economy in the Scottish Enlightenment*, Cambridge England, 1983.

40 C. Wright Mills, "Situated Actions and Vocabularies of Motive", *American Sociological Review* 5 (1940), 904~913쪽. 사회학에 생소한 작업으로는 특히 다음을 참고. Kenneth Burke, *A Grammar of Motives*, 1945 및 *A Rhetoric of Motives*,1950.

41 베버 작업은 정의작업을 통해서 발전된 이론보다 훨씬 더 풍성한 경우다. 무엇보다도 이론에서는 복잡성문제가 저평가되지만, 베버는 몇몇 저작에서 많은 보조적인 유보조건 특히, 이념형적인 방법에서 추론할 수 있는 것 같은 복잡성문제에 대한 예감을 갖고 있었다.

42 이런 물음에 대해서는 다음을 참고. James S. Coleman, "Microfoundations and Macrosocial Behavior", in Jeffrey C. Alexander et al.(Hrsg.), *The Micro-Macro Link*, Berkeley, 1987, 153~173쪽. 베버 자신은 이 문제를 '유형적인 것'에 의존하는 익숙한 해석을 지적하면서 감추었다. 그러나 그것은 사회구조적인 조건들과 사회에서의 그런 유형화의 효과에 대한 질문이라는 또다른 정식화를 제기할 뿐이다.

43 이런 현상이 나타나는 여러 영역들 중에 열린 공간에서 공연된 중세의 극장연극이 16세기 무대극장으로 이행한 것을 말할 수 있다. 나아가 소설에서 등장한 목적과 동기의 분리(돈 키호테의 경우)도 언급할 수 있다. 또한 참된 덕과 잘못된 덕을 동기를 갖고 구별하는 것의 금지와 덕성을 갖는 행위에 자동적으로 생기는 결과인 존중 추구의 금지 역시 이런 연관에 속한다. 관찰되는 한, 유능함은 소박하고, 자연적이며, 자생적이고, 진정하며 진실한 것으로 자신을 증명해야 한다. 즉 일차 등급 관찰의 층위에 있어야 하는 것이다. 그러나 이는 그 관찰이 이차 등급 관찰에 노출된다는 것과 관련해서만 정식화된다.

44 관련 문헌으로는 다음을 참고. Karin Knorr-Cetina, *Die Fabrikation von Erkenntnis: Zur Anthropologie der Naturwissenschaft*, Frankfurt, 1984; Rudolf Stichweh, "Die Autopoiesis der Wissenschaft", in Dirk Baecker 외 (Hrsg.), *Theorie als Passion*, Frankfurt, 1987, 447~481쪽; Charles Bazerman, *Shaping Written Knowledge: The Genre and Activity of the Experimental Article*, Madison Wisc., 1988.

45 주목할 만한 예외는 음악이다. 음악은 다른 어떤 곳에도 없고, 음악에만 있는 음을 사용한다. 음악은 음악 외부에 주어진 타자지시를 시간의 체험으로 집중하는 것으로 보인다.

46 이에 대해서는 다음을 참고. Niklas Luhmann, "Gesellschaftliche Komplexität und öffentliche Meinung" in *Soziologische Aufklärung*, Bd.5, Opladen, 1990, 170~182쪽.

47 다음을 참고. Dirk Baecker, *Information und Risiko in der Marktwirtschaft*, Frankfurt, 1988.

48 Niklas Luhmann, "Sozialsystem Familie" in *Soziologische Aufklärung*, Bd.5, 같은 책, 196~217쪽. 또한 같은 책의 다른 논문, "Glück und Unglück der Kommunikation in Familien: Zur Genese von Pathologien" 참고.

49 이러한 심리적인 관찰의 관찰이 대신 관찰되는 커뮤니케이션을 통해서 와해될 수 있다는 것은 잘 알려진 일상의 경험인데, 이는 이미 1800년 경에 문학적인 주제로 다루어진 바 있다. 그에 대해서는 다음을 참고. Jean Paul의 『지벤캐스 *Siebenkäs*』(부부의 경우) 또는 『개구쟁이 시절*Flegeljahr*』(쌍둥이의 경우). ['지벤캐스'는 장 파울의 소설 '가난한 변호사 지벤캐스'(1796~1797) 의 등장인물이자, 긴 소설 제목 'Blumen–, Frucht– und Dornenstücke oder Ehestand, Tod und Hochzeit des Armenadvokaten F.St. Siebenkäs im Reichsmarktflecken Kuhschappel'을 대신하는 제목으로 통용된다. 불행한 결혼생활을 하던 주인공 지벤캐스는 자신의 '알터 에고' 또는 '도플갱어'라고 할 수 있는 그의 친구의 죽음을 위장하라는 충고를 받아들이고 새로운 삶을 시작한다. 작곡가 슈만 역시 이 작품에 심취했던 것으로 알려져 있다. '개구쟁이 시절'(1804~1805) 역시 장 파울의 동명의 소설제목이다. 장 파울의 이 두 작품과 벤자민 콩스탕의 『아돌프』를 통해서 구두 커뮤니케이션의 실패에 대한 통찰과 커뮤니케이션을 통해 재생산되는 오해 그리고 그에 따른 내부 커뮤니케이션 가능성의 과잉상태를 확인할 수 있다. 프랑스 대혁명 이후 커뮤니케이션 입증 실패라는 상황에서 낭만주의는 스스로를 무한성찰할 수 있는 동기를 확보하게 되면서, 자기존재Selbstseins 가 되는 주체에 주목한다. 이는 낭만주의 이후 커뮤니케이션의 모순제거 능력에 대해서 더이상 신뢰할 수 없게 된 상황과 관련된다. 이에 대해서는 다음을 참고. 니클라스 루만, 『예술체계이론』, 박여성·이철 옮김, 한길사, 2014, 515~516쪽]

50 Philippe Ariès, *L'enfant et la vie familiale sous l'ancien régime*, Paris, 1960. [필리프 아리에스, 『아동의 탄생』, 문지영 옮김, 새물결, 2003] 그리고 Georges Snyders, *La Pédagogie en France aux XVIIe et XVIIIe siècles*, Paris, 1965.

51 이에 대해서는 특히 다음을 참고. Klaus Lichtblau, "Soziologie und Zeitdiagnose oder die Moderne im Selbstbezug", in Stefan Müller–Doohm (Hrsg.), *Jenseits der Utopie: Theoriekritik der Gegenwart*, Frankfurt, 1991, 15~47쪽.

1 예를 들어 아리스토텔레스의 *de interpretatione* 9이 그러하다. [아리스토텔레스, 『범주들 / 명제에 관하여』, 155~162쪽]

2 Arthur Lovejoy, *The Great Chain of Being: A Study of the History of an Idea*, Cambridge Mass., 1936. [아서 O. 러브조이, 『존재의 대연쇄』, 차하순 옮김, 탐구당, 1984]

3 Georg Friedrich Wilhelm Hegel, "Philosophie des Rechts: Die Vorlesung" in *einer Nachschrift von 1819/20*, hrsg. von Dieter Henrich, Frankfurt, 1983, S.193ff. [루만이 인용하고 있는 헤겔의 논저는 1821년에 출간된 『법철학』이 아니라, 1819/20년의 겨울학기에 있었던 '자연법과 국가학' 강의에 기초한 필기노트를 편집한 편집본이다. 이 책의 편집자인 디이터 헨리히Dieter Henrich는 편자의 글에서 헤겔의 이 강의록이 '부르주아 사회와 빈곤의 발생' 그리고 그에 따른 '결과와 대안으로서 국가개념'에 주목하고 있다고 보면서 헤겔의 법철학을 '인륜이론을 위한 토대로서 도덕성의 비판'의 맥락에 위치지우고 있다. 이 강연과 『법철학』의 관계에 대해서는 같은 글, 13~17쪽을 참고할 수 있다. 이와 관련해서 『법철학』에서의 다음의 논의 역시 참고할 수 있다. "그러나 반대로 시민사회를 구성하는 개인들의 생계가 노동에 의하여 (노동을 할 수 있는 기회를 통하여) 매개된다면 생산량은 증대하겠지만 그러나 이 경우에는 생산과잉과 함께 또한 스스로 생산활동을 하는 소비자의 부족으로 인하여, 즉 이들 두 가지 방식에 의하여 다 같이 증대되는 해악이 끊이지 않을 것이다. 여기에서야말로 '부의 과잉'에도 불구하고 시민사회는 '충분할 만큼 부유하지 못하다'는 것, 다시 말하면 시민사회가 지닌 그 고유의 재산으로서도 과도한 빈곤이나 천민의 발생에 대처할 수 있을 만큼 충분히 부유하지 못하다는 사실이 표면화되기에 이르는 것이다." 빌헬름 프리드리히 헤겔, 『법철학 II』, 임석진 옮김, 지식산업사, 1990, §245, 374쪽]

4 "소유법los de propriété이 많은 이들을 아주 제한적인 필요에만 매달리게 할 때는, 정의로운 것만으로는 충분하지 않다." Jacques Necker, "De l'importance des opinions religieuses, London–Lyon" 1788, *Œuvres complètes,* Bd.12, Paris, 1821, 80쪽 이하.

5 이에 대해서는 '시대의 징표Signatur des Zeitalters' 논문 참고. Friedrich Schlegel, *Dichtungen und Aufsätze*, Hrsg. Wolfdietrich Rasch, München 1984, 593~728쪽.

6 발트 바스무스Ewald Wasmuth의 편집본에 따른 단장 417 참고. *Fragmente*, Bd.I, Heidelberg, 1957, 129쪽. [과거/미래의 구별도식은 이전의 지속/변화의 구별도식을 대체한 것이다. 기존의 질서가 시간화되는 이런 근대적인 변화를 노발리스를 통해 정당화하는 대목은 다음에서도 확인할 수 있다. "시점 구조들을 과거와 미래의 차이로 거의 남김없이 전환했던 것은 근대 초기의

특수한 변화, 즉 현재를 단순한 미분Differential(노발리스)으로서 축소하고 그럼으로써 사회가 자기자신을 관찰하는 입지점을 시간화하는 변화로서 간주해야 한다." 니클라스 루만, 『사회의 학문』, 126쪽]

7 이에 대해서는 다음을 참고. Charles Larmore, "Logik und Zeit bei Aristoteles", in Enno Rudolph (Hrsg.), *Studien zur Zeitabhandlung des Aristoteles*, Stuttgart, 1988, 97~108쪽. 그러나 순수한 필연성으로는 숙고bouleúesthai도 시도 pragmateúesthai도 의미를 가질 수 없다고 말하는 다음의 구절 18b 31~32도 참고.

8 이에 대해서는 다음을 참고. Josef Simon, *Philosophie des Zeichens*, Berlin, 1989. 여기서도 마찬가지로 외부에 대한 어떤 개입도 배제하며, 기호를 직접적으로 (즉, 기호와 지시된 것의 차이를 관찰하지 않고) 이해하거나 다른 기호로 해석하는 대안을 제시하고 있을 따름이다. 그리고 이 차이에 대해서는 미래에 대한 어떤 것도 구속력을 갖고 확정하지 않으면서 '그때마다 현재적으로' 결정될 수 있다.

9 다음을 참고. Carl J. Friedrich, "Authority, Reason and Discretion", in Carl J. Friedrich (Hrsg.), *Authority(Nomos 1)*, New York, 1958.

10 다음을 참고. Alois Hahn, "Verständigung als Strategie", in Max Haller 외 (Hrsg.), *Kultur und Gesellschaft: Verhandlungen des 24. Deutschen Soziologentags* etc., Zürich, 1988, Frankfurt, 1989, 346~359쪽. 또한 Josef Simon, 앞의 책, 특히 177쪽 이하 참고.

11 보다 상세한 논의는 다음을 참고. Niklas Luhmann, *Soziologie des Risikos*, Berlin, 1991.

12 Jean Paul, *Werke*, Hrsg. Norbert Miller, München, 1986, Bd.II, 322쪽.

13 Elena Esposito, *Rischio e osservazione*, 1991.

5 무지의 생태학

1 서구의 전통에서는 이를 경고하는 사례로 오이디푸스를 생각할 수 있다. 그러나 그 형상은 예언의 위험의 상관물로 널리 확산되었다고 할 수 있다. 중국의 경우는 다음을 참고. Jacques Gernet, "Petits écarts et grands écart: Chine in Jean-Pierre Vernant et al." *Divination et rationalité*, Paris 1974, 52~69쪽 (여기서는 74쪽 이하).

2 Pindar, *Olympische Ode* 12장, 1구 및 6~10구.

3 드문 예외로는 다음을 참고. Lars Clausen · Wolf R. Dombrowsky, "Warnpraxis und Warnlogik", *Zeitschrift für Soziologie* 13 (1984), 293~307쪽.

4 다음을 참고하는 것으로 충분하다. Ulrich Beck, *Gegengifte: Die organisierte Unverantwortlichkeit*, Frankfurt, 1988.

5 Kenneth Burke의 *Permanence and Change*, New York, 1935를 참고하라.

6 이에 대한 상세한 설명은 다음 참고. Niklas Luhmann, *Ökologische Kommunikation: kann die moderne Gesellschaft sich auf ökologische Gefährdungen einstellen?*, Opladen, 1986. [니클라스 루만, 『생태적 커뮤니케이션』, 서영조 옮김, 에코리브르, 2014]

7 이러한 개념성은 구별, 지칭, 표시, 미표시 공간 같은 기호들을 사용하는 조지 스펜서브라운에게서 확인할 수 있다. George Spencer-Brown, *Laws of Form*, New York, 1979. 언어학의 의미론 텍스트에서도 'markedness'으로 이를 확인할 수 있다.

8 역설로 보일 뿐 아니라, 정상적인 수학의 계산이나 이치二値적 논리로는 다루어질 수 없는 재진입 re-entry(스펜서브라운) 또는 자기-지칭 self-indication(바렐라)이라는 수수께끼같은 작동이 있을 수 있다는 점을 여기서 미리 지적할 필요가 있다. 그에 따라 관찰자 자신은 관찰된 것의 형식 안에서 표시로서 나타난다는 주목할 만한 결과가 된다. 이에 대해서는 9절 8번 항에서 다룰 것이다.

9 다음을 참고. Reinhart Koselleck, "Einleitung", *Gesellschaftliche Grundbegriffs: Historisches Lexikon zur politisch-sozialenSprache in Deutschland*, Bd.1, Stuttgart, 1972, XIII-XXVII쪽(XVII 이하).

10 하나의 예를 들자면 다음을 참고. Jens Rasmussen · Keith Duncan · Jacques Leplat (Hrsg.), *New Technology and Human Error*, Chichester, 1987.

11 그러한 재앙이 어느 정도의 정상성으로 나타나게 될 것이라는 점은 비록 위안이 되는 지식은 아니더라도, 그사이 유효한 지식으로 타당해졌다. 무수한 논평이 수반되었지만, 이에 대한 필독서라고 할 수 있는 다음의 책 참고. Charles Perrow, *Normale Katastrophen: Die unvermeidlichen Risiken der Großtechnik*, Frankfurt, 1987. [찰스 페로, 『무엇이 재앙을 만드는가?』, 김태훈 옮김, 알에이치코리아, 2013] 이 분석의 섬세함은 '어려운 생산'과 '쉬운 파괴'의 비대칭성이 기술 자신의 구조, 즉 '강한 연결'과 (생태학적인 안정성에 불가결한) '느슨한 연결' 간의 구별과 연관되어 있다고 하는 데 있다. 이런 구별은 동시에 우리에게 흥미로운 '지식'과 '무지'의 구별을 지칭(하고 은폐)한다.

12 Lars Clausen · Wolf R. Dombrowsky, "Warnpraxis und Warnlogik" in *Zeitschrift für Soziologie* 13 (1984), 293~307쪽.

13 Gotthard Günther, *Beiträge zur Grundlegung einer operationsfähigen Dialektik*, Bd. 1, Hamburg, 1976, 249~328쪽. [이 낯선 용어 'transjunktiv' 의 역어가 아직 확립되지 않았다. '초언적超言的'이라고 옮기기도 하며, '결합을 초월하는' 이라고 그 의미를 풀어서 옮기기도 한다. 이 개념은 '결합'이라고 옮긴 conjunction/Konjunktion 과 '분리'라고 옮긴 disjunction/Disjunktion 과 연관되기 때문에, 그 두 작동을 포괄하는 '~junction'을 '연결'로 일반화해서

이해할 필요가 있다. 즉, 연결을 잇거나 연결을 끊어내는 것이다. 이런 이유에서 본 역서는 '결합 또는 분리의 연결을 초월하는'이라는 함의를 유지하면서, 결합과 분리 보다 더 위의 레벨/층위에서의 작동이라는 점을 마찬가지로 2음절로 표현하기 위해, '연결을 초월하는'이라는 의미에서 '초연'이라고 옮긴다. '결합'과 '분리'는 '연접連接'과 '이접離接'으로 옮겨지기도 한다. 이 책의 일역본은 '초연' '결합' '분리' 각각을 '초언超言' '연언連言' '선언選言'으로 옮기고 있다. 귄터의 이 개념은 폰 푀어스터가 제기한 이차 등급 사이버네틱스나 이차 등급 관찰의 가능성과 연관된다. '연결을 초월하는 작동', 즉 '초연적 작동'은 결합도, 분리도 아니다. 그것은 더 높은 층위에서 긍정적/부정적 구별이라는 이원적 코드를 수용하거나 거부하는 것이다. 두 개의 가치에 대한 선택이 문제일 때, 바로 그 선택을 거부한다는 의미에서 이원적 코드에 대한 거부가치를 수용하는 것이라고 할 수도 있다. 가령, 체계가 선한 것과 나쁜 것을 각각 긍정적 가치와 부정적 가치로 구별하는 도덕 코드로 대상을 관찰할 때, 이런 구별을 관찰하는 관찰자는 '초연적 층위'에서 그 구별 자체를 수용하거나 거절할 수 있다. 그렇게 도덕적으로는 나쁘지만 법적으로는 옳을 수 있고, 반대로 도덕적으로는 선하지만 법적으로는 잘못일 수 있는 근대적 질서의 다층적 층위를 관찰할 수 있다. 그래서, 초연적 작동은 근대사회를 관찰할 수 있는 유일한 형식과 유일한 합리성이 있다는 것을 부정하며, 복수의 형식들과 복수의 합리성들을 관찰하는 체계의 작동으로 정당화한다. 3장「유럽적 합리성」에서 논의된 근대사회의 '구조적 깊이Tiefenstrukturen'(83쪽)라고도 할 수 있다. 관찰하는 체계로서 사회적 체계가 일차 등급 관찰에서 이차 등급 관찰로 작동할 때, 초연적 작동은 불가피하다. 귄터는 이를 '다가치多價値적 논리'라고 정식화하며, 근대사회를 기술하기 위해서는 다多맥락적인 형식들을 선택해야 한다고 본다. 하지만 이는 긍정과 부정을 초월하는 제3의 가치를 정당화하는 것이 아니라, 단지 이차 등급 관찰일 뿐이라는 것을 확인하는 것이 중요하다.]

14 많이 인용되는 구절(213~214)에서 존 던은 그렇게 탄식한다. '모든 것이 파편으로 될 때까지, 모든 일관성이 사라졌네; 모든 공정한 공급, 그리고 모든 관계가.' John Donne, *An Anatomy of the World, The Complete English Poems*, Harmondsworth, Middlesex, UK, 1971, 270~283쪽(여기서는 276쪽).

15 시간과 관련한 이런 변화에 대한 보다 풍부한 설명은 다음을 참고. Niklas Luhmann, "Temporalisierung von Komplexität: Zur Semantik neuzeitlicher Zeitbegriffe", in *Gesellschaftsstruktur und Semantik*, Bd.1, Frankfurt, 1980, 235~300쪽.

16 Anthony Giddens, T*he Consequences of Modernity*, Stanford Cal., 1990, 특히 17쪽 이하.

17 그러나 기든스는 밤에 있었던 사건인 모스크바 쿠데타(1991년 12월이 아니라 8월에 있었던 쿠데타)에 대한 소식을 BBC 아침 뉴스를 통해서 저녁인 호주로

방송하지만 모스크바에서는 세계가 동시에 보고 있다는 인상을 줄 수 있는 세계사회라는 유일한 체계가 있다는 결론을 내리지 않았다.

18 Hegel, *Die Physikvorlesung* IV, 10 및 *Die Encyclopädie der philosophischen Wissenschaften* § 258 참고.

19 특히 다음을 참고. "ousia et grammè: note sur une note de Sein und Zeit" in Jacques Derrida, *Marges de la philosophie*, Paris, 1972, 31~78쪽.

20 이제 자신의 고유한 의식이라는 사실에서 자기 자신을 관찰할 수 있는 가능성이 여전히 남아 있는 초월론적 (세계-) 주체라는 표상이 자연스럽게 기각된다.

21 Giddens, *The Consequences of Modernity*, 1990, 20쪽 이하.

22 비록 이런 가능성을 원리적으로 부정할 수 없을지라도(그리고 학문 자신이 미래에 개방되어 있다는 것을 고려하면 어떻게 그럴 수 있겠는가), 한계를 짓는 것의 가치를 부정할 수 없다. 이에 대해서는 다음을 참고. Michael D. Gordon, "How Socially Distinctive is Cognitive Deviance in an Emergent Science: The Case of Parapsychology", *Social Studies of Science* 12 (1982), 151~165쪽; Harry M. Collins · Trevor J. Pinch, *Frames of Meaning: The Social Construction of Extraordinary Science*, London, 1982; Ralf Twenhöfel, "Thesigraphie: Ein Fall nicht anerkannten Wissens–Zur Wissenschaftssoziologie des Scheiterns", *Zeitschrift für Soziologie* 19 (1990), 166~178쪽.

23 칸트, 『순수이성 비판』 B 215~216. (여기서 다소 부수적이긴 하지만, 공간을 상이한 응축을 설명하기 위한 다양한 가설들의 부과물을 위한 매체로 다루고 있다.) ["그들이 경험에서 아무런 근거도 가질 수 없었으므로 나는 순전히 형이상학적인 이 전제에 맞서 하나의 초월(론)적 증명을 세운다. 이 초월적 증명이 공간들을 채우는 데 있어서 차이를 설명해야 하는 것은 아니지만, 그럼에도 가정된 빈 공간에 의하지 않고서는 달리 저 차이를 설명할 수 없다는 저 가정의 잘못 생각된 필연성을 완전히 지양하고, 그래서 지성을 적어도, 만약 자연 설명이 이를 위해 어떤 가정을 필요로 한다면, 이 차이성을 다른 방식으로 생각해 볼 자유로 인도하는 공헌을 할 것이다. ……물질의 현재함이 발견되지 않는 점은 하나도 없을 만큼 꽉 채워져 있다 할지라도, 동일한 질에도 불구하고 각각의 실재적인 것은 (저항 또는 무게의) 도를 가지며, 이 도는 연장적 크기나 분량의 감소 없이도, 그것이 공허로 이행해서 사라지기 전까지 무한하게 더 작을 수 있다는 것을 우리는 이해하기 때문이다. 그래서 한 공간을 채우는 팽창, 예컨대 열 그리고 같은 방식으로 (현상에서의) 다른 모든 실재성은, 적어도 이 공간의 가장 작은 부분을 공허하게 비워두지 않고서도, 그 동에 있어서 무한히 줄어들 수 있고, 그럼에도 불구하고 그 공간을 이보다 더 작은 도들로써, 다른 현상을 보다 더 큰 도들로써 채우는 것과 마찬가지로, 채운다." 임마누엘 칸트, 『순수이성비판』 1, 백종현 옮김, 아카넷, 2006, 408~409쪽.]

24 예를 들면, 새로운 수학적-경험적 학문 운동인 엄밀한 '갈릴레이식' 합리주의에

반하는 예술적인 표상의 고유한 법칙을 위한 노력이 16~17세기에 있었다. Gerhart Schröder, *Logos und List: Zur Entwicklung der Ästhetik in der frühen Neuzeit*, Königstein/Ts., 1985 참조.

25 그렇다면, 그에 상응하여 법체계를 지시하는 법에 고유한 조건프로그램의 맥락에서 사안에 따라 학적인 인식을 적용하면서 확정되는 사실로부터 다음의 결론이 도출된다. 진리!가 아니라 사실! 그것은 재판거부에 대한 법적인 금지와 결합될 수 없는 것이다. 이에 대해서는 다음을 참고. Roger Smith · Brian Wynne (Hrsg.), *Expert Evidence: Interpreting Science in the Law*, London, 1989.

26 James G. March · Herbert A. Simon, *Organizations*, New York, 1958, 164쪽 이하.

27 Carl J. Friedrich, "Authority, Reason and Discretion", in Carl J. Friedrich (Hrsg.), *Authority*(Nomos 1), New York, 1958. [이에 대한 상세한 설명은 다음을 참고. 니클라스 루만, 『사회의 정치』, 서영조 옮김, 이론출판, 2018, 53~55쪽]

28 앞서 2절에서 소개된 용법으로 표현하자면 이는 타자지시는 외부세계의 '미표시 공간'을 단순히 현행화할 수 없는 것이 아니라, 어떤 것을 어떤 것으로 지칭해야 하며 그에 따라 체계 안에서 관찰되고 비판될 수 있다는 것과 관련된다.

29 이에 대해서는 다음을 참고. Alois Hahn, "Zur Soziologie der Weisheit", in Aleida Assamnn (Hrsg.), *Weisheit: Archäologie der literarischen Kommunikation* III, München, 1991, 47~57쪽.

30 이는 17세기 후반과 18세기 살롱과 아카데미 세계를 가리킨다. 반면, 이미 파스칼은 살롱과 아카데미가 아니라 의식에서 출발해서 명문귀족은 커뮤니케이션에서는 자신의 지위를 주장해야 했지만 그런 주장을 하는 귀족 자신은 그것을 믿어서는 안 된다고 생각했다. 이에 대해서는 특히 다음을 참고. "Trois Discours sur la Condition des Grands", *L'Œuvre de Pascal*, éd. de la Pléiade, Paris, 1950, 386~392쪽. 그러나 이는 파스칼의 이러한 시각을 뒤집기 위해서 사회구조적인 변화가 얼마나 적게 필요한지 보여주는 것이기도 하다. [다른 곳에서 루만은 '파스칼적 상황'에 대해 "자신의 현재 상태를 누릴 자격이 없다는 것을 알기는 하지만, 말할 수는 없는 상황"이라고 규정한다. 니클라스 루만, 『사회적 체계들』, 656쪽. 파스칼에 따르면, 인간은 그 존재 상태에서 많은 것을 결여한 비참한 자들이어서, 인간은 자신에 대해서 있는 그대로의 자연을 자기 자신에게, 그리고 타인에게 은폐하고자 하는 필연성을 갖는다. 이렇게 인간은 서로의 결함과 비참을 상호 간에 속이면서 만나는 것이다. 『팡세』의 문장을 빌리면, "인간들 사이의 결합은 이 상호적인 기만이 아닌 다른 곳에 그 기초를 두지 않는다." 그렇게 인간은 "오류를 일으키기 쉬운 존재인 것만이 아니라 재차 자신 스스로 사람들을 기만하는 존재다. ……파스칼에게 허위는 존재의 방법, 특히 인간의 특수한 존재방법을 뜻했다." 미키 기요시, 『파스칼의 인간 연구』, 윤인로 옮김, 도서출판 b, 2017, 35쪽; 블레즈 파스칼, 『팡세』, 김형길 옮김, 서울대학교출판문화원, 2019, 569~573쪽]

31 필요에 따라 변경하면 '비권한의 커뮤니케이션mutatis mutandis' 역시 마찬가지다. 물론, 조직에서는 보상능력(오도 마르크바르트라면 무능력보상능력이라고 말할)을 처리하는 자리가 있을 것이다. 그러나 경험이 말하는 것처럼 이 자리는 찾기 쉽지 않고, 요구하기도 쉽지 않으며, 활성화하는 것도 쉽지 않다. 그런 한에서 사회에서의 무지의 커뮤니케이션에 대한 정당화와 비권한의 커뮤니케이션에 대한 조직에서의 정당화 사이의 유사성에서 출발할 수 있다. 비권한의 요구라는 조직윤리에 대해 숙고하는 것은 매우 흥미롭지만, 여기서는 이 유사성에 대해서 더 추적하지는 않는다. [루만은 마르크바르트의 '무능력보상능력 Inkompetenzkompensationskompetenz'을 보편성을 지향하는 보상개념을 원리로 하는 복지국가를 이론화할 때 강조한다. 이에 대해서는 다음을 참고. 니클라스 루만, 『복지국가의 정치이론』, 김종길 옮김, 일신사, 2001, 14쪽 이하]

32 이에 대한 상세한 설명은 다음을 참고. Niklas Luhmann, "Ethik als Reflexionstheorie der Moral", in *Gesellschaftsstruktur und Semantik*, Bd. 3, Frankfurt, 1989, 358~447쪽.

33 이러한 차이를 극적으로 하며 그 임박한 종언에 대한 중요한 증인으로 발타자르 그라시안Baltasar Gracián을 들 수 있다. 그가 유럽 전역에 걸쳐 수용된 것은 바로 이런 이유 때문이다. 전체 참된/거짓 문제가 이미 그 시대에 커뮤니케이션 문제를 성찰하는 합리적인 행위로 번역되었다는 것을 그에게서 볼 수 있으며, 그렇게 윤리뿐 아니라 수사라는 오랜 맥락이 파괴되고, 바로 그런 이유에서 동시대인들이 매료되었다. [17세기 스페인의 예수회 신부인 그라시안은 사회생활에서 '아름다운 가상 schöne Schein'이 중요하다고 주장하면서, 아름다운 가상, 예술, 미학, 도덕이 전체를 이루는 '허구성Fiktionalität'에 주목했다. 그는 이를 "정치, 사회, 궁정에서의 처신과 심지어 수사학에 대해 추천"하면서 일반화했다. 사람들의 실제 상태나 그들이 실제로 생각하는 것, 그들의 동기 등을 다른 사람들이 알게 되면, 실질적인 사회생활이 불가능하기 때문에 교육학적, 도덕적, 미학적으로 보여주는 이론이 커뮤니케이션에서의 '파사드 이론Theorie der Fassade'으로서 설득력을 갖게 된 것이다. 전통적인 참/거짓의 문제를 새로운 행위의 맥락에서 파악했기 때문에 그라시안은 동시대인들에게 매력적이었다. 루만은 그라시안의 이론이 20세기 사회학자 고프만의 사회학 이론과 유사하다는 점에서 매우 현대적이라고 평가한다. [니클라스 루만, 『사회이론 입문』, 435쪽]

34 다음을 참고. Zygmunt Bauman, "A Sociological Theory of Postmodernity", *Thesis Eleven* 29 (1991), 33~46쪽.

35 Hans Jonas, *Das Prinzip Verantwortung: Versuch einer Ethik für die technologische Zivilisation*, Frankfurt, 1979. [한스 요나스, 『책임의 원칙』, 이진우 옮김, 서광사, 1994]

36 Niklas Luhmann, *Soziologie des Risikos*, Berlin, 1991. 특히 168쪽 이하 참고. 그러나 할 수 있는 모든 것이 허락되지 않는다라는 공식적인 기준이 있다. 그러한 방침은 모든 근거윤리의 어려움을 겪는다. 그로부터는 어떠한 행위지시도 나올 수 없는 것이다. 우리는 이것은 상황에 달려 있다고 들을 뿐이다. 그러나 윤리 없이도, 어떻게 결정이 내려지고 또 누가 그 상황에서 끝까지 밀고 나갈 수 있는지(또는 그러고자 하는지) 알지 못해도, 이를 알 수 있다.

37 Nicholas Rescher, *Risk: A Philosophical Introduction to the Theory of Risk Evaluation and Management*, Washington, 1983, 161쪽(강조는 원본).

38 알랭 투렌의 스타일을 참고할 수 있다. Alain Touraine, *Le retour de l'acteur*, Paris, 1984. [알랭 투렌, 『탈산업 사회의 사회이론 : 행위자의 복귀』, 조형 옮김, 이화여자대학교출판문화원, 1994] 보다 온건한 것으로는 다음을 참고. Paisley Livingston, "Le retour au sujet: Subjects, Agents, and Rationality", *Stanford French Review* 15 (1991), 207~233쪽.

39 종교적인 기원을 갖는 맥락으로는 다음을 참고. Pierre Nicole, *Essais de Morale*, Bd. I (1671), 6판(1682) 33쪽 이하. 무지를 모르기 때문에 보호받는 무지는 모욕적인 자기인식에 대한 하나의 보호이며, 그에 따라서 오늘날의 개념으로 표현하자면 (인물에 기능적이기 때문에) 종교적으로는 기능적이지 않다.

40 Robert Merton, "The Unanticipated Consequences of Purposive Social Action", *American Sociological Review* 1 (1936), 894~904쪽.

41 비록 그에 따른 사회학의 이론선호에 영향을 끼칠 수 없었다 하더라도, 사회학자들은 언제나 반복적으로 이를 지적하고 말해왔다. Wilbert E. Moore · Melvin M. Tumin, "Some Social Functions of Ignorance", *American Sociological Review* 14 (1949), 787~795쪽; Wilbert E. Moore, "The Utility of Utopias", *American Sociological Review* 31 (1966), 765~772쪽, Louis Schneider, "The Role of the Category of Ignorance in Sociological Theory", *American Sociological Review* 27 (1962), 492~508쪽; Heinrich Popitz, *Über die Präventivwirkung des Nichtwissens: Dunkelziffer, Norm und Strafe*, Tübingen, 1968. 더 많은 지식(합리화)과 행위동기 간의 분리에 대한 보다 새로운 분석은 다음을 참고. Nils Brunsson, *The Irrational Organization: Irrationality as a Basis for Organizational Action and Change*, Chichester, 1985.

42 폴 발레리의 'Eupalinos ou l'architecte' 중 소크라테스의 대화 중에서. Paul Valéry, *Œuvres*, Bd. II, éd. de la Pléiade, Paris, 1960, 79~147쪽(여기서는 126쪽).

43 한 가지 예를 들면 다음과 같다. 지난 몇 년간(그 이래로) 패션 분야에서는 자본능력이 있고 거대한 대중을 대상으로 생산하는 큰 회사는 더 작고 혁신적인 기업가의 아이디어를 매우 빨리 카피해서 그 아이디어 개발자보다 시장에 먼저 등장하며, 동시에 고급 고객은 백화점에 아직 제공되지 않은 디자인을 구입할

기회를 더이상 갖지 못한다. 그에 따라 고급이면서 단번에 알 수 있는 고가의 옷에 대한 관심 또한 세대변화에 따라 후퇴한다. 그 결과는 시장의 완전한 구조변동이고 이전에 가능했었던 '문화'의 붕괴다. 그 주제를 구성하는 모자이크의 또다른 단면은 가속화의 결과, 바로 그곳에서 새로움과 혁신성이 결정적으로 된다는 점이다. [루만은 조직의 문제를 다루는 다른 곳에서 시간이 가속화된 측면에 주목하면서, '패션산업'을 그 사례로 길게 설명한다. 즉, 매우 빨라진 시간을 어떻게 계산하는가의 문제에 대해, "패션산업에서의 시간은 사회학자들이 유행이라는 현상을 불안하다고 서술할 때 생각하는 시간이 아니라 기한과 기일, 더이상은 불가능한 것 또는 아직 가능한 것을 독특하게 뒤섞은 것이며, 자본력, 대중, 재원 조달 방식이라는 관점과 관련된 것"의 사례분석을 하고 있다. 이 때 이 각주에 설명한 내용 역시 고려해야 하는 상황들 중 하나로 제시되고 있다. 니클라스 루만, 『체계이론 입문』, 278~279쪽]

44 체계이론(당시에는 투입/산출-분석)의 더 나은 가능성이라는 관점에 대해서는 다음을 참고. Daniel Katz · Robert L. Kahn, *The Social Psychology of Organizations*, New York, 1966, 16쪽. 또한 그 당시에 지배적인 기능적인 분석은 '그 액면 가치에서 목적을 취하는 것의 거부'라고 말할 수 있다. Kingsley Davis, "The Myth of Functional Analysis as a Special Method in Sociology and Anthropology", *American Sociological Review* 24 (1959), 757~772쪽(여기서는 765쪽). [이 시점의 체계이론, 특 투입과 산출 모델에 기반한 체계이론에 대한 검토는 다음을 참고. 니클라스 루만, 『사회적 체계들』, 408~418쪽]

45 기호학적인 분석의 토대에 대해서는 다음을 보라. Josef Simon, *Philosophie des Zeichens*, Berlin, 1989, 177쪽 이하.

46 그 원천 및 일상의 언어사용과 법학적인 언어사용의 분리에 대해서는 각각 다음을 참고. Antonio Carcaterra, *Dolus bonus/dolus malus: Esegesi di*, Napoli, 1970, D.4.3 및 D.4.3.1.2-3.

47 이에 대한 최초이자 인상적인 조망은 다음을 참고. August Wilhelm Schlegel, *Vorlesungen über schöne Literatur und Kunst* (1801). 예술은 이미 자신의 과제의 (그러나 단지) 반을 유행에 넘겼다고 보는 보들레르의 다음의 작업 역시 많이 인용되었다. Charles Baudelaire, "Le Peintre de la Vie moderne", *Œuvres complètes*, éd. de la Pléiade, Paris, 1954, 881~922쪽. 예술이론과 마찬가지로 예술작품은 오늘날까지도 '지식'에 기반할 필요 없이 근대를 이해하는 데 가장 중요한 자극을 주었다.

48 Stephen Holmes, "Poesie der Indifferenz", in Dirk Baecker et al., *Theorie als Passion*, Frankfurt, Suhrkamp, 1987, 15~45쪽.

49 케인즈와의 연관에 대해서는 다음을 참고. Jean-Pierre Dupuy, "Zur Selbst-Dekonstruktion von Konventionen", in Paul Watzlawick · Peter Krieg (Hrsg.), *Das Auge des Betrachters. Beiträge zum Konstruktivismus: Festschrift für Heinz von Foerster*, München, 1991, 85~100쪽(98쪽 이하).

50 이는 이미 17세기에도 볼 수 있다. "유행을 따르는 인간은 유행이 사라지기 때문에, 생명이 짧다. 만약 그에게 우연히도 공적이 있다면, 그는 사라지지 않고 어디서든 존재한다. 평가해보자면, 그는 덜 평가받는다." Jean de LaBruyère, "Les caractères ou les moeurs de ce siècle", 8판 (1694), *Œuvres complètes*, éd. de la Pléiade, Paris, 1951, 재인용, 59~478쪽(392쪽).

51 이 역시 오랜 토포스이다. "모든 이가 하는 것을 하지 않는 것에는 어떤 애정이 있다. 이는 자신이 주목받고자 하는 고유성의 표현일 수 있는 것이다." Jean Baptiste Morvan, "Abbé de Bellegarde", *Réflexions sur le ridicule et les moyens de l'eviter*, 4판, Paris, 1699, 125쪽.

52 통상적으로 '이해' 개념에 지향된 논의는 대체로 심리적 체계와 사회적 체계를 매우 첨예하게 구별하지 않으며 그에 따라 이해 개념에 설득작업의 부담을 지운다. 그 문제는 다음의 제목으로 출간된 작업과 공명한다. *Das Problem der Verständigung: Ökologische Kommunikation und Risikodiskurs: Neue Strategien der Unternehmenstruktur*, Beiträgen zu einer Tagung des Gottlieb Duttweiler Instituts, Rüschlikon, 1991.

53 이러한 순수하게 경험적인 도덕 개념에 대한 보다 풍부한 설명은 다음을 참고. Niklas Luhmann, "Soziologie der Moral", in Niklas Luhmann · Stephan H. Pfürtner (Hrsg.), *Theorietechnik und Moral*, Frankfurt, 1978, 8~116쪽. 이러한 도덕 개념은 모든 커뮤니케이션과 모든 행위가 도덕도식으로 관찰될 수 있다는 것을 배제하는 것이 아니라, 포함한다. 도덕코드가 구별로 사용된다면, 이차 등급 관찰자 관점에서 도덕화나 도덕화의 단념은 도덕주의자의 의견에 부합하는가에 따라 도덕적으로 좋거나 나쁠 수 있다. 따라서 윤리는 그것이 도덕코드 적용의 수용이나 거절을 결정할 수 있는 기준을 처리할 때에만, 주어진 구별요구를 처리할 수 있다. 이에 대해서는 다음을 참고. Niklas Luhmann, *Paradigm lost: Über die ethische Reflexion der Moral*, Frankfurt, 1990, 40쪽 이하.

54 그 밖에도 이는 전 세계적으로 핵에너지를 허용하는 민주주의에 대한 도덕적 판단을 함축하는 것이다. 저자가 말한 것을 실제로는 그런 의미가 아니라고 추정할 수 있다. 그러나 경솔함 또는 용어의 과장이 이해할 준비가 되어 있다는 표시는 아니다. 이에 대해서는 다음을 참고. Hans Peter Dreitzel, "Einleitung", in Hans Peter Dreitzel · Horst Stenger (Hrsg.), *Ungewollte Selbstzerstörung. Reflexionen über den Umgang mit katastrophalen Entwicklungen*, Frankfurt, 1990, 7~21쪽(9, 11쪽). 그 밖에 경고를 위한 이 저작의 부제의 의미 변화에 주목할 수 있다. 파국을 초래할 수 있는 발전에서 파국적인 발전이 된 것이다. 그렇게 무지와 지의 구별을 수사학적으로 무시하게 된다.

55 파슨스적인 개념성을 사용한 것으로는 다음을 참고. Dean R. Gerstein, "Cultural Action and Heroin Addiction", *Sociological Inquiry* 51 (1981), 355~370쪽.

56 고프만의 의미에서 '프레임'이다. Erving Goffman, *Frame Analysis: An Essay on the Organization of Experience*, New York, 1974, 독역 Frankfurt, 1977.

57 무엇보다도 마지막으로 가능한 문화충격으로서 네오나치즘이 등장했다는 추정 역시 가능해 보인다. 이는 정치가 그러한 운동에 정치적인 동기를 제공한다는 위험한 상황을 배제하는 것이 당연히 아니다.

58 Ulrich Beck, *Risikogesellschaft: Auf dem Weg in eine andere Moderne*, Frankfurt, 1986. [울리히 벡, 『위험사회』, 홍성태 옮김, 새물결, 2006]

59 Helmuth Berking, "Die neuen Protestbewegungen als zivilisatorische Instanz im Modernisierungsprozeß?", in Hans Peter Dreitzel · Horst Stenger, 같은 책(1990), 47~61쪽(53쪽).

60 다시 한번 다음과 연관된다. March, Simon, 같은 책, 1958, 164쪽 이하.

61 March, Simon, 같은 책, 192쪽 이하. 또한 다음을 참고. Herbert A. Simon, "Birth of an Organization: The Economic Cooperation Administration", *Public Administration Review* 13 (1953), 227~236쪽.

62 비록 이론적인 통합은 단념했을지라도, 이미 불안한 직업이 그 '지식'에 영향력을 행사하고 있다. 이에 대한 대표적이고 현재적인 조망은 다음을 참고. Jürgen Oelkers · H.-Elmar Tenorth (Hrsg.), *Pädagogisches Wissen, 27. Beiheft der Zeitschrift für Pädagogik*, Weinheim, 1991.

63 이런 대안이 타당하지만, 이런 제약에는 이미 가장 복잡한 기술적이고 경제적이며 조직적인 문제들이 발생한다는 것이 논박되어서는 당연히 안 된다. 지역적인 비교를 할 때만, 이 수준에서의 노력이 성공할 수 있다. 그러나 이는 생태학적인 연관의 파악불가능성을 조직적으로 다룬다는 우리의 질문에 답을 주지 못한다.

64 이미 상당히 폭넓은 제약에 대해서는 다음을 참고. Richard M. Cyert · James G. March, *A Behavioral Theory of the Firm*, Englewood Cliffs N.J., 1963.

65 James G. March · Johan P. Olsen, *Ambiguity and Choice in Organizations*, Bergen, 1976.

66 '관찰하는 체계'라는 의미에서 그러하다. Heinz von Foerster, *Observing Systems*, Seaside Cal., 1981.

67 이에 대해서는 다음을 참고. Heinz von Foerster, "Principles of Self-Organization-In a Socio-Managerial Context", in Hans Ulrich · Gilbert J. B. Probst (Hrsg.), *Self-Organization and Management of Social Systems: Insights, Promises, Doubts and Questions*, Berlin, 1984, 2~24쪽.

68 W. Ross Ashby, *Design for a Brain: The Origin of Adaptive Behaviour*, London, 1960, 98쪽 이하 및 같은 저자의 *An Introduction to Cybernetics*, New York, 1956, 82쪽 이하 참고.

69 Herbert Simon, "The Organization of Complex Systems", in Howard H. Pattee (Hrsg.), *Hierarchy Theory : The Challenge of Complex Systems*, New York, 1973, 3~27쪽(특히 15쪽 이하). ["사람들은 오늘날 ('자연법칙'에 관한 예전의 관념과

달리) 생태학적 '균형'의 안정성과 마찬가지로 유기체의 안정성도 엄격한 결합의 회피를 전제한다는 것을 알고 있다. 다른 말로 하자면, 장애를 흡수하는 데에서 강해야 하는 것이다." 니클라스 루만, 『사회의 사회』 1, 611쪽]

70 Karl E. Weick, *Der Prozeß des Organisierens*, Frankfurt, 1985, 163쪽 이하.

71 Perrow의 같은 책 및 Jost Halfmann · Klaus Peter Japp (Hrsg.), *Risikante Entscheidungen und Katastrophenpotentiale: Elemente einer soziologischen Risikoforschung*, Opladen, 1990, 참고.

72 Niklas Luhmann, "Organisation", in Willi Küpper · Günther Ortmann (Hrsg.), *Mikropolitik: Rationalität, Macht und Spiele in Organisationen*, Opladen, 1988, 165~185쪽.

73 특히 법결정 문제와 연관된 가장 최근의 논고로 다음을 참고. Karl-Heinz Ladeur, "Die Akzeptanz von Ungewissenheit: Ein Sicht auf dem Weg zu einem 'ökologischen' Rechtskonzept", in Rüdiger Voigt (Hrsg.), *Recht als Instrument der Politik*, Opladen, 1986, 60~85쪽 및 같은 저자의 "Jenseits von Regulierung und Ökonomisierung der Umwelt: Bearbeitung von Ungewissheit durch (selbst-) organisierte Lernfähigkeit", *Zeitschrift für Umweltpolitik und Umweltrecht* 10 (1987), 1~22쪽. 그 밖에 Klaus Peter Japp, "Preventive Planning-A Strategy with Loss of Purpose", in Günther Albrecht · Hans-Uwe Otto (Hrsg.), *Social Prevention and the Social Sciences: Theoretical Controversies, Research Problems and Evaluation Strategies*, Berlin, 1991, 81~94쪽.

74 이는 인식개념의 이례적인 확장과 결부되어 있다. 그에 대해서는 다음을 보라. Humbert R. Maturana, *Erkennen: Die Organisation und Verkörperung von Wirklichkeit: Ausgewählte Arbeiten zur biologischen Epistemologie*, Braunschweig, 1982 및 Humberto R. Maturana · Franscisco J. Varela, *Der Baum der Erkenntnis: Die biologischen Wurzeln des menschlichen Erkennens*, Bern, 1987. [움베르토 마투라나 · 프란시스코 바렐라, 『앎의 나무』, 최호영 옮김, 갈무리, 2007]

75 이 정식과 그 그리스적인 기원에 대해서는 다음을 참고. Christian Meier, *Die Entstehung des Politischen bei den Griechen*, Frankfurt, 1980, 435쪽 이하.

76 심리학자들이 명명하는 방식이다. 이에 대해서는 다음을 참고. Ellen J. Langer, "The Illusion of Control", *Journal of Personality and Social Psychology* 32 (1975), 311~328쪽. 친밀성, 개입, 경쟁, 선택과 같은 통제의 환상에 중요한 변수들을 조직연구로 전환하는 것이 어려워서는 안 된다.

77 이를 증명하기 위해서, 이후에 할 수 있는 한 이질적으로 선별된 몇몇 문헌들을 제시할 것이다. [폰 버틀란피의 '등종국성Äquifinalität'은 원인과 결과 간에 필연적인 인과관계가 없으며, 그 관계는 우연하기 때문에 상이한 상황에서도 같은 결과가 산출될 수 있는 상황을 설명하기 위한 개념이다. 이는 진화의 맥락에서 복잡성 획득을 실현하기 위한 제한된 가능성들만 있다는 것을

전제한다. 즉, '등종국성'은 원인의 불확실성과 그에 따른 결과의 우연성 그리고 이를 '규제'하는 제한된 가능성의 문제를 제기한다. 니클라스 루만, 『사회의 사회』 1, 592쪽 및 니클라스 루만, 『사회적 체계들』, 242쪽 이하 참고]

78 Francisco J. Varela, Principles of Biological Autonomy, New York 1979.

79 Niklas Luhmann, "Gleichzeitigkeit und Synchronisation", in *Soziologische Aufklärung*, Bd. 5, Opladen, 1990, 95~130쪽.

80 그렇게 재귀적이란 의미에서 비판적인 이차 기호학에 대해서는 다음을 보라. Dean MacCannell · Juliet F. MacCannell, *The Time of the Sign: A Semiotic Interpretation of Modern Culture*, Bloomington Ind., 1982. 또한 기호의 사용을 지시를 통해서가 아니라 작업, 즉 생산으로 특징화할 때의 줄리아 크리스테바 역시 이런 생각에 가깝다. Julia Kristeva, *Semeiotikè*, Paris, 1969. [줄리아 크리스테바, 『세미오티케 : 기호분석론』, 서민원 옮김, 동문선, 2005]

81 Ranulph Glanville, "Distinguished and Exact Lies(여기서 'lies'는 거짓말과 상황이라는 이중의 의미를 갖는다: 니클라스 루만)", in Robert Trappl (Hrsg.), *Cybernetics and Systems Research* 2, Amsterdam, 1984, 655~662쪽(독일어 번역으로는 *Objekte*, Berlin, 1988 참고). 다음의 인용이 도움이 될 것이다. "최후의 (즉, 궁극의) 구별을 하면, 내포에서든 외연에서든 (형식에서 동일한) 두 경우에 또다른 구별, 즉 재진입으로 추가되는 형식적인 동일성이 있다는 것을 요구하기 때문에, 최후의 구별은 최후의 구별이 '아니다'라는 또다른 구별을 이미 한 것이다." 이렇게 '재진입'으로 다시 돌아오게 되는 것이다. 이에 대해서는 다음을 참고. Ranulph Glanville · Francisco Varela, "Your Inside is Out and Your Outside is In"(Beatles, 1968), in G.E. Lasker (Hrsg.), *Applied Systems and Cybernetics*, Bd. 2, New York, 1981, 638~641쪽(독일어 번역으로는 *Objekte*, Berlin, 1988 참고). [이에 대해서는 다음을 참고할 수 있다. "라눌프 글랜빌은 우리가 구분하고자 하는 것을 구분하기 위해서는 벌써 가리켜야 하기도 하기 때문에 가리킴의 형식 또한 형식으로서 취할 수 있을 것이라고 논평한다." 펠릭스 라우, 『역설의 형식 : 조지 스펜서브라운의 『형식의 법칙들』의 수학과 철학에의 입문』, 이철 · 이윤영 옮김, 이론출판, 2020, 74쪽]

82 George Spencer-Brown, *Laws of Form*, New York, 1979.

83 Louis H. Kaufman, "Self-Reference and Recursive Forms", *Journal of Social and Biological Structures* 10 (1987), 53~72쪽. [카우프만의 계산에 대한 루만의 상세한 설명으로는 다음을 참고. 니클라스 루만, 『체계이론 입문』, 93~94쪽. 더불어, 스펜서브라운의 『형식의 법칙』에 관한 루이스 카우프만의 논문은 다음을 참고할 수 있다. 루이스 카우프만, 「구분의 원칙. 조지 스펜서브라운의 『형식의 법칙들』(1969)에 관하여」, 펠릭스 라우, 『역설의 형식 : 조지 스펜서브라운의 『형식의 법칙들』의 수학과 철학에의 입문』, 327~350쪽]

84 이에 대해서는 무엇보다도 그의 사후 출판된 다음의 저작 참고. Maurice

Merleau-Ponty, *Le Visible et l'Invisible*, Paris, 1964. [모리스 메를로퐁티, 『보이는 것과 보이지 않는 것』, 남수인 옮김, 동문선, 2004]

85 면역학자의 작업으로는 다음을 보라. N. M. Vaz · F. J. Varela, "Self and Non-Sense: An Organism-Centered Approach to Immunology", *Medical Hypotheses* 4 (1978), 231~267쪽; Francisco J. Varela, "Der Körper denkt: Die Immunsystem und der Prozeß der Körper-Individuierung", in Hans Ulrich Gumbrecht · K. Ludwig Pfeiffer (Hrsg.), *Paradoxien, Dissonanzen, Zusammenbrüche: Situationen offener Epistemologie*, Frankfurt, 1991, 727~743쪽.

86 Jacques Derrida, *Marges de la philosophie*, Paris, 1972, 특히 31쪽 이하 및 185쪽 이하 참고.

87 데리다, 같은 책, 1쪽 이하.

88 무엇보다도 Heinz von Foerster, *Observing Systems*, Seaside Cal., 1981.

89 폰 푀어스터, 같은 책, 76쪽.

90 Michel Serres, *Le Parasite*, Paris 1980. [미셸 세르, 『기식자』, 김웅권, 동문선, 2002]

91 Platon, Sophistes, 253D 참고. ["손님 : 유類에 따라서 분리하고 동일한 형상을 다른 것으로 간주하지 않고 다른 형상을 동일한 것으로 간주하지 않는 것, 이것은 변증술辨證術의 앎에 속한다고 우리가 말하지 않나요?/ 테아이테토스: 예, 그렇게 말을 할 것입니다./ 손님 : 그렇다면 이 앎을 행할 수 있는 자는 하나의 형상이 많은—각각 하나가 따로 떨어져 놓여 있는—것들을 관통하여 모든 곳에 퍼져 있음을 그리고 서로 다른 많은 형상들이 하나의 형상에 의해 바깥으로부터 둘러싸여 있음을 분명하게 지각합니다. 또 그는 다른 한편으로, 하나의 형상이 많은 전체들을 관통하여 하나 속에서 함께 합쳐져 있음을 그리고 많은 형상들이 전적으로 분리되어 구별돼 있음을 분명하게 지각합니다." 플라톤, 『소피스트』, 115쪽]

92 Douglas Hofstadter, *Gödel, Escher, Bach: The Eternal Golden Braid, Hassocks*, Sussex UK, 1979. [더글러스 호프스태터, 『괴델, 에셔, 바흐: 영원한 황금 노끈』, 박여성 · 안병서 옮김, 까치, 2017] 최근 관심의 확장을 위해서는 다음을 참고. Hilary Lawson, *Reflexivity: The Post-Modern Predicament*, London, 1985, Gumbrecht · Pfeiffer (Hrsg.), *Paradoxien, Dissonanzen, Zusammenbrüche: Situationen offener Epistemologie*, Frankfurt, 1991.

93 이에 대해서는 다음을 참고. Hans Blumenberg, *Paradigmen zu einer Metaphorologie*, Bonn 1960 그리고 Nicholas Rescher, *The Strife of Systems: Essay on the Grounds and Implications of Philosophical Diversity*, Pittsburgh, 1985.

해설

근대사회의 자기관찰: 근대 안에서 근대 밖을 관찰하고 재기술하기

"사람들은 가르치기 위해서가 아니라
관찰되기 위해서 출판한다."

1. 근대사회와 니클라스 루만의 사회학 이론의 세계

니클라스 루만은 처음 등장할 때부터 높은 곳에서 시작했다. 그리고 이른바 '임금의 하방경직성'처럼 그 위치에서 더 내려오는 일 없이, 매번 더 위로 비상했다. 한 대담에서 그는 40세에서 55세까지가 한 인간의 직업적인 생산성이 최고조에 달한다고 말했지만, 오히려 그 자신이 55세가 되는 1982년부터 체계이론은 더욱 비상한다. 사회학 이론에서 임금의 하방경직성은 생산성 저하의 원인이 아니라, 생산성을 재생산하기 위한 전제가 된다. 루만은 1984년에 출간된 『사회적 체계들』에 대해 이 저작 이전까지 자신의 작업은 없는 것이라 보아도 좋고 이후 일련의 작업들의 출발점이라고 말한 바 있는데, 이럴 때 그는 마치 자기예외를 이론적으로 증명하고 있는 것처럼 보인다. 윤리적인 태도를 규정하는 중요한 요소가 '자기면제'의 금지라고 할 때, 루만의 사회학은 자기면제의 증언인가. 그러나 우리는 이를 성급하게 이론의 윤리나 사회학의 윤리, 심지어 한 명의 사회학자의 윤리로 환원할 수 없다. 그런 독해 대신에, 자기면제의 문제는 근대사회가 대상이 될 때, 그 대상의 도달 가능성의 문제로 전환해서 읽어야 한다. 사회학 이론이 도달할 수 있는 가장 보편적이면서 동시에 가장 특수한 정식, 즉 '우리의 주제가 주제로 되는, 사회의 사회'라는 『사회의 사회』의 정식에 따르면, 어떤 사회도 자기 자신의 작동으로 자기 자신에 도달할 수 없다. 루만의 체계이론은 다른 이유가 아니라 근대사회의 도달 불가능성 때문에 자기면제를 금지한다. 즉, 자기면제를 면제한다. 이는 통상적으로 논구되는 변증법적 사회이론에서 '부정의 부정'과 무관하다. 변증법적 이론, 비판이론, 마르크스주의 이론이 비판하고 부정하는 것보다 근대사회는 더 많은 부정이 가능하며, 더 많은 부정 잠재력을 갖고 있다. 자기포함적으로 작동하고 재생산하는 근대사회를 이론화하고자 하는 체계이론이 갖는 이론적 역량이다. 그리하여 체계이론에서 자기비판적 이성은 역설적 이성이다. 또한, 자기부정을 포함하여 사회가 자기를 관찰하고 기술하는 작동을 이론화하는 사회학이 루만의 사회학이다. 타계하기 1년 전에 출간된 최후의 저작, 『사회의 사회』의 제사題詞로 스피노자의 『윤리학』 1부 2공리, 즉 "다른 것을 통해 파악될 수 없는 것은 자기 자신을 통해 파악되어야 한다"를 선택한 것은 이런 점에서 우연이 아니다.

자기지시적인 순환성이 자기를 자기로 주제화하기 위해서는 자기와 자기가 아닌 것을 구별함으로써 가능하다. 즉, 자기를 관찰할 때에만 자기지시라는 순환성이 형성된다. 이처럼 자기지시의 문제는 자기관찰이라는 작동을 수반하며, 자기가 아닌 것을 자기로 한다는 점에서 역설의 문제를 제기한다. 우리가 살고 있는, 그 안에서 체험하고 행위하는 사회는 완전히 질서정연하지도 않지만, 완전히 무질서하지도 않다. 우리의 세계는, 우리의 사회는 스스로 미규정성을 산출하는데, 이는 기능적으로 분화된 근대사회의 질서가 불투명하고 완전한 해결이 불가능한 문제를 산출하기 때문이다. 체계이론은 이런 상황에서 '기능적 분석'을 요구한다. 기능적 분석은 무엇이 존재하는가에 관심을 갖는 대신에, 어떻게 결정되고, 어떻게 선택되는가에 관심을 갖는다. 그런 점에서 기능적 분석은 다르게도 가능한 우연성과 선택 가능성을 특정한 가치에 대한 고백보다 우선시한다. 위계를 통해서 문제를 해소하고자 하거나 문제를 전가하는 대신에, 근대사회가 스스로 산출한 문제와의 자기포함적인 관계 속에서 다양한 선택 가능성을 어떻게 이해하고, 어떻게 체계적으로 산출할 수 있는지 관심을 갖는다. 이처럼 자기 자신과의 재귀적인 관계를 재생산의 전제로 하는 근대사회에 대해서는 이론적으로 추상화할 수 있는 용기가 필요하다. 이런 맥락에서 근대의 관찰 역시 더욱 이론적인 관찰이 필요하다.

근대사회는 정점도 중심도 없는, 기능적으로 분화된 사회라는 진화적인 성취에 도달했다. 정치나 경제가 한 사회 전체를 대표할 수 없으며, 정치의 기능이 교육이나 학문, 종교의 기능에 대해 우위를 갖지 않는다. 오히려 근대사회는 기능적으로 분화된 사회체계들만큼 복수의 중심을 갖는 사회이고, 복수의 정점들을 갖는 사회다. 그렇기 때문에 근대사회에는 중심과 주변의 경계 간의 다양한 낙차가 다양한 높낮이의 리듬과 강도로 현실을 구성한다. 이는 체계와 환경 간의 차이를 통해 사회의 작동으로 현재화된다는 점에서, 체계이론은 작동적인 차이를 이론화하는 차이이론이다. 그리고 이런 작동상의 차이를 통해서 체계이론은 근대사회의 복잡성과 우연성을 '깊고 예리하게Tiefenschärf' 분석하려는 사회학 이론이다. 『근대의 관찰들』에서 이론화되는 다양한 사회학적 쟁점들은 이처럼 존재론적인 차이가 아니라, 작동상의 차이를 통해서 근대사회의 커뮤니케이션의 자기생산 구조를 이론적으로 관찰하고 이론적으로 기술하는 사회학의 한 진경으로 펼쳐진다. 사회적 행위와 체험의 지속적인 구조를 성찰하는 일반 이론으로서 사회학의 이론적 가능성을 구조적인 층위에서, 또 의미론적인 층위에서 확인할 수 있다.

이 책에서 인용하고 있는 보르헤스의 말을 빌리자면, '끝없이 갈라지는 두 갈래 길'이 우리 앞에 놓여 있다. 그리고 그 길은 자기관찰하는 길이고, '자기포함적인autologisch' 길이다. 이는 '미로'의 형상과 닮았다. 루만은 "이론장치는 즐거운 목적지로 나 있는 고속도로라기보다는 미로 같다"고 말한다. 체계이론에 부합하지 않지만, 전통적인 방식에 따라 신체라는 은유로 사회를 개념화한다면, 사회는 두뇌와 같을 것이다. 두뇌처럼 중심이 부재하며, 두뇌의 주름처럼 주름이 길어질수록 주름이 더 깊어지는 것처럼 사회이론은 비상할수록 더 높이 오르면서 동시에 더 깊어진다. 그렇게 자기 자신에게로 되돌아온다. 루만의 비상은 언제나 더 높은 곳으로의 비상이지만, 동시에 더 깊은 비상이다.

2.『근대의 관찰들』의 위치

이런 점들을 고려할 때,『근대의 관찰들』이 출간된 1992년은 그의 비상이 루만 자신의 기준에 따라 본궤도에 오른 이후, 더 높은 비상이 안정화된 시점이다.『근대의 관찰들』은『사회적 체계들』(1984)과『사회의 사회』(1997)의 중간에 위치한 작업이며, 그 밖에 이미『사회의 경제』(1988)와『사회의 학문』(1990)이 출간되었고, 곧『사회의 법』(1993)이 출간될 시점의 저작이라는 점에 주목해야 한다. 당시 루만은 이론적인 추상성의 강도를 자유롭게 다룰 수 있게 된 시점, 그렇게 구체적인 현상을 깊게 관찰할 수 있는 수준에 있었다. 따라서,『근대의 관찰들』은 더 높게도, 더 낮게도, 더 빠르게도, 더 천천히 비행하면서도 더 추상적이면서 동시에 더 구체적으로 관찰할 수 있는 관찰자가 자기 자신을 관찰하는 근대를 관찰하는 이차 관찰의 한 시도라고 할 수 있다.

다양한 분과학문에서 축적된 연구성과들, 학문적인 논쟁들이 자기지시적인 체계이론의 맥락에서 새롭게 재정식화되면서, 이전과 다른 '새로운 인식' '다른 종류의 인식'의 자원이 된다. 그리고 각각의 개념들이나 인식들은 서로 간의 연관 속에서 사회학적으로 다양하게 결합되고 분리되면서, 재조합과 해체 능력이 증가한다. 이는 결국 새로운 가치를 갖는 사건들을 생산하고, 그 사건들의 연결가능성으로서 모든 연결의 교환가능성 또는 대체가능성으로 개념화할 수 있는 복잡성 문제로 귀결된다. 근대사회가 점점 더 복잡해지고, 그에 따른 관계들의 양상 역시 더욱더 복잡해질수록, 이론의 복잡성 안에서 복잡성을 규제할 수 있어야 한다. 복잡한 이론을 통해서만 복잡한 사회를 깊고 예리하게 관찰하고 기술할 수 있기 때문이다. 이는 결국, 근대사회가 제공하는 다양한 가능성들의 구조적인 확장과 제약에 이론적인 관심을 갖는 것이다. 이런 점에서 『근대의 관찰들』은 『사회적 체계들』에서 구축된 자기지시적 체계이론과 『사회의 사회』에서 이론적으로 도달한 근대사회의 자기기술 '사이'에서, 복잡한 근대에 대한 전통적인 인식과는 '다른 종류의 인식'을 획득하기 위한 작업이라고 할 수 있다. 『근대의 관찰들』에서 자기지시적 체계이론의 이론적으로 일반적인 층위뿐만 아니라 근대사회의 기능적 질서의 구조적인 풍부함과 그 다양한 의미론을 다층적으로 확인할 수 있는 것은 이런 이유 때문이다.

또한, 『근대의 관찰들』이 출간된 1992년은 루만이 빌레펠트 대학교 사회학과에서 정년퇴임하기 1년 전이다. 모두 6권의 논문 모음집인 『사회학적 계몽』 중 5권(1990)이 출간된 후이고, 6권(1995)이 아직 출간되지 않은 시점이기도 하다. 이를 강조하는 이유는 이 시점이 80년대 이후 일련의 작업들에서 그의 사회학의 중심개념이 되는 관찰과 작동 개념 활용이 완숙해진 시기이기 때문이다. '구성주의적인 관점들'이라는 부제로 『사회학적 계몽』 5권에 수록된 논문들이 '관찰' 개념으로 여러 주제들을 재정식화하는 일련의 작업들을 포함하고 있다는 점 역시 주목할 필요가 있다. 1년 후에 있을 고별 강연 「'무슨 일이 일어났는가?' 그리고 '무엇이 그 뒤에 있는가?'—두 사회학과 사회이론」에서 관찰과 관찰자가 고전적인 의미의 형이상학을 대체한다고 이론화하는 것을 고려하면, 사회적 체계에 대한 일반 이론으로서 사회학은 이제 근대사회의 자기관찰에 대한 학문의 위상으로 일반화된다. 이런 지평과 전망 그리고 이론적인 확신 속에서 『근대의 관찰들』이 출간된 것이다. 흥미로운 점은 수록된 5편의 논문 어디에서도 '관찰'이라는 표현을 제목에 쓰지 않고, 이 5편 전체를 아우르는 제목으로 '관찰들'을 부여했다는 점이다. '근대사회' '근대적인 것' '유럽적 합리성' '고유가치' '우연성' '미래의 기술' '무지의 생태학'을 '메타'적인 층위에서 주제화할 수 있는 근대사회의 작동이 관찰이기 때문이다. 관찰자는 자기와 자기가 아닌 것의 차이를 구별하고 지칭하면서, 즉 차이의 통일성을 산출하면서 자기 자신과 자기포함적인 관계를 갖는다. 관찰자는 자신 스스로를 구별하는 가능성 이외의 다른 가능성을 갖고 있지 않다. 관찰자는 자신과의 차이를 만드는 자다. 이렇게 보면, 『근대의 관찰들』은 근대사회가 관찰을 통해서 자기 자신과 달라지는 자기를 재생산하는 작동을 다양한 주제들에 따라 사회학적으로 다루고 있는 저작이라고 할 수 있다.

『근대의 관찰들』에서는 근대사회, 합리성, 우연성, 시간, 인식 그리고 무지라는 주제 아래 신학, 철학, 언어학, 역사학, 정치학, 법학, 경제학, 생태학, 교육학, 행정학, 조직학, 경영학, 심리학, 인류학, 인지과학, 생물학, 사이버네틱스 등의 학문적인 성과들이 사회학으로 재이론화되고 있다. 즉 사회학을 통해 근대사회의 '자기 주제화'가 구조적인 복잡성과의 연관 속에서 이론화되고, 정식화된다. 그래서 『근대의 관찰들』은 체계이론을 통해서 근대사회를 '재기술Wiederbeschreibung/redescription' 하는 사회학적인 시도로 볼 수 있다. 책 제목이 근대의 '관찰'이라는 단수가 아니라, 근대의 '관찰들'인 복수인 이유다.

3. 체계이론의 기능적 분석과 근대의 관찰들

근대를 복수로 관찰하기 위한 사회학적인 방법은 기능적 분석이다. 존재하는 것을 우연한 것으로 파악하는 기능적 분석은 문제가 되는 것이 다른 문제해결 방식들과 어떤 관계가 있는가라는 '문제관점'을 채택한다. 이런 이유에서 기능적 방법은 관계들 간의 관계를 탐구하며, 그런 맥락에서 기능적 등가를 일반적으로는 비교하지만 선택을 위해서는 동시에 구체적으로 배제한다. 기능적 등가로의 포함은 배제 없이는 불가능하다. 즉, 기능적 분석은 '배제는 포함이다'라는 역설을 통해서 가능하다. 이런 점에서 작동의 가능성의 조건이 동시에 그 불가능성의 조건이 될 때, 역설이 생긴다고 할 수 있다. 또한 기능적 분석은 다른 가능성들에 대해 묻고 기능적 등가를 모색하는 '지침'이 되기 때문에, 우연성을 소진시키는 대신 우연성을 재구성한다. 이런 방법을 통해 문제는 체계문제로 전환되며, 임의적이거나 자의적이지 않고 제한된 가능성들의 구조와 기능이 분석의 대상이 된다. 즉, 기능적 분석은 가능한 것의 확장과 제한을 지향한다. 문제관점은 기능적 분석을 통해 '문제구성'이 된다.

문제의 새로운 구성이 갖는 사회적인 의미의 생산과 '지시의 풍부함'에 따라 기능적 분석은 현상 유지가 아니라 문제구성과 그 복잡성을 지향한다. 문제관점과 문제구성의 순환성, 재귀성 속에서 관찰 대상은 자기 자신에 대해서 보다 더 많은 복잡성에 노출된다. 이런 상황에서 근대사회는 '다수성의 통일성'인 복잡성을 위계적으로 파악하면서 감당할 수 없다. 위계가 아닌 '혼계Heterarchie'의 질서를 갖는 근대사회는 자기 자신의 변화를 통제할 수 없다. 이런 상황에서 복잡성은 선택을 강제한다. 이는 제한된 선택적인 능력을 통해 가능하다는 점에서 양적인 복잡성은 질적인 복잡성으로 전환된다. 즉, 논리적으로 가능한 모든 관계들이 현실화의 동등한 기회를 갖는 엔트로피가 아닌 '네겐트로피/부엔트로피Negentrophy'가 복잡성과 관련해서 이론적인 대상이자, 사회학적으로 문제가 된다. 이를 구조화되지 않은 복잡성에서 구조화된 복잡성으로의 전환, 비개연성의 개연성으로의 전환이라고 할 수 있다. 이처럼 체계이론은 자기 자신을 외부에서 통제할 수 있다고 보거나, 자기 자신을 포함하는 자기포함적인 질서를 복잡성의 문제로 파악하지 못하는 이론을 '초월적'이라고 본다. 대신 체계이론은 자기생산적인 사회적 체계의 작동상 폐쇄를 통해 문제를 구성한다. 목적 달성으로 체계의 내재적인 목적이 완성되는 것이 아니라, 목적 달성 이후에도 체계는 새로운 문제관점과 새로운 문제구성을 통해서 계속 자신을 지속한다. 커뮤니케이션은 어떤 목적도 갖지 않으며, 어떤 내재적인 '엔텔레키Entelechie'도 갖지 않는다. 이런 이유에서 루만은 자기포함적이며 자기생산적인 체계이론은 아리스토텔레스 스타일을 따르지 않고, '스피노자의 이론적인 스타일Theoriestil Spinozas'을 따른다고 말한다. 자신의 고유시간과 고유가치를 획득하기 위해서 체계는 환경과 자신을 구별하면서 자신의 가능성을 제약해야 한다. 그럴 때, 체계는 역사적인 체계가 되며 고유의 복잡성을 통해 질적인 복잡성을 획득한다. 스펜서 브라운의 문제상황인 '해결할 수 없는 미규정성unresolvable indeterminacy'은 이처럼 체계가 자신의 작동으로 산출하는 내적인 미규정성으로서, 이러한 미규정성을 통제하는 것을 과제로 하기 때문에 체계이론은 사이버네틱스에 주목하는 것이다. 이는 루만의 체계이론에 대한 통상적인 이해로 고착화된 사회공학과 무관하게 근대사회의 고유한 역동적인 질서를 지적으로 파악하고, '깊고 예리하게' 이론화하는 문제다. 또한 근대사회를 관찰하고 기술하는 체계이론의 역량에 관한 문제다. 본 저작의 제1장 '근대사회의 근대적인 것'이라는 표현을 빌리자면, 사회학이 근대사회의 '사회적인 것'에 주목하는 만큼, 사회에 관한 이론인 체계이론은 '근대사회의 근대적인 것'에 대한 이론적인 관심을 고수한다.

결국, 체계이론은 '비판'하지 않고, '기술'한다는 비판은 일면적이다. 즉, 근대의 '비판'이 아니니 루만의 체계이론은 보수적이라고 평면적으로 평가할 수 없는 것이다. 비판은 근대사회의 복잡성을 비판적으로 해소하는 것이 아니라, 그 복잡성을 더욱 증가시킨다. 즉, 비판은 부정되고 금지되는 것이 아니라, 비판으로 근대사회는 더욱 복잡해진다. 해결할 수 없는, 또는 해결해야 하는 문제가 비판을 통해 새롭게 발생하며, 이는 사회의 내적인 미규정성을 더욱 증가시킨다. 비판으로 상태가 완성되는 것이 아니라, 새로운 상태를 위한 새로운 문제가 내적으로 창출되면서, '해결할 수 없는 미규정성'을 산출한다. 사회적 현상을 구체적으로 관찰할 때, 즉 기능적 분석에 따른 비교의 관점에 의해 제한된 가능성과 확장된 복잡성이라는 지평 속에서 지적으로 관찰할 때, 비판은 기능화된다. 기능적 분화에 따라 증가한 상호 연관 속에서 사회적 질서는 '제로섬'이 아니라, '해체와 재조합능력의 증가'의 우연한 양상을 띤다. 근대사회의 구조적인 '고유가치 Eigenwert'다. 비판하는 만큼 사회가 더 좋아지는 것이 아니다. 더 많은 비판이 가능하기 위해서, 더 많은 비판이 새로운 현실을 창출하기 위해서는 기능적인 질서, 자기포함적이고 자기대체적인 역동적인 질서를 통해 더 많은 부정과 긍정 간의 해체와 재조합능력의 증가가 안정화되어야 한다.

이런 상황에서 "오직 보수적으로만 생각하는 사람도 유지되어야 할 것을 선택적으로 결정해야 하는 점에서는 아주 혁명적으로 행동하게 될 것이고, 혁명가도 과거 한 시대에 통용하던 가치이지만 아직까지 실현되지 않은 것을 역시 일방적으로 고수하게 된다"는 루만의 주장에 주목하게 된다. 사회는 포스트모던하기 때문이 아니라, 또 윤리가 강조되기 때문이 아니라 그 변화 속도가 너무 빠르기 때문에, 그 구조적인 고유가치 때문에 좌파들은 여전히 실현되지 못한 이상들을 보전하면서 보수적이 되며, 보수적인 입장은 기회주의적으로만 유지될 수 있는 상황에 있다. 기능적 질서의 생산과 재생산이라는 근대사회의 구조 속에서 어떻게 더 많은 부정을 내포하는 긍정의 질서를 산출할 수 있는가, 일치와 합의가 부족함에도 의미상실에 빠지지 않고 어떻게 자기생산적인 재생산을 가능하게 하는 의미형식을 안정화하는가. 제한가능성을 증가시키는 사회적 체계들은 시간, 우연성과 복잡성을 어떻게 의미화하면서 의미체계로 진화하는가. 이런 이유에서도 이 책의 제목은 『근대의 비판』이나 『탈근대의 관찰들』이 아니라, 『근대의 관찰들』이다.

4. 근대의 관찰과 근대의 기술의 재기술

루만의 어떤 저작에서도 인명색인을 찾을 수 없는 것은, 근대사회의 여러 현상들과 관계들, 사회적 행위와 체험의 지속적인 구조를 사회학적으로 성찰하는 것은 다른 이론가나 철학자, 사회학자가 무슨 말을 어떻게 했는지, 얼마나 오해하고 오인하는지, 얼마나 마르크스주의적인지, 얼마나 자유주의적인지, 진보적인 이론과 보수적인 이론을 구별하는 스펙트럼상에서 어디에 위치하는지를 식별하고 판정하는 작업과 무관하기 때문이다. 새롭게 주석을 추가하는 작업 역시, 근대사회에 대한 다른 종류의 인식을 생산하는지 물을 때, 그 답변은 회의적이다. 니체는 『아침놀』에서, 자신은 비윤리적이라고 불리는 많은 행위들을 피해야 하고 극복해야 하며, 윤리적이라고 불리는 많은 행위들 역시 피하고 장려해야 한다는 것을 부정하진 않지만, 전자와 후자 모두 '지금까지와는 다른 근거들에 의해' 행해져야 하며, 이를 위해 우리는 '다르게 배워야만' 한다고 말한다. 다른 종류의 인식을 생산하기 위해서는 '지금까지와는 다른 근거들에 의해' 인식을 생산해야 하고, 이는 사회의 바깥의 초월적인 위치에서 사회를 비판하고, 계몽하는 것에서 가능하지 않고 사회의 작동으로부터 배울 때, 즉 사회 안에서 사회로부터 '다르게 배워야만' 할 때 비로소 가능하다. 그것은 사회 외부에서 사회를 계몽하는 것이 아니라, 사회 안에서 사회로부터 배울 때 가능한 것이기도 하다.

이런 점에서 인식의 획득은 가치에 대한 신앙고백에 있지 않고, 현실을 구성하는 사건들 간의 인과성들을 비교하고 기능적으로 산출하는 사회적 체계의 작동에 있다. 정작 사회에서 문제가 되는 것은 사회가 자신을 관찰하면서, 자신을 어떻게, 또 무엇으로 주제화하는가 하는 점이다. 체계이론은 사회가 자기 자신에 대한 새로운 주제를 산출하면서, 행위와 체험의 새로운 사건화 가능성을 의미로 현재화하고 현실화할 수 있는가의 문제에 관심을 갖는다. 비판은 단지 부정이나 거부가 아니라, 거부할 수 있는 가능성을 유지하는 것이다. 그런 조건에서 '아니다'라고 할 때, 더 많은 자유와 더 많은 평등, 더 많은 안전에 대해서도 '아니다'라고 할 수 있는 상태를 재생산할 때 비판적이다. 여전히 실현되지 못한 이상과 이념을 고수하면서 현실이 그 이념에 미치지 못한다고 부정하는 것이 비판이 아니다. 이념과 현실의 차이가 제거되면, 세계는 무정형의 상태로 우리에게 곧바로 밀려닥칠 것이고 그런 지각의 압박 속에 우리는 커뮤니케이션할 수 없다. 즉, 사회는 불가능해진다. 따라서 사회가 가능하기 위해서는 추구하려는 상태와 실제 상태 간의 차이를 제거하는 것이 아니라, 그 간격을 좁히면서 동시에 새로운 간격을 창출하는 것이 필요하다. 이는 더 많은 긍정과 더 많은 부정을 산출하는 커뮤니케이션을 통해서 새로운 현실을 구성하고, 새로운 현실을 증폭할 때 비로소 가능하다. 더구나 자기 자신을 규정하는 과정, 즉 자기생산체계인 커뮤니케이션은 동의하거나, 반대하는 이원화된 선택성을 지속적으로 산출한다는 점에서, 세계와 다르다. 세계에서는 긍정적인 가치와 부정적인 가치의 구별이 없으며, 동의와 거절이 비대칭적인 의미를 갖지 않기 때문이다. 사회와 세계는 다르다. 이런 점에서 사회적 체계는 의미를 생산하고 양적인 복잡성을 질적인 복잡성으로 전환하며, 구조화된 우연성을 증폭시키는 메커니즘이다. 사회적 체계를 통해서 상황을 다양하게 정의할 수 있고, 현실을 다양하게 관찰하며, 더 많은 이름으로 기술할 수 있는 사회의 능력이 증가할 때, 체계이론은 이를 '문명화 과정'이라고 본다. 이는 우연하고 복잡한 행위 연관의 자유가 증가하는 것이기도 해서, 우연성을 해방하고 복잡성을 구축하는 과정이기도 하다.

이런 조건에서 사회는 작동하고, 그러기 위해서 자기 스스로를 관찰한다. 이차 등급 관찰에 따르면, 비판 역시 자기관찰이고 그렇게 자기기술을 통해 동일성을 구성한다. 사회를 비판한다고 해서 사회 바깥에 또다른 사회를 구축할 수는 없다. 비판을, 부정을 자기 것으로 하지 않으면 안 되기 때문이다. 문제는 비판적인 자기기술, 자기부정을 포함하는 '재re기술'에 있는 것이다. 근대사회는 너무도 복잡하기 때문에, 사회가 사회를 관찰하는 자기관찰이 복잡성 과잉에 무화되지 않으려면, 사회는 자기를 단순화하는 의미론적인 장치, 즉 동일성Identität이 필요하고 이를 스스로 구성한다. 이를 통해서 근대사회는 자의적인 방향으로 전개하는 대신, '지적으로 고유한 역동성eine intellektuelle Eigendynamik'을 구성한다.

이 저작의 제1장 「근대사회의 근대적인 것」이 보여주는 것처럼, 우리에게 중요한 것은 근대사회의 근대적인 것을 개념적으로 파악할 수 있는 근대사회 이론이다. 루만의 용법을 빌리자면, 구유럽적인 전통과의 연관성을 부정하지 않으면서 동시에 '근대적인 것'을 파악할 수 있는 핵심 명제들을 새롭게 다시 쓰는 '재기술'이 중요하다. 이는 근대사회의 구조의 풍부함을 파악하기 위한 것이지만, 그보다 더 중요한 것은 자기기술을 이론적으로 재기술하기 위해서 이론수단인 개념은 '자기포함적'으로 되고, 개념은 자기 자신에 대해서도 적용된다는 점이다. 루만의 최후의 저작이자 대표작Magnum opus인 『사회의 사회』(1997)가 그 제목에서부터 잘 보여주는 것처럼, 자기기술이 곧 자기기술의 주제가 되며 그렇게 사회의 자기기술에 대한 재기술 역시 사회의 자기기술이 된다.

앞서 표현한 '비행'이라는 은유를 사용하면, 더 많은 대안들과 부정들과 긍정들, 그리고 가능성들을 포함하는 비행은 존재론적인 경로를 따르지 않는다. 이 책 4장 「미래의 기술」에서 볼 수 있는 것처럼, 그 길은 언제나 현재에 시간화되는 길이다. 즉, 이미 존재하는 길이 아니라 끊임없이 선택해야 하는 길이고, 이전의 선택과의 결합과 분리라는 재조합 능력의 증가에 따라 5장 「무지의 생태학」에서 검토하는 것처럼 '무지의 생태학'이 사회의 가능성의 조건이 되는 더 복잡하고 더 우연한 길이다. 세계의 비개연성을 개연성으로 전환할 때 발생하는 위험이 따르는 길이고, 그렇게 불투명한 길이다. 하지만, 그 비행의 안전은 신이 제공할 수 없다. 기능적으로 분화된 사회가 구조적으로 생산하는 복잡성에 따라, '근대사회의 고유가치로서 우연성'(3장)을 신학의 차원에서 기능적으로 분화된 근대사회의 작동의 차원으로 세속화해야 한다. 즉 세속화된 기능체계에 따르는 세속화된 길은 자기결정에 따른 위험을 수반하는 길이다. 각각의 기능체계들은 이차 등급 관찰의 고유한 형식에 따라 필연성을 우연성으로 지속적으로 전환하면서 상이한 우연성을 경험하게 된다. 문제와 현상, 그리고 현실이 체계적으로 산출되고 구성되며 그에 따른 대안 역시 체계적으로 제한된 가능성의 공간으로 창출된다는 점에서 이제 근대인은 '유럽적 합리성'(2장)에 대해 새롭게 질문을 제기할 수 있다. 다시 말해서, 비합리성을 자신의 불가피한 조건이자 합리성 이후에도 계속 합리성에 대해 주제화하고, 계산을 시도할 수 있는 다른 형식의 합리성으로 해석하는 것이 요구된다. 다른 합리성의 길, 체계합리성의 길을 모색해야 한다. 결국, 1장 「근대사회의 근대적인 것」은 실체개념을 기능개념으로 대체한 근대사회가 자기의 주제인 '근대적인 것'을 주제로 기술하는 자기관찰에 대한 이론화를 시도한다. 그렇게 근대사회는 자기기술을 '재기술'하면서 자기관찰한다. 그에 따라서 사회학 이론 역시 자기포함적인 구성을 이론화할 수 있어야 하며, 높은 수준의 추상화 작업을 요구한다. 그리고 그 작업은 비판을 수월하게 하기도 하지만, 동시에 비판을 어렵게 한다. 그리하여 그 요구는 다음처럼 말한다. "달리 해보아라. 하지만 최소한 마찬가지로 잘해야 한다."

5. 포스트모던과 이차 등급 관찰로서 비판

방금 제기한 이 저작의 각 장에 대한 사회학적인 의미의 순환은 필연적이지도 않고 불가능하지도 않은 우연한 것이다. 즉, 다르게도 가능한 순환이어서 『근대의 관찰들』의 각 장은 순서대로 읽을 필요도 없지만, 각 장의 의미가 지시하는 방향 역시 언제나 끝없이 두 갈래로 갈라지는 길처럼, 의미의 정점에서 분기하기 때문에 얼마든지 다르게 읽을 수 있다. 기능적으로 분화된 근대사회의 동일성을 구성하는 중심이 복수인 것처럼, 이 저작으로부터 각각 기능적으로 등가인 가치를 갖는, '다가치多價値'적인 의미를 현행화할 수 있다. 위계가 아닌 자기지시적인 순환을 따라 처음 지점으로 다시 되돌아올 때, 그 재귀적인 메커니즘의 결과는 그 이전보다 더 확장되고, 차이를 통해 증폭된다.

이 저작은 '포스트모던'을 사회학적으로 정당화하고, 사회적인 체험과 행위의 지속적인 구조의 후기 근대적인 전환을 이론화하는 저작이 아니다. 다양한 해석의 가능성들 중에 이런 해석만큼 이 저작이 비판하고자 하는 해석은 없을 것이다. 포스트모던은 하나의 담론의 양식일 수는 있어도, 근대사회에 대한 이론이 부재하기 때문에 사회학적인 의미를 갖지 못한다. 그런 담론의 양식을 전개하고 재생산하는 커뮤니케이션은 여전히 기능적으로 분화된 학문체계를 자기생산할 뿐이다. 포스트모던은 근대사회에 대한 이론이 없다는 이론부재 역시 이론의 이름으로 커뮤니케이션되는 것이다.

루만은 '탈산업 사회'에 대한 논의를 사례로 들면서, 그런 식의 사회학 이론이 이론적으로 얼마나 빈곤한지 설명한다. '신Neo' '탈/후기Post'를 운운하는 네오마르크스주의, 탈구조주의, 신기능주의, 신보수주의, 신사회운동, 신개인주의, 뉴미디어 등에 관한 이론은 '탈'이나 '신'이라고 명명하고자 하는 현재와 그런 현재가 아니라는 의미의 과거 간의 시간적 차이를 강조하면서, 개별 현상들을 일면적으로 강조하게 된다. 이는 전체에 대한 분석, 즉 사회의 통일성에 대한 분석 없이 그때그때 새로운 것으로 간주되는 것을 '본질대체Wesentlichkeitsersatz'로서 사회기술의 중심에 놓는다. 그러나 살펴본 것처럼 그런 명명활동은 '근대'사회의 자기관찰에 다름아니며, 근대사회가 자신을 기술하는, 또는 자기기술에 대한 재기술로서 사회의 자기기술일 따름이다. '새로운 것'을 산출하고 그것이 사건으로서 의미를 갖게 하는 시간구조 자체가 근대적이다. 그 구조를 넘어서 새로운 시간지평과 새로운 기대 속에 다른 현재를 가능하게 하는 탈근대적인 시간은 근대사회 안에서 불가능하다. 현재의 탈산업 사회가 과거가 되는 사회를 그 표기법처럼 가령 '탈탈'산업사회라고 '명명'하는 것이 우스운 것처럼, 그런 명명은 동시에 현재의 탈산업사회는 미래의 산업사회가 된다는 그 '근대적인' 시간성 앞에 무기력하다. 덧붙이자면, 친환경적인 생활을 지속적으로 향유하기 위해서도 산업적으로 잘 조직된 합리성이 필수불가결하다. 생태학적인 문제 역시 그런 것이 있다면 이른바 탈근대적이거나 후기근대적인 관점을 고수하는 것으로는 대처할 수 없다. 가치에 대한 신앙고백은 사회 차원에서의 커뮤니케이션 동기는 될 수 있지만, 구조적인 수준에서 인과를 확보하고 그에 따라 구체적인 프로그램과 정책을 입안하는 것은 여전히 불가피하게 지속적으로 확장하는 관료제의 법과 화폐의 조건화 역량을 가능하게 하는 조직 문제로의 전환과 행정정책적인 합리화를 통해서 가능하기 때문이다.

『근대의 관찰들』이 출간되기 직전에 행한 빌레펠트대학에서의 1991~1992년 강의『체계이론 입문』에서 루만은 앞서 언급한 근대사회의 '지적으로 고유한 역동성'이야말로 "오늘날 이른바 포스트모던 상황에서 펼쳐지는 것 가운데 가장 환상적이고, 매력적인 것에 속한다. 이러한 토대 위에서 나는 일반 체계이론에 관한 구상을 나 나름대로 더 발전시켜보고자 한다"고 말한다. 이 발언은『근대의 관찰들』에 대한 가장 매력적인 증언으로도 읽을 수 있을 것이다. 역동적인 안정성을 갖는 근대사회의 동학은 과대평가되어서도 안 되지만, 과소평가되어서도 안 된다. 탈근대에 관한 담론은 과연 근대사회의 작동과 그 동학을 초과하는가라는 질문, 탈근대 이론은 운동과 변동을 과장하지 않고 안정적으로 설명하는가, 그리고 자기대체적인 질서의 안정성을 충분히 역동적으로 설명하는가라는 질문을 사회학은, 루만의 체계이론은 그리고『근대의 관찰들』은 제기하고 있다. 탈근대는 근대사회의 자기기술일 따름이다. 근대 안에는 근대 바깥의 무엇이 있는지, 그리고 만약 있다면 그 배후에는 무엇이 있는지, 근대를 넘어서는 무엇이 어떻게 근대 안에서 가능한지라는 사회학적인 질문이 이 저작을 환경처럼 감싸고 있다.

근대사회의 근대적인 것을 이론화하기 위해서는 그 도구인 개념 역시 근대적인 개념으로 전환되어야 한다. 이는 자기를 예외로 하는 것을 금지할 것을 사회학에 요구한다. 사회학에 필요한 근대적인 개념은 '자기함축'과 '자기포함'을 이론화할 수 있어야 한다. 비판과 위기 역시 하나의 관찰이라는 점, 문제는 그 관찰을 관찰하는 이차 관찰에 있다. 즉 사회학은 근대사회를 비판하는 관찰자를 관찰하면서, 이차 관찰자의 입장을 취한다. 이는 아리스토텔레스 이래 유구한 서구의 정치철학이 강조하는 것처럼 존재의 분할로 범주와 세계를 파악하는 것을 단념하는 것이다. 즉, 존재의 분할을 관찰자의 구별이 대체하고, 그럴 때 관찰을 자신의 작동으로 성찰할 수 있다. 이에 대해서는 선험적으로 존재하는 본질의 차이가 분화로 전환한 의미론적인 혁신을 말할 수도 있다. 근대사회는 신이나 이데아 등 특정한 심급에 따라 규정되지 않고, 선택을 다르게 조건화하는 자유는 오직 기능적으로 분화된 근대사회 자기 자신을 따르기 때문이다. 같은 이유에서 커뮤니케이션은 특정한 목적을 갖지 않으며, 특정한 가치를 실현하지도 않는다. 커뮤니케이션은 자기 자신을 규정하는 과정이고, 그런 의미에서 자기생산 체계일 따름이다. 사회학은 정신과학이 아니다. 사회는 지식의 적용이나 정신의 변증법으로 실현되지 않는다. 사회는 커뮤니케이션의 자기생산, 즉 커뮤니케이션을 통한 커뮤니케이션의 생산으로 실현된다.

이런 점에서 근대를 총체적인 수준에서 가장 철저하게 사유한 헤겔을 비판하는 것을 넘어서, 사회학의 관심은 사회의 통일성을 어떻게 사회의 작동으로 설명할 수 있는가에 있다. 하지만, 통일성을 관찰하기 위해서는 다른 무엇과 구별해야 한다. 통일성은 변증법적으로 파악할 수 있는 것이 아니라, 사회적 체계의 작동으로 관찰할 수 있을 뿐이다. 통일성은 관찰에 의해 차이가 된다. 루만은 이른바 반反헤겔을 명시적으로 주장하고 이론화하기보다는, 또는 철학을 사회학으로 대체해야 한다고 주장하는 대신, 동일성이 아니라 차이와 역설에 기반하고 있는 사회의 작동을 관찰하는 체계로 이론화한다. 사회학은 정신과학이 아니라고 할 때, 루만은 그에 대한 답변으로 사회학은 '사회적 체계의 이론'이라고 할 것이다. 사회적 체계는 곧 관찰하는 체계다. 다시 말해서 사회적 체계가 관찰하는 체계인 한, 자기가 자기의 주제가 되는 근대사회는 곧 자기 자신에 대한 관찰자다. 이런 이유에서 탈근대 역시 사회의 통일성에 대한 또다른 관찰이며, 기술이라고 할 수 있다. 체계이론은 탈근대가 사회체계의 자기기술과 관련해서만 가능하다고 말한다. 달리 말하면, 탈근대 역시 근대사회가 자기 자신과의 경험을 현실적으로 고려하면서 자신을 관찰할 때, 자신의 통일성에 대한 자기기술인 것이다. 하지만 앞서 기능적 분석에 대해 말한 것처럼, 사회학은 실체적이거나 존재론적으로 관찰하는 것이 아니라, 구체적인 현실에서의 문제구성의 관점에서 자기관찰하고 자기기술한다. 오늘날 근대사회는 오직 자기 자신에게만 의존하며, 자신을 관찰할 수 있는 외부의 장소와 심급은 없다.

탈근대 논의는 그 자체가 메타서사métarécit의 종언을 말하는 메타서사다. 그 논의는 자신을 제외할 수 없고, 자기 자신을 포함해야 하며, 그럴 경우 자기 자신과 모순이 된다. 같은 것이 다른 것이 되는 역설을 어떻게 관찰할 것인가. 자기와 관련된 가능성 중에서 결정할 수 없을 때, 즉 규정성의 상실, 즉 후속 작동을 위한 연결능력이 상실될 때 역설이 된다. 탈근대라는 메타서사는 이런 역설을 어떻게 감당할 것인가. 체계이론은 역설Paradoxie을 우리 시대의 정통Orthodoxie으로 보지만, 거기서 어떤 아포리아를 확인하는 대신에 이런 역설을 탈역설화하면서 자기를 구성하는 사회적 체계의 작동을 이론화한다. 아포리아 앞에서 자의적인 결정을 하는 대신에, 자기 자신을 구조화하는 관계화 가능성의 제한에 따라 규정할 수 없는 복잡성을 규정할 수 있는 복잡성으로 전환하는 체계형성을 이론화한다. 포스트모던이라는 피상적인 이름하에 제시된 분석이 역설과 자의성에 봉착한다면, 체계이론은 그런 역설에서도 자의성은 있을 수 없다는 것을 사회학적인 분석으로 보여준다. 그리고 그것은 '메타서사'의 역설의 가능성의 조건뿐 아니라, 그런 상황에서 그에 대한 비판은 어떤 양상과 형식을 가질 수 있는가의 문제를 제기한다.

실체가 기능으로 대체된 것처럼 관찰방식을 분할에서 구별로 대체할 때, 관찰은 자신을 작동으로 성찰할 수 있다. 즉, 구별의 통일성, 차이의 통일성에 대해 물을 수 있게 되는 것이다. 오늘날에도 여전히 사회학이 자신을 '비판적'인 학문으로 자기규정하기 위해서는 총체성을 담보하지 않는 이 차이의 통일성에 대해 성찰할 수 있어야 한다. 다시 말해서 사회학은 구별을 하면서 구별들의 사용을 성찰할 수 있어야 한다. 여기서 다시 관찰자 그리고 관찰의 관찰이라는 이차 등급 관찰이라는 문제에 직면한다. 더 선진적이고, 더 후진적인 관찰자, 더 문명화되고, 더 야만적인 관찰자는 없다. 관찰의 관찰인 이차 등급 관찰이 우연성을 함께 고려하고 결과적으로 우연성을 개념적으로 반성할 기회를 제공한다는 점을 고려하면, 더 비판적인 관찰자, 진정한 관찰자는 더더욱 없다. 관찰자의 관찰자는 '더 나은' 관찰자가 아니라, 다르게도 볼 수 있는, 다르게도 구별할 수 있는 관찰자다. 그래서 초월적인 위치에 있을 수 없는 관찰자는 부르디외의 문제의식으로 말하면 '스콜라적 관점'을 갖는 관조하는 자, 행위하지 않는 자가 아니라, 구별하고 지칭하면서 대칭성을 비대칭화한다. 관찰자는 차이를 만든다. 차이 그리고 차이들 간의 연관을 통해서 행위는 우연해지며, 복잡성을 구축하기 때문에, 행위는 관찰자의 관찰에 따른다. 행위를 관찰하는 것이 아니라, 관찰을 통해 행위가 된다. 관찰자는 행위하기 위해서는 어떤 구별을 할 수 있는지, 동시에 그렇게 행위한 경우에 현실화되지 않은 다른 가능성을 이후의 행위의 전제로 삼을 수 있는지 관찰의 형식을 성찰한다. 관찰자에 의한 차이는 후속 관찰의 전제가 된다. 이렇게 관찰자는 계속해서 차이를 만드는 차이를 작동시킨다. 관찰은 자신의 가능성의 조건에 자신이 포함되어 있다는 것, 그렇게 자기면제와 자기예외가 허락될 수 없다는 것을 자기포함적으로 성찰한다. 사회학적인 비판은 이처럼 자신의 구별에 따라 산출되는 차이의 통일성을 성찰할 수 있는 자기기술이다. 비판은 '관찰의 관찰'일 따름이며, 그렇게 관찰된 것을 기술하는 기술이다.

따라서 비판은 비판적인 행위자가 하는 것이 아니라, 자기포함적인 작동을 하는 관찰자의 구별에 따른다. 사회 비판은 비판되는 체계의 부분이며, 그러한 관찰을 통해 자기생산을 위한 요소를 생산한다. 자기부정은 자기구성의 요소가 될 뿐 아니라, 관찰의 관찰 즉 이차 등급 관찰에 따른 재귀적인 자기생산을 재생산하면서 역동적인 안정성을 획득한다. 이렇게 비판이 이차 등급 관찰에 따를 때, 비판의 '맹점', 즉 비판이 보지 못하는 것을 성찰할 수 있다. 비판된 것과 비판되지 않은 것의 통일성을 관찰하게 된다. 자기비판적 이성은 역설적 이성인 것이다. 비판은 자기지시의 역설에 기반해서만 가능하다. 이는 루만의 용법을 따르면 '맹점의 순환'이라고 할 수 있으며, 포스트모던이 아니라 기능적으로 분화된 근대사회가 이러한 순환의 질서를 자기생산한다. 다시 처음으로 돌아가면, '근대의 관찰들'은 이차 등급 관찰, 즉 관찰의 관찰을 통해서 가능하다. 그리고 기능의 기능은 기능적 등가물을 허용하는 것이다. 따라서, 비판에 대해서도 중요한 것은 비판 그 자체가 아니라, 그런 비판의 기능적 등가물을 사회가 얼마나 안정적으로 산출해내는지, 그런 비판의 기능을 자기대체적인 질서의 요소로 삼을 수 있는가에 있다.

따라서 본 해제의 제사로 쓴, "사람들은 가르치기 위해서가 아니라 관찰되기 위해서 출판한다"는 문장은 근대사회에서 계몽과 비판이 어떤 식으로 가능한지에 대한 또다른 표현이다. 우리는 이를 루만의 용법에 따라, '사회학적 계몽'의 다른 표현이라고 볼 수 있다. "달리 해보아라. 하지만 최소한 마찬가지로 잘해야 한다"는 요구는 루만의 작업에 대한 관찰자들에게도 해당하는 말이지만, 무엇보다도 자기면제를 금지하는 관찰자의 조건에 따르는 관찰자 루만 자신에게 하는 말이다. 그런데 이는 관찰하는 체계인 근대사회의 작동에 다름아니다.

루만은 처음 시작부터 높은 곳에서 비상했다. 그러나 실현해야 할 목적이 없는 그 비행은 주소지가 없는 근대사회를 관찰하고 기술하기 위한 비행이다. 사회학의 올빼미는 해가 진 후에 비상하기 시작하는 미네르바의 올빼미를 넘어서 더 높이 날 수 있고, 더 풍부하게 세계를 관찰할 수 있다. 사회학의 올빼미는 관조하는 올빼미가 아니라, 커뮤니케이션하고 결정하고 행위하는 올빼미다. 그 올빼미는 의미를 생산하고 세계를 구성하는 관찰자다. 야간비행은 관찰하는 체계가 자신의 작동으로 산출하는 내적인 미규정성의 다른 이름일 것이다. 세계의 구성자로서 관찰자는 자유로운 관찰자이지만, 선택을 다르게 조건화하는 자유에 따른다. 근대사회가 구조적으로 제공하는 관계화 가능성의 제한을 따르는 그 자유를 현실화하면서 관찰을 관찰하는 기능적으로 분화된 체계들은 자의적이지 않게 근대를 관찰하고 기술할 수 있다. 복잡성을 구축하기 위해서는 복잡성을 규제할 수 있는 복잡성이 필요하다. "다른 것을 통해 파악될 수 없는 것은 자기 자신을 통해 파악되어야 한다"는 스피노자의 말처럼, 다른 것을 통해서는 근대사회의 근대적인 작동을 파악할 수 없기 때문이다. 기능적 분화가 산출하는 '구조적 깊이'에 따라 근대사회는 자기관찰을 통해서만 자기 자신을 파악할 수 있다.

6. 에필로그

번역을 진행하면서, 이 책에 담긴 내용을 잘 알지 못했기 때문에 덜컥 번역을 시작할 수 있었구나 확인하게 된 순간들이 많았다. 이 책의 번역을 마친 지금, 만약 번역할 기회가 다시 주어진다면 번역을 고사할 것이다. 그렇게 자신의 한계를 절감하는 동안 작업에 대한 불확실성만 더 늘어가면서, 이 책의 번역에 많은 시간이 흘렀다. 이 작업은 기대와 실망이 반복적으로 뒤엉킨 지난한 기다림 속에서 진행되었다. 부족한 능력으로 루만의 체계이론을 따라가보고자 했던 역자로서는 무엇보다 루만의 사회학 이론을 소개할 수 있는 기회를 마지막까지 보호해주신 여러 선생님들께 감사를 드리지 않을 수 없다. 우선, 처음 작업을 승인해주시고, 오랜 시간 믿고 기다려주신 고원효 선생님께 이제야 작업을 마무리하게 되어 죄송하다는 말씀을 드린다. 이후 계약 갱신을 포함하여, 김영옥 선생님께서 일정을 조정해주지 않았다면 지금까지도 이 책은 출간할 수 없었을 것이다. 그 점 깊이 감사드린다.

이 책의 작업은 서울대학교 사회학과의 김홍중 교수님과 여러 동료, 선후배 연구자들의 공부모임이었던 '더 소셜the social' 의 열기로 점화되었다. '사회적인 것'이 특정한 질서형식을 통해서 상호 간에 구성하는 관계의 지평을 제약하고 확장하는 '실체 없는 실체'이자 근대사회에서 가능한 모든 것을 포괄하면서 규제한다면, 그 '더 소셜'을 통해서 나는 사회학 이론을 배웠고, '사회적인 것'의 역량을 그들과 함께 이론적으로 체험할 수 있었다. '사회적인 것'처럼 사회학자를 구속하는 이념은 없으며, '사회적인 것' 모두를 주제화할 수 있는 사회학이 '우리'라는 지평을 이론화할 수 있는 것 역시 그 이념의 작동 때문이다. 김홍중 교수님께서는 루만을 공부하고 또, 공부하고 싶어한다는 것 외에 내세울 것이 아무것도 없던 한 학생이 루만의 저작을 번역할 기회를 '문학동네'에 마련해주셨다. 깊이 감사드린다. 빌레펠트에서 공부하면서도 서울에서 함께 공부했던 교수님과 동학들의 사회학적인 열정을 항상 그리워했다. 함께 했던 모든 동학께도 깊은 감사의 인사를 드린다.

이 책의 번역을 위해서 1998년 영어로 번역된 *Observations on Modernity*(Stanford University Press)와 2003년 일어로 번역된 『近代の觀察』(法政大學出版局)을 참고했다. 두 저본으로부터 여러 도움을 받았다. 느슨하게 번역된 영역본 덕분에 그보다 부족할 나의 작업을 관찰할 수 있었다. 특히 개념어의 경우 영역본보다도 일역본이 많은 경우 참고가 되었다. 일본 학계에서는 루만의 저작에 대한 번역이 특히 80년대 초반 이후 축적되었다. 일본에서 번역된 근대 학문의 개념들과 번역어에 영향을 받아온 상황에서, 일본 학자의 역어 선택은 관심의 대상이 되었다. 하지만, 검토 결과 일본에서의 선택을 추수하는 것이 그대로 학적인 신뢰와 생산성을 담보할 수 없다고 판단하게 되었고, 그간 우리 학계에서 루만 번역에 대해 진행되어온 다양한 논의와 용어 선택의 타당성의 근거들을 확인할 수 있었다. 완전함을 주장할 수 없고, 선택의 정당성을 상호 간에 인정할 수 있는 상황은 역자에게 일본어와 한국어의 번역어 선택에 대한 기능적 분석을 수행할 수 있는 기회가 되었다. 몇몇 중요한 개념들에 대한 역자의 선택에 대해서도 기능적으로 관찰하면서, 이론적인 비교의 지평이 열리기를 바래본다. 더불어, 2장과 4장에 걸쳐 논의되는 중세철학과 관련한 여러 대목들은 전남대학교 이무영 선생님의 치밀한 도움이 없었다면 불가능했다. 이 점에 대해서 선생님께 감사드린다. 이런 도움에도 불구하고 있을 것이 분명한 문장의 오역과 난삽한 문장은 전적으로 역자의 잘못이다.

빌레펠트에서의 깊은 시간이 이 작업 속에 묻어나 있기를 바라는 마음 간절하다.

2021년 11월

김건우

근대의 관찰들

초판 인쇄 ¦ 2021년 12월 20일
초판 발행 ¦ 2021년 12월 30일

지은이 ¦ 니클라스 루만
옮긴이 ¦ 김건우

책임편집 ¦ 이경록
편집 ¦ 김영옥 황현주
디자인 ¦ 슬기와 민 인진성
저작권 ¦ 박지영 이영은 김하림
마케팅 ¦ 정민호 이숙재 우상욱 정경주
홍보 ¦ 김희숙 함유지 이소정 이미희
제작 ¦ 강신은 김동욱 임현식
제작처 ¦ 천광인쇄(인쇄) 경일제책(제본)

펴낸곳 ¦ (주)문학동네
펴낸이 ¦ 염현숙
출판등록 ¦ 1993년 10월 22일 제406-2003-000045호
주소 ¦ 10881 경기도 파주시 회동길 210
전자우편 ¦ editor@munhak.com
대표전화 ¦ 031)955-8888
팩스 ¦ 031)955-8855
문의전화 ¦ 031)955-3578(마케팅) 031)955-3572(편집)
문학동네카페 ¦ http://cafe.naver.com/mhdn
문학동네트위터 ¦ @munhakdongne
북클럽문학동네 ¦ http://bookclubmunhak.com

ISBN 978-89-546-8424-8 93300

잘못된 책은 구입하신 서점에서 교환해드립니다.
기타 교환 문의 ¦ 031) 955-2661, 3580

www.munhak.com